财经
法治

投服中心系列丛书
China Securities Investor Services Center

投服研究

第3辑 · 2018年

郭文英　徐　明◎主编

ISC Research

法律出版社
LAW PRESS · CHINA

投服研究

ISC Research

总 序

2018年金秋，中证中小投资者服务中心（以下简称投服中心）主编的“投服中心系列丛书”终于与大家见面了。投服中心是中国证监会直属的证券金融类公益机构，成立3年来，不忘初心，始终坚守保护中小投资者合法权益的使命，积极探索投资者保护新路径，努力引导投资者理性投资、全面知权、积极行权、依法维权。“投服中心系列丛书”的出版是对“知权、行权、维权”工作的一个总结，希望借此契机能凝聚一批法学学者、市场实务人士等专家对资本市场的热点难点问题进行长期的探讨研究。

自2014年成立以来，投服中心在中国证监会党委的领导和部署下，在证监会投资者保护局的指导和相关部门、各派出机构的支持下，在证监会系统兄弟单位和社会各界的大力支持下，从中小投资者权益保护和救济诉讼的实际需求出发，创新了一套适合我国资本市场中小投资者保护的机制和实现路径——以投资者教育工作为基础，通过事前持股行权、事中纠纷调解、事后支持诉讼来切实维护广大中小投资者的合法权益。投资者是资本市场发展的重要基石，培育良好的投资者群体，保护好广大中小投资者合法权益，是促进资本市场健康发展的重要一环，直接关系维护社会的公平正义，直接关乎亿万人民群众的切身利益。但中国资本市场的中小投资者既是数量上的多数，又是专业知识、投资理念、维权能力等方面的“弱势少数”，因此，中小投资者合法权益时常受到漠视甚至侵害。长期以来，中小投资者权益保护问题既是资本市场的一个宏观问题，又是要落实到每位投资者身上的微观问题。如何从立法层面更细致地规定中小投资者保护的内容，形成法律、行政法规、部门规章及操作性指引；如何从司法层面推动示范判决制度、探索强制调解机制等制度的建设；如何从监管层面创新机制，加大对侵害中小投资者合法权益的违法违规行为的打击和惩罚力度,更多地保护中小投资者的合法权益;如何帮助中小投资者树立权利意识,建立长期投资、价值投资理念,强化风险意识,提高维权能力。这些问题的解决都不是一蹴而就的,我们需要扎根于中国资本市场的土壤,需要政策、法律的研究,需要投保机制的创新,需要与广大中小投资者面对面的交流。为此,投服中心出版系列丛书,以投服中心工作为蓝本,研究了一些热点问题,探索了一条"投服模式"的投资者保护道路,积累了一些经验分享给读者。

"投服中心系列丛书"由《投资者权益知识读本》《重大资产重组行权案例评析》《纠纷调解案例评析》《支持诉讼维权案例评析》《投服研究》等书组成。其中《投资者权益知识读本》登载的"权益360"系列文章,根据我国资本市场和广大投资者的实际情况,接地气、聚人气,本着知识性、实用性、趣味性的宗旨,为投资者普及权益知识。《重大资产重组行权案例评析》《纠纷调解案例评析》《支持诉讼维权案例评析》汇集了投服中心持股行权、纠纷调解及支持诉讼工作中具有代表性的实际案例,旨在进一步发挥投服中心示范引领作用,唤醒广大中小投资者的股东意识,督促上市公司提高依法运营水平;以及进一步探讨在全国范围内的建立调解合作、小额速调、诉调对接、证券支持诉讼示范判决等机制。《投服研究》选取了投服中心课题中较突出的研究报告,包含投资者交易行为研究、上市公司章程反收购条款效力研究、证券市场投资者保护条例等一系列资本市场热点、难点问题的研究。"投服中心系列丛书"综合了普及性、专业性及学术性的特点,面向广大投资者、上市公司及专家学者等群体,期望与其一道共同推动中小投资者权益保护工作。

我们希望,"投服中心系列丛书"是一涓细流,能不断汇集中国资本市场土壤上的经验与创新机制,不断丰富学术理论,不断普及权益知识。我们相信,中国中小投资者保护事业能在资本市场各方的努力下,共同谱写新的篇章。

2018年8月

目 录

第一篇

中国上市公司章程反收购条款效力研究*

ISC Research

* 本课题承接方为同济大学。课题负责人：孙效敏；课题组成员：朱国华、刘洋、陈玉英、纪洪、费璇。

前　言

本课题组选择500家上市公司章程作为样本，研究上市公司章程反收购条款现状，经过统计分析发现我国上市公司章程反收购条款并未出现新的类型，但反收购条款的内容却有较大变化。这些反收购条款主要包括董事提名权、分层董事会、"金色降落伞"等。

判断上市公司反收购条款效力的标准有二：其一，不得违反公司法律、法规和规章的强制性规范，这是判断上市公司章程反收购条款效力的主要标准；其二，不得损害公司与中小股东的合法权益，这是判断上市公司章程反收购条款效力的补充标准，即在没有法律明确规定的情况下，才可以适用这一标准。公司法律、法规和规章的强制性规范主要分为以下几类：原则型强制性规范、资格型强制性规范、行权型强制性规范、义务型强制性规范和程序型强制性规范。

上市公司章程通常采用四种方式限制股东的董事候选人提名权：其一是将股东推荐董事候选人的持股比例提高到3%以上；其二是将连续持股时间作为股东推荐董事会选人的条件；其三是在提高持股比例的同时附加连续持股时间作为推荐董事候选人资格的条件；其四是直接剥夺恶意并购方的董事候选人提名权。股东作为投资人享有选举与聘任公司管理者的权利，这是《公司法》赋予股东参与公司管理事务的一项最重要的共益权，即行权型强制性规范非依法并经严格的法律程序不得剥夺。因此，任何通过提高持股比例、强加连续持股时间、强制剥夺恶意收购方的董事候选人条款都属于无效条款。

分层分级董事会属于公司自治的范畴，我国有关法律、法规和规章的相关条款对此尚未有强制性的规定。《公司法》第45条第1款仅规定："董事任期由公司章程规定，但每届任期不得超过三年。董事任期届满，连选可以连任。"《上市公司收购管理办法》第8条和第33条,《公司法》第16条、第121条、第142条等也仅对有关反收购行为作出规定。但这并不意味着在任何情况下上市公司章程规定的分层分级董事会条款都合法有效。本课题组认为,分层分级董事会条款不得违反股东资格型与行权型强制性规范,否则无效。换言之,分层分级董事会不得不剥夺股东选择公司管理者的权利。

大约有7.5%的上市公司章程规定"金色降落伞"条款。虽然"金色降落伞"条款属于公司自治的范畴,但"金色降落伞"条款规定的补偿金额也不应超过合理的限度。从目前上市公司章程规定的"金色降落伞"条款来看,其规定的补偿金额差距较大,最低补偿金为被解聘董事年薪酬总和的3倍,最高为1000倍。本课题组认为,确定被解聘任期未满的董事及其高级管理人员的补偿金额,不仅不应超过其剩余任期薪酬总和的薪酬,而且一般应为剩余任期薪酬总和的60% ~80%。

第一章 中国上市公司章程反收购条款现状研究

一、上市公司章程反收购条款概况

1993年的"宝延风波"打开了我国上市公司收购之门,但真正上市公司收购浪潮的到来却是多年以后的事情。2005年国家分别修订了《公司法》与《证券法》,2006年修订了《上市公司收购管理办法》。这些法律和规章的修订为上市公司收购创造了良好的法律环境,2007年股权分置改革的完成,使得通过交易所收购上市公司的股权成为可能。因此,我国上市公司收购案件大多发生在2007年之后。据李芬芬统计,2014年1月至2017年4月,深市共有221家上市公司发生收购事件241次。从板块分布来看,主板和中小板较为活跃。从占所在板块公司总家数比例来看,主板相较中小板更为活跃。从年份来看,与2014年相比,2015年和2016年明显更加活跃。① 据《法制日报》2017年5月25日报道,上市公司为了应对收购浪潮,已有600余家上市公司在章程中增加反收购条款。② 因此,本课题组选择了500余家上市公司章程进行实证研究,其中80%的上市公司章程中都不同程度地规定了反收购条款。有238家上市公司章程规定了"金色降落伞"条款和分层董事会条款,占比47.6%;几乎100%的上市公司章程都规定了董事选聘条款,但具有反收购意义的董事选聘条款仅占35%。

经过对这500余家上市公司章程的反收购条款研究,本课题组发现目前我国上

① 参见李芬芬:《2014年以来上市公司收购与反收购情况探析》,载《证券市场导报》2017年第12期。

② 参见《600多家公司修章程引入反收购条款》,载《法制日报》2017年5月25日,第6版。

市公司章程反收购条款并未出现新的类型,但反收购条款的内容却有较大变化。这些反收购条款主要包括董事选聘权、分层董事会、“金色降落伞”等。至于有关增加信息披露义务、累积投票等不具有典型意义,故本课题不予研究。

二、研究方法

本课题组通过人工从“巨潮资讯网”收集了2017年10月到2018年2月,2017年1月至2月,2005年1月至2月的上市公司章程,总计收集500余份。[①] 首先随机抽查了100家上市公司的章程,对其进行认真研读后,选择分析这些章程中的反收购条款,并进行科学归纳和分类,其次根据上市公司章程反收购条款的不同类型,确定不同的关键词对其余的400余家上市公司章程进行分析,选择不同类型的反收购条款。总之,以500余家上市公司章程为样本,对其反收购条款进行比较详尽的实证分析研究。

(一)董事候选人提名条款选择

董事候选人提名权,是股东行使公益权的主要方式之一。董事候选人提名权是指在上市公司董事会换届或更换董事会成员或增加新董事会成员时,股东有权向股东大会推荐拟进入董事会的人选,并提交股东大会决议的一项非常重要的公益权。董事候选人提名权是股东在选聘公司管理者时享有的一项主动权,董事候选人选举权是股东在选聘公司管理者时享有的一项被动权。因此,董事候选人提名权比董事候选人选举权更重要。因此,上市公司章程中的董事候选人提名权条款成为社会关注的焦点,几乎100%的上市公司章程都有关于董事候选人提名的条款。

本课题组将“提案、单独或者合并、候选人”等词作为关键词,从500余家上市公司章程中选择董事候选人条款,其依据是2018年3月《002723金莱特章程》、[②]

---

① 选择2005年的公司章程是为了比较2005年《公司法》修改之前的章程与以后的章程有关条款的变化。

② 2018年3月《002723金莱特章程》第86条规定:“董事、监事候选人名单以提案的方式提请股东大会审议。董事、监事的提名方式和程序如下:(一)由单独或者合并持有公司3%以上股份的股东向董事会、监事会分别提出,在董事会成员中由单一股东或者具有关联关系的股东提名的董事/监事人数不超过半数。经董事会、监事会分别审议通过后,由董事会、监事会分别向股东大会提出审议并批准……”

2017年6月《千山药机章程》第82条、[①]2016年10月《600611大众交通章程》第82条、[②]2017年11月《000652泰达股份》第44条、[③]2017年5月《000530大冷股份》第5.4条等条款。[④]

通过检索发现，几乎100%的上市公司章程都有董事候选人提名条款，但具有反收购作用或意义的条款，仅占35%，且其内容具有很大的差异性：董事候选人提名权的持股比例最低为1%，最高为30%；董事候选人提名连续持股最短时间为3个月，最长时间是5年；0.6%的上市公司章程限制董事候选人资格；1.5%的上市公司章程直接剥夺股东的董事候选人提名权等。

（二）分层董事会条款的选择

分层董事会条款，又称交错董事会条款、分级分期事会条款，是指每年只能依据公司章程规定改选一定比例的董事，如1/3、1/4、1/5/、1/7等。通常的做法是将董事分成几组，每一组可以设置不同的任期，每年只有任期届满的董事会成员才可以改选。其目的是阻止或延缓敌意收购方获取公司控制权。

本课题组在已选定的500余家上市公司章程中，将"选举、更换、不超过、不得超过"等词作为关键词，检索有关上市公司章程中的分层董事会条款。选择关键词的依据是2017年《600811东方集团公司章程》第96条、[⑤]2017年11月《000970中

① 2017年6月《千山药机章程》第82条规定："董事候选人提案的方式和程序为：

（一）公司董事会、单独或合并持有公司3%以上股份的股东有权提名公司非独立董事候选人，提名人提名的候选人人数不得超过拟选举或变更的非独立董事人数。

（二）董事会、监事会、单独或合并持有公司已发行股份1%以上的股东，有权依据法律法规和本章程的规定向股东大会提出独立董事候选人，提名人提名的候选人人数不得超过拟选举或变更的独立董事人数。

（三）董事（包括独立董事）提名人应将董事候选人名单提交给董事会，经董事会决议通过后，由董事会提交股东大会选举。"

② 2016年10月《600611大众交通章程》第82条第4款规定："……公司股东代表人选由连续5年以上单独持有公司10%以上股份的股东向董事会提名，人选为1名，该名人选应具备丰富的上市公司管理经验且至少在交通运输企业内担任过3年以上中高级职务"。

③ 2017年11月《000652泰达股份》第44条规定："有下列情形之一的，公司在事实发生之日起2个月以内召开临时股东大会……（三）单独或者合并持有公司有表决权股份总数百分之十（不含投票代理权）以上的股东书面请求时……第（三）项持股股数按股东提出书面要求日计算。"

④ 2017年5月《000530大冷股份》第5.4条规定，有下列情况之一时，应在该等情况发生之日起两个月内召开临时股东大会：（1）董事会认为必要时或监事会提议召开时；（2）单独或者合并持有公司有表决权股份总数10%（含10%、不含投票代理权）以上的股东书面请求时……

⑤ 2017年9月《600811东方集团公司章程》第96条规定："董事由股东大会选举或更换，任期三年。董事任期届满，可连选连任。董事在任期届满以前，股东大会不能无故解除其职务。董事的更换或增加每年不超过公司原董事总数的1/4，并经出席股东大会的股东（包括股东代理人）所持表决权的3/4以上通过。"

科三环章程》第97条、[①]2017年4月《002012凯恩股份章程》第5.2.2条、[②]2018年1月《000923河北宣工章程》第122条、[③]2017年6月《000502绿景控股章程》第97条、[④]2017年1月《600561江西长运章程》第96条。[⑤]

通过检索发现,大约有8%的上市公司章程规定了分层董事会条款,分层董事会条款是上市公司章程中规定的主要反收购条款之一。我国上市公司章程规定分层董事会条款与英美国家的分级分期董事会条款有很大的区别。我国的分层董事会具有如下几个特点:对每年更换董事数量进行限制;对每届更换董事数量进行限制;对每次更换董事数量进行限制;在非换届情况下对更换董事数量进行限制;对于董事的类别更换进行限制。前四种情况包括对于所有董事的更换,最后一种情况针对的是特定董事的更换,使更换董事变得更为苛刻。

(三)"金色降落伞"条款选择

"金色降落伞"条款,是指公司章程规定在发生公司并购或其他特殊事件时,公司根据公司章程规定,一次给予被解聘的任期未满的董事及其他高管理人员一定经济补偿的条款。特殊事件主要指公司的控制权或有效控制权的改变,或者公司主要资产所有权的改变。"金色降落伞"一词最早起源于美国,主要应用在收购兼并中对被解雇高层管理人员的补偿,使其即使在公司被收购后短时间内被解雇仍能得到相对丰厚的报酬。在2007年我国股权分置改革基本完成之前,只有少数上市公司章程引进了"金色降落伞"条款,但股权分置改革完成之后,特别是近几年我

---

① 2017年11月《000970中科三环章程》第97条规定:"董事由股东大会选举或更换,任期三年。董事任期届满,可连选连任。董事在任期届满以前,股东大会不能无故解除其职务。……董事会每年更换和改选的董事人数最多为董事会总人数的1/3。"

② 2017年4月《002012凯恩股份章程》第5.2.2条规定:"为保持公司经营决策的稳定性和连续性并维护公司和股东的合法利益,在恶意收购的情况下,新改组或换届的董事会成员应至少有三分之二以上的原董事会成员继续留任。"

③ 2018年1月《000923河北宣工章程》第122条规定:"董事由股东大会选举和更换,任期三年。董事任期届满,可连选连任。董事在任期届满以前,股东大会不得无故解除其职务。在发生公司恶意收购的情况下,如该届董事会任期届满的,继任董事会成员中应至少有三分之二以上的原任董事会成员连任;在继任董事会任期未届满的每一年度内的股东大会上改选董事的总数,不得超过本章程所规定董事会组成人数的四分之一。"

④ 2017年6月《000502绿景地产章程》第97条第3款规定,董事会每年更换和改选的董事人数最多为董事会总人数的1/3。

⑤ 2017年1月《600561江西长运章程》第96条第3款规定:"为保证公司经营决策的稳定性和连续性,在连续十二个月内,因公司股东提议更换的董事人数不得超过全体董事的三分之一;在每届董事会任期届满时,下一届董事会应有三分之二的董事在上一届的董事会成员中提名选举产生,但由董事会以董事会决议的方式作出相反决定的不在此限。"

国上市公司章程条款越来越多地引进“金色降落伞”条款。据500余家样本上市公司章程统计分析,目前我国大约有7.5%的上市公司章程规定了“金色降落伞”条款。①

① 在500余家样本上市公司章程中,在如下上市公司章程中规定了“金色降落伞”条款:

序号	章程(制定)修改时间	股票代码	公司章程名称	章程条款
1	2016年10月	600611	大众交通章程	第37条
2	2017年5月	600635	大众公用章程	第269条
3	2017年8月	600089	特变电工章程	第98条
4	2017年8月	000726	鲁泰A章程	第96条
5	2017年11月	002407	多氟多章程	第101条、第121条
6	2017年9月	002168	深圳惠程章程	第10条
7	2017年8月	002443	金洲管道章程	第10条
8	2016年1月	600778	友好集团章程	第5.1.2条
9	2017年1月	002063	远光软件章程	第107条、第156条、第167条
10	2016年8月	600272	开开实业章程	第10条
11	2015年12月	002340	格林美章程	第96条
12	2017年10月	600807	天业股份章程	第110条
13	2016年8月	002398	建研集团章程	第10条
14	2017年10月	002828	贝肯能源章程	第5.1.2条、第6.1条及第7.1.3条
15	2017年4月	600556 ST	慧球章程	第98条
16	2017年1月	600561	江西长运章程	第96条
17	2017年1月	000611	天首发展章程	第135条
18	2017年10月	601811	新华文轩章程	第193条
19	2017年5月	600548	深高速章程	第153条
20	2017年7月	600871	石化油服章程	第200条
21	2017年8月	601375	中原证券章程	第267条
22	2016年6月	000039	中集集团章程	第275条
23	2017年11月	600029	南方航空章程	第254条
24	2017年4月	601228	广州港章程	第105条
25	2017年4月	000931	中关村章程	第96条
26	2017年11月	600547	山东黄金章程	第224条
27	2007年6月	600806 * ST	昆机章程	第223条
28	2017年11月	600082	海泰发展章程	第131条
29	2017年8月	600326	西藏天路章程	第102条
30	2014年12月	600711	盛屯矿业章程	第106条
31	2017年12月	000570	苏常柴A章程	第97条
32	2016年6月	000009	中国宝安章程	第10条
33	2017年10月	000861	海印股份章程	第10条
34	2014年12月	000929	兰州黄河章程	第10条

本课题组在已选定的500余家上市公司章程中，将“报酬、补偿金、并购、聘任合同”等词作为关键词，检索有关上市公司章程中的“金色降落伞”条款。选择关键词的依据为：2017年9月《002168深圳惠程章程》第10条、[①]2018年1月《000611天首发展章程》第135条、[②]2017年8月《600326西藏天路章程》、[③]2017年10月《600807天业股份章程》第110条、[④]2017年8月《601375中原证券章程》第267条等。[⑤]

这些“金色降落伞”条款有一个共同特点，即加大维护董事及其他高管的利益。在公司被收购（无论是敌意收购还是非敌意收购）的情况下，只要发生解聘任期未满的董事或其他高管，董事及其他高管便可以依据公司章程中的有关条款，获得巨额经济补偿。但在非公司收购情况下，提前解聘董事及其他高管，公司章程并未作出明确规定。因此，“金色降落伞”条款的目的性很强，即针对公司收购与保护董事及其他高管的利益。

---

① 2017年9月《002168深圳惠程章程》第10条规定：“当公司被并购接管，在公司董事、监事、总裁和其他高级管理人员任期未届满前如确需终止或解除职务，必须得到本人的认可，且公司须一次性支付其相当于其年薪及福利待遇总和十倍以上的经济补偿，上述董事、监事、总裁和其他高级管理人员已与公司签订劳动合同的，在被解除劳动合同时，公司还应按照《中华人民共和国劳动合同法》、公司相关制度及劳动合同的约定另外支付经济补偿金或赔偿金。”

② 2018年1月《000611天首发展章程》第135条规定：“高级管理人员任期届满前，公司不得无故解除其职务（辞职除外）。因收购兼并引起公司控制权变化导致高级管理人员被解聘的，收购方（包括间接收购方）应承担原高级管理人员的解聘补偿金。”

③ 2017年8月《600326西藏天路章程》第102条规定：“公司应和董事签订聘任合同，明确公司与董事间的权利义务、董事的任期、董事违反法律法规和《公司章程》责任以及公司因故提前解除合同的补偿等内容。”

④ 2017年10月《600807天业股份章程》第110条第5项规定：“收购人因恶意收购行为而成为公司第一大股东或实际控制人的，在公司董事、监事、总经理和其他高级管理人员任期未届满前如确需终止或解除职务，必须得到本人的认可，且公司及/或收购人须一次性支付其相当于前一年年薪总和10倍以上的经济补偿。”

⑤ 2017年8月《601375中原证券章程》第267条规定：“公司在与公司董事、监事订立的有关报酬事项的合同中应当规定，当公司将被收购时，公司董事、监事在股东大会事先批准的条件下，有权取得因失去职位或者退休而获得的补偿或者其他款项。前款所称公司被收购是指下列情况之一：（一）任何人向全体股东提出收购要约；（二）任何人提出收购要约，旨在使要约人成为控股股东。如果有关董事、监事不遵守本条规定，其收到的任何款项，应当归那些由于接受前述要约而将其股份出售的人所有，该董事、监事应当承担因按比例分发该等款项所产生的费用，该费用不得从该等款项中扣除。”

第二章　判断反收购条款效力的标准

标准是衡量事物的准则。判断上市公司章程反收购条款法律效力的标准，理应是法律、法规和规章等公司法律规范。但公司法律规范，根据当事人是否可以在法律行为中排除适用，可以将其分为强制性规范与任意性规范。强制性公司法律规范与任意性公司法律规范的区分，是公司法理论和实践中一个根本性的问题。[①] 这个问题也从另一个角度回答了上市公司章程自治的界限和反收购条款效力的问题。因为，任何上市公司章程条款的增减、制定或修改都不可以逾越强制性公司法律规范。这样，上市公司章程中反收购条款也不能逾越强制性公司法律规范。因此，判断反收购条款是否合法有效的标准之一，就是必须符合强制性公司法律规范。但如何判断公司法律规范是强制性规范还是任意性规范，却是智者见智仁者见仁。

值得注意的是，公司章程条款的修改虽然不违反强制性公司法律规范，但并不一定有效。这是因为公司法律法规本身的不完备性，导致强制性公司法律规范存在固有的缺陷。为了弥补这一缺陷，将不得损害公司和中小股东的利益作为判断上市公司章程反收购条款效力的补充标准，即只有在没有强制性公司法律规范的情况下，才可以适用不得损害公司和中小股东利益的标准。

---

① 王毓莹：《公司章程自治研究》，中国政法大学民商法系2005年博士学位论文，第72页。

一、不得违反强制性公司法律规范

(一)不得违反强制性公司法律规范的原因分析

1. 委托—代理关系决定反收购条款不得违反强制性公司法律规范

强制性公司法律规范是法定的,不容许当事人之间通过协议变更。上市公司是一个开放性公司,规模大、股东人数众多,是所有权与管理经营权分离的典型形式。在两权分离的情况下,公司所有人与控制权人的目标在大多数情况下是一致的,但也可能不一致。一般来说,公司经营的好坏直接影响股东与管理层的收益。公司绩效好可以增加股东和公司管理层(董事及其他高管)的收益,也能满足董事及其他高级管理人员的"虚荣心"。但对于公司的所有人或股东来说,他们以投资收益的形式瓜分公司的利润,其获取利润最大化的欲望十分强烈,或者说股东投资的目的就是谋求收益最大化。而对于公司管理层来说,他们只是上市公司的经营者,对公司资产具有一定的控制权,其收入高低多寡并不完全与公司的盈利成正比,公司利润最大化也不意味着管理层的收益最大化。但公司的绩效在一定程度上与董事及其他高管付出的劳动成正比,他们会根据其收入与劳动强度决定其工作的积极性。因此,董事及其他高管追求利润最大化的积极性远不如股东。

值得注意的是,由于上市公司"所有权与经营权分离",公司股东与董事及其他高管之间产生一种特殊的委托—代理关系。① 股东通过股东大会选举董事,组成董事会,董事会聘任经理及其他高管,而且这种特殊的委托—代理关系完全不同于民事代理,董事及其他高管对公司的经营管理不仅拥有充分的经营权,而且拥有相当的自治权。正因为这种特殊的委托—代理关系,一旦董事及其他高管的利益与公司的利益不一致时,就可能出现董事及其他高管为了自己的利益而损害公司的利

---

① 大陆法系与英美法系对此有不同的理论解释。大陆法系国家和地区认为,公司董事、经理与公司间的关系属民法上的代表关系或委任关系。如《日本商法》第254条第3项规定,公司与董事间的关系,依照有关委任的规定。我国台湾地区"公司法"第192条规定,公司与董事之间关系,除另有规定外,依"民法"关于委任之规定。"后者优于前者",参见张开平:《英美公司董事法律制度研究》,法律出版社1998年版,第309页;另见梁宇贤:《公司法论》,台北,三民书局股份有限公司1993年版,第106页、第109页。普通法系国家认为,董事为公司的受托人或与公司间存在信托关系。See Gower, *Gower's Principles of Modern Company Law* (Fifth edi. Sweet & Maxwell), 1992, pp. 500 – 501.

益,其主要形式是“掏空行为”。这种公司股东与董事的利益冲突,决定了公司法必须划定董事权利的边界,一旦逾越此边界应属违法。因此,公司法律制度赋予董事的权利不仅是强制性法律规范,而且不得作扩大解释。上市公司章程反收购条涉及扩大董事会权利的条款应属无效。

2. 股东缺陷决定反收购条款不得违反强制性公司法律规范

所谓股东缺陷,是指股东意思表示瑕疵,包括中小股东“搭便车”的同意、信息不对称的同意、名义的同意、胁迫的同意、无可奈何的同意等。[①] 造成股东意思表示瑕疵既有客观原因,也有主观原因。前者如信息不对称问题等。上市公司股东与管理层存在严重的信息不对称问题,董事掌握公司更多的经营信息,而股东则掌握较少的公司经营信息,甚至不掌握公司的经营信息。比如在股东参与修改公司章程投票时,股东一般不清楚公司章程的修改是否有利于股东,其投票同意或反对并非完全符合自己的真实意图。后者如董事会通过诱使股东通过不利于己的提案。如管理层把有利于与不利于股东的议案捆绑起来,同时向股东大会提出,要求股东投票。例如,股东想要得到现金分红的实惠,就必须同时批准向经理支付高额退休金的计划。还有就是“斗鸡”,“斗鸡”指管理层可以把某项有利于己的议案作为为公司提供有效经营的交换条件,如果股东大会拒绝此项议案,则会出现两败俱伤的局面。在“斗鸡博弈”中,如果两只斗鸡互不相让,势必两败俱伤;如果一只退缩,则坚持前进者大获全胜,退缩者损失惨重。[②]

3. 控股股东诚信缺失决定反收购条款不得违反强制性公司法律规范

目前我国《公司法》第 147 条和第 148 条明确规定,董事、监事、高级管理人员应当遵守法律、行政法规和公司章程,对公司负有忠实义务和勤勉义务。不得利用职权收受贿赂或者其他非法收入;不得侵占公司的财产;不得挪用公司资金;不得将公司资金以其个人名义或者以其他个人名义开立账户存储;不得违反公司章程的规定,未经股东会、股东大会或者董事会同意,将公司资金借贷给他人或者以公司财产为他人提供担保;不得违反公司章程的规定或者未经股东会、股东大会同

---

① 对此美国学者艾森伯格教授对此有精辟论述,参见[美]艾森伯格:《公司法的结构》,张开平译,载王保树主编:《商事法论集》(第 3 卷),法律出版社 1999 年版,第 407 ~ 411 页。汤欣对此也有较深的论证,参见汤欣:《论公司法的性格——强行法抑或任意法?》,载《中国法学》2001 年第 1 期。

② 张维迎:《博弈论与信息经济学》,上海三联书店、上海人民出版社 1996 年版,第 20 ~ 21 页。

意,与本公司订立合同或者进行交易;不得未经股东会或者股东大会同意,利用职务便利为自己或者他人谋取属于公司的商业机会,自营或者为他人经营与所任职公司同类的业务;不得接受他人与公司交易的佣金归为己有;不得擅自披露公司秘密;不得违反对公司忠实义务的其他行为。可见《公司法》对董事、监事及其他高管的忠实义务与勤勉义务有明确的规定,而对控股股东的忠实与勤勉义务尚未有明确规定,但这并非等于没有规定。我们可以从《公司法》第20条与第21条窥视到控股股东忠实与勤勉义务。

我国《公司法》第20条第2款规定:"公司股东滥用股东权利给公司或者其他股东造成损失的,应当依法承担赔偿责任。"第21条第1款规定:"公司的控股股东、实际控制人、董事、监事、高级管理人员不得利用其关联关系损害公司利益。"据此,控股股东的诚信缺失,是指控股股东对公司和中小股东没有尽到勤勉和忠实义务,而造成公司和中小股东利益损害的行为。或者说控股股东为了实现个人利益最大化而滥用控制权,损害其他股东的利益和公司的整体利益,扰乱市场经济秩序的行为。控股股东诚信缺失主要表现为违规减持、关联交易、操纵市场、操纵利润分配、侵吞公司财产等行为。特别是控股股东利用"资本多数决"原则,在修改公司章程时,操纵股东大会通过对中小股东和公司不利的章程修正案,制定不利于中小股东的反收购条款就是其中之一。因此,控股股东诚信缺失,成为公司法律限制控股股东或公司实际控制人权利的理由之一。

通过上述分析,公司章程自由的空间不得超越强制性公司法律规范,否则无效,对此我国不少学者也进行了深入研究。①

(二)公司法律规范的分类

1. 公司法律规范分类的标准

学界对公司法律规范的分类主要有二分法与三分法之分。二分法是学界对私法分类的主要方法之一,在传统的私法领域占有十分重要的地位,对我国私法学界有着极其重大的影响,也是被众多学者接受的一种分类方法。商法学者将这种分

① 贺少峰:《违反公司法强制性规范行为的效力》,载《法律适用》2009年第6期;牛晓:《从公司法强制性规范看公司章程自治》,载《知识经济》2010年第19期;董慧凝:《论公司法强制性规范与公司章程自由》,载《中国社科院研究生院学报》2007年第6期;张恋华、胡铁红、沙洵:《与公司法强制性规范冲突的公司章程条款无效》,载《人民司法》2008年第8期。

类方法引入公司法领域,将公司法律规范分为强制性规范与任意性规范,其目的之一,是科学区分公司章程的自由空间与非自由空间。这种区分直接影响公司章条款的增减、制定或修订的“度”。罗培新教授虽然没有对公司法律规范直接进行分类,但他在《公司法强制性与任意性边界之厘定:一个法理分析框架》一文中论证了如何甄别公司强制性规范与任意性规范,即“1. 结构性与分配性规则宜为任意性规范,而信义义务规则为强制性规范。2. 赋权性与补充性规则为任意性规则,其他规则为强制性规则”;[①]张恋华等法官在审理有关案件时直接将公司法律规范分为强制性规范与任意性规范,并以此判断公司章程条款增减或修订的效力;[②]董慧凝教授似乎在《论公司法强制性规范与公司章程自由》一文中,将公司法律规范分为强制性规范与任意性规范;[③]郭锐教授也在《商事组织法中的强制性和任意性规范——以董事会制度为例》一文中,将公司法律规范分为强制性规范与任意性规范,[④]但他强调指出,立法对强制性和任意性规范的配置应以法律实效的实质分析为基础,而不应取决于规范类型是任意性规范还是强制性规范。最特别的是汤欣教授,他将有限责任公司法律规范与股份有责任公司法律规范分别界定,他认为有限责任“公司法中的规则可分为普通规则与基本规则两种,前者指有关公司的组织、权力分配和运作及公司资产和利润分配等普通制度的规则,后者指有关公司内部关系(主要包括管理层和公司股东、大股东和小股东之间的关系)等基本制度的规则”,而“股份有限公司法应以任意法抑或强行法为基调,取决于上述公司决策机制的运行规律及其可能出现的问题,此种问题与股东和管理层之间效用函数的差异及市场规律对此种差异的限制和整合作用密切相关”。[⑤]

公司法律规范三分法主要是境外学者对公司法律规范的分类,我国学界虽然也对三分法进行了一定的研究,但主要是对境外学者的观点介绍或移植,如朱慈蕴教授在《公司章程两分法论——公司章程自治与他治理念的融合》一文中,将公司

---

① 罗培新:《公司法强制性与任意性边界之厘定:一个法理分析框架》,载《中国法学》2007 年第 4 期。

② 张恋华、胡铁红、沙洵:《与公司法强制性规范冲突的公司章程条款无效》,载《人民司法》2008 年第 8 期。

③ 董慧凝:《论公司法强制性规范与公司章程自由》,载《中国社科院研究生院学报》2007 年第 6 期。

④ 郭锐:《商事组织法中的强制性和任意性规范——以董事会制度为例》,载《环球法学评论》2016 年第 2 期。

⑤ 汤欣将公司法律规范分为普通规范和基本规范。参见汤欣:《论公司法的性格——强行法抑或任意法?》,载《中国法学》2001 年第 1 期。

法律规范分为“强制型规则、赋权型规则和补充型或任意型规则”;[①]董慧凝在《论公司法强制性规范与公司章程自由》一文中指出“依照规范对公司章程的影响程度强弱、是否允许由当事人缔约而改变其内涵和规范的表现形式,可以将公司法规范分类为:强制性规范、补充性规范和赋权性规范”。[②] 境外学者在论证三分法时又形成不同的观点:美国法学教授梅尔文·阿伦·艾森伯格(Melvin Aron Eisenberg)将公司法律规范分为赋权型规范(enabling rules)、补充型或任意型规范(suppletory or default rules)和强制型规范(mandatory rules);[③]牛津大学的布莱恩·R.柴芬斯(Brlan R. Cheffins)的分类是强制适用规范、许可适用规范和推定适用规范。[④] 虽然三分法的分类标准略有不同,但都是在二分法基础之上衍生出来的,是对任意性公司法律规范的再分类。因此,二分法是法律规范最基本和最主要的分类。

2. 公司法律规范分类的意义

学者之所以对公司法律规范分类不同,其主要原因是,每位学者想要达到的研究目的不同。我们研究公司法律规范分类的目的,主要是厘清上市公司在制定章程或修订章程时,哪些条款股东可以自由选择,哪些条款股东不得自由选择。据此,二分法对于本课题希望达到的目标具有较大的帮助。因为,二分法的标准是以当事人是否可以通过自由的意思排除法律规范的适用为标准,如果可以通过当事人的意思或相互之间的协商而排除法律规范的适用,则该规范为任意性规范;反之则为强制性规范。正如有学者所说的:“任意规定与强行规定之区别在‘当事人’是否得依其意思或依其与相对人之合意拒绝系争规定之适用或修正其规定之内容。若然,则它便是任意规定;否则,便是强行规定。”[⑤]但这种二分法只是理论上的分类,并不完全符合我国《公司法》的实际。其主要原因是,立法者在制定《公司法》时,对某些公司法律问题认识不清晰,或者语言表达不够准确等诸多因素都可能造

---

① 朱慈蕴:《公司章程两分法论——公司章程自治与他治理念的融合》,载《当代法学》2006年第5期。

② 董慧凝:《论公司法强制性规范与公司章程自由》,载《中国社会科学院研究生院学报》2007年第6期。

③ See Melvin A. Eisenberg,“The Structure of Coporation Law”,*Colum. L. Rev.*,1989,pp. 1461 - 1529.[美]艾森伯格:《公司法的结构》,张开平译,载王保树主编:《商事法论集》(第3卷),法律出版社1999年版,第391页。也有学者对艾森伯格的观点进行批判,参见Fred S. Mcchesney,“Economics,Law,and Science in The Corporate Field:A Critique of Eisenberg”,*Columbia Law Review*,1989,pp. 1530 - 1549。

④ [加拿大]布莱恩·R.柴芬斯:《公司法:理论、结构和运作》,林华伟、魏旻译,法律出版社2001年版,第234~238页。

⑤ 黄茂荣:《法学方法与现代民法》,中国政法大学出版社2001年版,第124页。

成《公司法》条款用词含混不清，游离于强制性规范和任意性规范之外。正如有学者指出："公司法规则的强制性与任意性，事实上并不存在非此即彼、泾渭分明的分野。"[①]但并不是说无法区别《公司法》中的强制性规范与任意性规范，更不是说区分《公司法》中的强制性规范与任意性规范毫无意义。因此，为了达到我们研究的目的，我们在此也采用二分法为主，将三分法（将公司法律规范分为赋权型规范、补充型或任意型规范和强制型规范）作为补充，研究上市公司章程反收购条款的法律效力问题。

（三）强制性公司法律规范分类

目前学界在研究公司法律规范分类时，重点研究强制性公司法律规范与任意性法律规范，研究强制性公司法律规范分类的文献较少。即使有学者研究，也是研究民商法的强制性法律规范分类。虽然公司法也属于商法的一部分，但公司法律规范有其自身的特点，与民商事法律规范有较大的区别。一般民商事法律规范只调整商事主体之间的外部关系，即平等主体之间的债法关系，很少调整民商事主体内部关系。公司法律规范则不同，既调整公司外部关系（公司与其他民商主体之间的关系），也调整股东之间、股东与公司之间、公司机构权限划分等内部关系。因此，在调整外部关系时，强制性公司法律规范与强制性民商事法律规范几乎是一致的，但调整公司内部关系的强制性公司法律规范要比民商法强制性法律规范宽泛得多。

董慧凝教授指出，按照强制性规范的特征和存在的正当性基础，上市公司法律强制性规范主要应包括以下几类："第一，公司和公司机关的设立；第二，公司机关的职权及之间的职权划分；第三，公司机关行使决策权的条件和保证表决程序公正性的条件；第四，公司、管理层向股东的信息披露；第五，董事、监事、高级管理人员的核心的忠诚义务和注意义务；第六，会造成公司结构变化的重大的交易事项。"[②]蒋建湘教授认为，根据强制性的来源与性质对商法强制性规范可以进行如下分类：自治型强制性规范、国家确认型强制性规范和国家介入型强制性规范。[③] 根据我国现行《公司法》及其有关法律的规定，上市公司章程反收购条款涉及的强制性规范

---

① 罗培新：《公司法强制性与任意性边界之厘定：一个法理分析框架》，载《中国法学》2007年第4期。

② 董慧凝：《论公司法强制性规范与公司章程自由》，载《中国社科院研究生院学报》2007年第6期。

③ 蒋建湘：《商法强制性规范的类型、性质与边界》，载《法学杂志》2012年第7期。

主要有如下几类。

1. 原则型强制规范

上市公司章程的修改不得违背《公司法》的基本原则,诸如同股同权原则、资本多数决原则等。公司法的基本原则是连接公司的根本目的或宗旨与具体规则的纽带,体现公司法的社会价值。因此,公司法基本原则具有强制性,公司章程中的反收购条款如果违反基本原则应属无效。《公司法》第126条规定:"股份的发行,实行公平、公正的原则,同种类的每一股份应当具有同等权利。同次发行的同种类股票,每股的发行条件和价格应当相同;任何单位或者个人所认购的股份,每股应当支付相同额。"第103条第1款规定"股东出席股东大会会议,所持每一股份有一表决权"。据此,我国不承认"双重股权结构甚至多重股权结构"。[①] 任何违反同股同权原则,在公司章程中设立双重股权的反收购条款均属无效。

2. 资格型强制规范

上市公司章程的修改不得违背《公司法》有关股东、董事、监事及其他高管资格的条款。资格型强制规范有两类:一类是消极资格型强制规范;另一类是积极资格型强制规范。不仅公司董事、监事、高级管理人员任职时必须具备积极资格型强制规范并排除消极资格型强制规范,而且公司董事、监事、高级管理人员在任职之后,不具备积极资格型强制规范或具备消极资格型强制规范也应解除其职务。虽然《公司法》第146条规定仅规定了消极资格强制型规范,[②]但不等于说我国对公司董事、监事、高级管理人员没有积极资格强制型规范,只不过我国对公司董事、监事、高级管理人员规定的积极资格强制型规范散见于有关法律法规中。我国《公司法》第146条第2款同时规定,公司违反消极型资格强制规范,选举、委派董事、监事或者聘任高级管理人员的,该选举、委派或者聘任无效。董事、监事、高级管理人员在

---

① 百度在美国上市后将股份分为A股与B股。A股每股一个投票权,B股每股10个投票权,但A股与B股收益完全一样。因此,在双重股权结构中,A类股与B类股只是投票权不同,分红权等其他权利是完全相同的,其目的是让公司创始人股东等拥有更多控制权。

② 《公司法》第146条规定:"有下列情形之一的,不得担任公司的董事、监事、高级管理人员:(一)无民事行为能力或者限制民事行为能力;(二)因贪污、贿赂、侵占财产、挪用财产或者破坏社会主义市场经济秩序,被判处刑罚,执行期满未逾五年,或者因犯罪被剥夺政治权利,执行期满未逾五年;(三)担任破产清算的公司、企业的董事或者厂长、经理,对该公司、企业的破产负有个人责任的,自该公司、企业破产清算完结之日起未逾三年;(四)担任因违法被吊销营业执照、责令关闭的公司、企业的法定代表人,并负有个人责任的,自该公司、企业被吊销营业执照之日起未逾三年;(五)个人所负数额较大的债务到期未清偿。"

任职期间出现违反消极型资格强制规范，公司应当解除其职务。《公司法》第117条第4款规定，董事、高级管理人员不得兼任监事。因此，在《公司法》等法律和法规规定的消极资格型强制规范和积极资格型强制规范之外，公司章程中反收购条款既不得设置严于有关法律和法规规定的积极资格型强制规范，也不得设置宽于法律和法规规定的消极资格型强制规范。

2017年4月《002012凯恩股份章程》第5.1.2条第2款应属无效条款。该款规定："在发生公司恶意收购的情况下，为保证公司及股东的整体利益以及公司经营的稳定性，收购方及其一致行动人提名的董事候选人应当具有至少五年以上与公司目前（经营、主营）业务相同的业务管理经验，以及与其履行董事职责相适应的专业能力和知识水平。"

3. 行权条件型强制规范

行权条件型强制规范，是指股东、董事和监事行使权力必须符合《公司法》有关行权条件的规定。诸如《公司法》第100条第3项规定，单独或者合计持有公司10%以上股份的股东请求时，可以召开临时股东大会；第102条第2款规定，单独或者合计持有公司3%以上股份的股东，可以在股东大会召开10日前提出临时提案并书面提交董事会。任何上市公司章程反收购条款对股东提案权进行限制，提高股东持股比例，增加持股期限等都是无效的。[①] 如2017年11月《000970中科三环章程》第53条规定："公司召开股东大会，董事会、监事会以及连续180日以上单独或者合并持有公司3%以上股份的股东，有权向公司提出提案。连续180日以上单独或者合计持有公司3%以上股份的股东，可以在股东大会召开10日前提出临时提案并书面提交召集人。"该条款规定股东必须连续持股180日才能享有提案权，这在一定程度上限制了股东提案权的资格，违反股东行权资格条件，应属无效条款。

4. 义务型强制规范

我国《公司法》《上市公司收购管理办法》等法律、法规和规章对上市公司（目标公司）、董事、监事与其他高级管理人员和收购人规定了众多义务型强制规范，诸

① 2018年5月上海市奉贤区法院在审理中证中小投资者服务中心诉上海海利生物技术股份有限公司一案中，支持中证中小投资者服务中心的诉讼请求，判决海利生物公司章程中对单独或合计持股3%以上股东的董事提名权增加"持股90日以上"的条件，违反了《公司法》及相关规定，建议取消此限制类条款。

如《公司法》第147条规定董事、监事、高级管理人员对公司负有忠实义务和勤勉义务;第148条规定董事、监事、高级管理人员不得为的八种行为;第115条规定公司不得直接或间接向董事、监事、高级管理人员提供借款;第116条规定公司应当向股东披露董事、监事、高级管理人员薪酬的义务等义务型强制规范。《上市公司收购管理办法》第3条以及其他条款规定的有关各方的信息披露义务;第7条规定目标公司的控股股东或者实际控制人不得滥用股东权利损害目标公司或者其他股东的合法权益;第8条规定目标公司的董事会既不得滥用职权对收购设置不适当的障碍,也不得利用公司资源向收购人提供任何形式的财务资助。从某种意义上说,《上市公司收购管理办法》共10章90条主要是义务型强制规范。一旦上市公司章程反收购条款违反义务型强制规范,应属无效。

5. 程序型强制规范

程序型强制规范包括《公司法》规定的股东大会召集程序和表决程序、董事会的召集程序和表决程序以及股东行权程序等。违反《公司法》及其他有关法律法规规定的程序型强制规,可能直接导致决议无效或可能被撤销,或者失去行权资格等法律后果,这是程序正义的必然要求。如《公司法》第102条第1款规定:"召开股东大会会议,应当将会议召开的时间、地点和审议的事项于会议召开20日前通知各股东;临时股东大会应当于会议召开15日前通知各股东;发行无记名股票的,应当于会议召开30日前公告会议召开的时间、地点和审议事项。"如果召开股东大会的通知不符合上述规定可能导致决议无效或被撤销。

二、不得损害公司及中小股东的利益

我国《公司法》第216条和《上市公司收购管理办法》第84条分别规定了控股股东与实际控制人和控制权,但没有规定中小股东的概念,其他有关法律法规也没有界定中小股东,学界对中小股东的认识也不统一。不过2015年深圳证券交易所《上市公司规范运作指引》第2.2.7条规定:"……中小投资者是指除公司董事、监事、高级管理人员以及单独或者合计持有公司5%以上股份的股东以外的其他股东。"本课题组所说的中小股东是指与控股股东和实际控制人相对应的一个概念,即不是控股股东或实际控制人,就是中小股东,而非单独或者合计持有公司5%以上股份的股东，但公司的董事、监事及其他高级管理人员除外。

之所以将不得损害公司与中小股东保护的利益作为判断反收购条款是否合法有效的依据，其主要原因有二：其一是公司所有权与经营权分离产生公司管理层与公司之间的代理问题；其二是资本多数决产生中小股东与控股股东之间的代理问题。由于第一个原因上述已作了论证，其根本原因在于公司管理层与公司的利益并非总是一致的，在发生冲突的情况下，尤其是在公司遭遇恶意收购的情况下，董事、监事及其他高级管理人员可能面临被解聘的风险，公司管理层有可能采取不利于公司发展和损害中小股利益的反收购措施，尽管这些反收购措施须经过股东大会决议通过。为了杜绝公司管理层在应对恶意并购时所采取的反收购措施损害公司和中小股东的利益，有必要将不得损害公司和中小股东的利益，作为判断章程中反收购条款是否有效的依据。

我国《公司法》第 103 条和第 126 条不仅规定了一股一权，同股同权的原则，也规定了普通决议事项和特别决议事项。一股一权和同股同权股体现了股权平等原则。无论是普通决议事项，还是特别决议事项都体现了资本多数决原则。资本多数决原则是指无论普通决议事项，还是特别决议事项在股东大会上都要依据少数服从多数的原则作出决议，只不过普通决议事项必须经出席会议的股东所持表决权过半数通过，特别决议事项必须经出席会议的股东所持表决权的 2/3 以上通过。资本多数决的目的主要是公平保护出资者的利益和提高股东大会的工作效率。

资本多数决有利于公平保护出资者的利益和提高股东大会决议的效率，但也容易造成控股股东或实际控制人“代理”中小股东。因此，资本多数决原则可以使控股股东或实际控制人利用其持有的公司部分股份支配公司的其余股份，将自己的意志“强加”给中小股东；也可以利用其控制权谋求私利，损害公司和中小股东的利益。童丽芳等 13 人诉上海康达化工有限公司修改章程无效一案，充分说明大股东利用资本多数决原则在股东大会上通过不利于中小股东的公司章程修订案。①正因如此，公司章程反收购条款即使不违反强制性公司法律规范，也不能侵害公司和中小股东的利益，否则该反收购条款无效。

① 一审：(2006)浦民二(商)初字第 2800 号；二审：(2007)沪一中民三(商)终字第 172 号。

第三章　董事选聘条款效力研究

一、问题的提出

在我国上市公司章程反收购条款中，最引人关注的是董事选聘权条款。董事选聘权，是股东作为投资人享有选举与聘任董事的一项基本权利，是《公司法》赋予股东的一项最重要的公益权。董事选聘权主要包括董事候选人提名权与股东在股东大会投票选举董事权。董事候选人提名权是一项积极的权利，董事选举权是一项消极的权利。或者说董事候选人提名权是一项主动的权利，董事选举权是一项被动的权利。从某种意义上说，董事候选人提名权比董事选举权更加重要。这是由董事候选人提名程序与股东投票选举董事程序有先后之分所决定的。因此，为了达到反收购的目的，上市公司往往在公司章程中通过设定股东推荐董事候选人的条件，阻止收购方获得目标公司的控制权，或者延期收购方获得目标公司的控制权，或者增加收购方获得目标公司控制权的成本。

本课题组随机抽查 2017 年 10 月至 2018 年 2 月 500 余家新修订的上市公司章程，发现 100% 的上市公司章程具有董事候选人提名条款，但具有反收购意义的条款有如下四个特点：第一，股东享有董事候选人提名权的条件宽严不一，与现行法律、法规和规章有关条款不一致或冲突。第二，推选董事候选人的名额分配不规范，显失公平。第三，直接剥夺股东的董事候选人提名权。[①] 第四，尚未充分发挥累积投票制积极作用，不利于保护中小股东的合法利益。针对这些问题，本课题进行了深入研究探讨，提出一管之见。

---

① 2017 年 6 月《000761 本钢板材章程》第 82 条第 1 款规定："董事、监事候选人名单由控股股东推荐，公司当届（或前届）董事会提出，以提案的方式提请股东大会表决。"

二、限制董事候选人提名权现状研究

上市公司章程限制股东推荐董事候选人的方法主要有三种:一是上市公司章程增加享有董事候选人提名权股东的持股比例;二是上市公司章程增加享有董事候选人提名权股东的持股时间;三是上市公司章程直接规定限制恶意收购方的董事候选人提名权。

(一)提高持股比例

我国相关法律、法规和规章对股东享有董事候选人推荐权的持股比例尚未有直接规定,但我国《公司法》第 102 条第 2 款规定"单独或者合计持有公司百分之三以上股份的股东,可以在股东大会召开十日前提出临时提案并书面提交董事会"。《上市公司章程指引》第 53 条规定"公司召开股东大会,董事会、监事会以及单独或者合并持有公司 3% 以上股份的股东,有权向公司提出提案",第 82 条规定"董事、监事候选人名单以提案的方式提请股东大会表决"。据此学界一般认为,单独或者联合持有公司 3% 以上股份的股东享有董事候选人提名权,并以提案的方式将董事候选人的提案提交股东大会投票选举。事实上,在本课题组选择的 500 余份样本上市公司章程中也有 48% 的上市公司章程将持股比例 3% 作为股东提案权的条件,但仍有 52% 的上市公司章程规定的董事候选人提名权持股比例不规范。其中,规定董事候选人提名权的持股比例最低为 1%,最高为 30%。前者如 2017 年 4 月《002266 浙富控股章程》第 82 条规定单独或者合并持有公司有表决权股份总数 1% 以上的股东享有董事候选人提名权,[①]后者如 2017 年 3 月《002497 雅化集团章程》第 97 条规定,单独持有或合并持有公司发行在外股份总数的 30% 以上有表决权的股东才享有董事候选人提名权。[②] 可见,上市公司章程规定享有董事候选人提名权的股东持股比例,不仅不规范,而且也与现行法律、法规和规章规定不一致,甚至存在冲突。

---

① 2017 年 4 月《002266 浙富控股章程》第 82 条第 2 款规定,(1)董事候选人由董事会、单独或者合并持有公司有表决权股份总数 1% 以上的股东提名推荐,提名候选人人数不得超过拟选举或变更的董事人数。经董事会讨论通过形成提案后,提交股东大会决议……

② 2017 年 3 月《002497 雅化集团章程》第 97 条第 3 款规定……(2)单独持有或合并持有公司发行在外股份总数的 30% 以上有表决权的股东可以向公司董事会提出董事或由股东代表出任的监事候选人,但提名的人数必须符合章程的规定,并且不得多于拟选人数……

值得特别注意的是,在计算持股比例时是否包括股票代理权,各上市公司章程的规定也不一致。如2015年9月6家上市公司章程规定,计算持股比例时不包括股票代理权。[①] 所谓投票代理权,即为股票所有人授权他人代表自己在股东大会上行使投票权。如果提案权的持股比例不包括投票代理权,就意味着股东必须自己持有3%以上的股份,否则不享有董事候选人推荐权。

为了深入了解我国上市公司章程有关股东推荐董事候选人的持股比例变化,本课题组选择了《公司法》第一次修订之前的2005年1~2月修订的上市公司章程,与2018年1~2月修订的上市公司章程进行比较研究,[②]发现2005年有95%的上市公司章程规定持有或合并持有公司有表决权股份总数5%以上的股东才享有董事提名权,而2018年1~2月有80%以上的上市公司章程规定持有或合并持有公司有表决权股份总数3%以上的股东就可以享有董事提名权,这充分说明在这12年期间,上市公司章程的修改朝着有利于保护中小股利益的方向发展,并逐步与《公司法》及相关规定的持股比例3%保持一致。

另外,本课题组又从500余家上市公司章程中,选择350家样本上市公司章程进行详尽分析,[③]发现其中有240家上市公司章程规定股东单独或者合计持有公司3%股份的,可以享有董事提名权,[④]占比68.6%;有62家上市公司章程规定股东单

① 这6家上市公司章程为:

序号	章程(制定)修改时间	股票代码	公司章程名称	章程条款
1	2013年5月	600570	恒生电子章程	第82条
2	2016年7月	600363	联创光电章程	第83条(二)
3	2017年4月	002012	凯恩股份章程	第4.6.8条
4	2016年5月	600730	中国高科章程	第82条
5	2014年7月	600601	方正科技章程	第83条
6	2017年8月	000726	鲁泰A章程	第82条

② 这里仅统计2005年1~2月与2018年1~2月修订的公司章程,不包括尚未修订但仍然有效的章程。

③ 包括2018年1月新修订的上市公司章程与虽然没有修订但仍然有效的上市公司章程。

④ 这240家上市公司章程为:

序号	章程(制定)修改日期	股票代码	章程名称	章程条款
1	2015年12月	300247	乐金健康章程	第82条
2	2017年8月	002452	长高集团章程	第82条
3	2017年4月	000931	中关村章程	第82条

续表

序号	章程(制定)修改日期	股票代码	章程名称	章程条款
4	2017 年 12 月	600691	阳煤化工章程	第 96 条
5	2017 年 5 月	000530	大冷股份章程	第 5.13 条
6	2016 年 11 月	002342	巨力索具章程	第 81 条
7	2016 年 12 月	002144	宏达高科章程	第 83 条
8	2016 年 3 月	002469	三维工程章程	第 84 条
9	2017 年 10 月	002334	英威腾章程	第 82 条(一)
10	2017 年 4 月	000403	ST 生化章程	第 81 条
11	2017 年 9 月	000793	华闻传媒章程	第 82 条
12	2017 年 5 月	002379	宏创控股章程	第 82 条、第 96 条
13	2017 年 6 月	002130	沃尔核材章程	第 82 条
14	2014 年 8 月	600133	东湖高新章程	第 82 条
15	2016 年 10 月	300135	宝利国际章程	第 82 条
16	2017 年 8 月	600552	凯盛科技章程	第 82 条
17	2017 年 8 月	600234	ST 山水章程	第 86 条
18	2017 年 12 月	002337	赛象科技章程	第 85 条(一)
19	2016 年 2 月	600739	辽宁成大章程	第 82 条
20	2017 年 5 月	000702	正虹科技章程	第 91 条
21	2017 年 2 月	002428	云南锗业章程	第 82 条
22	2017 年 5 月	600978	宜华生活章程	第 82 条(一)
23	2016 年 4 月	300287	飞利信章程	第 82 条
24	2016 年 5 月	600222	太龙药业章程	第 82 条
25	2016 年 11 月	300231	银信科技章程	第 97 条、第 158 条
26	2017 年 11 月	600152	维科精华章程	第 82 条
27	2017 年 12 月	300245	天玑科技章程	第 82 条
28	2017 年 8 月	002045	国光电器章程	第 95 条
29	2016 年 12 月	603658	安图生物章程	第 82 条(一)
30	2016 年 12 月	600299	安迪苏章程	第 82 条
31	2017 年 10 月	601811	新华文轩章程	第 73 条
32	2017 年 7 月	600871	石化油服章程	第 132 条
33	2017 年 8 月	300690	双一科技章程	第 85 条
34	2017 年 12 月	600578	京能电力章程	第 58 条
35	2017 年 7 月	002120	韵达股份章程	第 84 条
36	2016 年 7 月	002461	珠江啤酒章程	第 82 条

续表

序号	章程(制定)修改日期	股票代码	章程名称	章程条款
37	2017年8月	601375	中原证券章程	第119条
38	2017年10月	300581	晨曦航空章程	第84条
39	2017年9月	603040	新坐标章程	第82条
40	2017年10月	300521	爱司凯章程	第82条
41	2016年12月	002647	民盛金科章程	第82条
42	2017年10月	603326	我乐家居章程	第84条(三)
43	2017年7月	002880	卫光生物章程	第82条
44	2016年8月	300533	冰川网络章程	第83条
45	2017年4月	603078	江化微章程	第85条
46	2016年10月	002728	特一药业章程	第82条
47	2017年12月	600419	天润乳业章程	第82条
48	2015年6月	600860	*ST京城章程	第114条
49	2016年5月	600132	重庆啤酒章程	第84条
50	2017年12月	002335	科华恒盛章程	第82条
51	2017年3月	300174	元力股份章程	第82条
52	2017年9月	603668	天马科技章程	第84条
53	2013年11月	601933	永辉超市章程	第84条
54	2015年8月	002062	宏润建设章程	第82条
55	2017年4月	002118	紫鑫药业章程	第85条
56	2017年6月	002591	恒大高新章程	第82条
57	2017年6月	600886	国投电力章程	第5.1.3条、第7.1.4条
58	2015年11月	600960	渤海活塞章程	第82条
59	2017年6月	600280	中央商场章程	第58条、第89条
60	2017年10月	603128	华贸物流章程	第83条
61	2017年10月	300208	恒顺众昇章程	第82条
62	2017年8月	603030	全筑股份章程	第82条
63	2017年3月	300222	科大智能章程	第82条
64	2017年4月	002027	分众传媒章程	第84条
65	2017年6月	600825	新华传媒章程	第82条
66	2017年12月	300279	和晶科技章程	第83条
67	2017年5月	300540	深冷股份章程	第60条
68	2017年8月	300497	富祥股份章程	第82条
69	2017年4月	300380	安硕信息章程	第84条(三)
70	2017年8月	300297	蓝盾股份章程	第77条

续表

序号	章程(制定)修改日期	股票代码	章程名称	章程条款
71	2017年7月	002640	跨境通章程	第83条
72	2017年4月	002512	达华智能章程	第85条
73	2017年8月	002615	哈尔斯章程	第82条
74	2016年4月	300211	亿通科技章程	第83条
75	2016年10月	002695	煌上煌章程	第80条(一)
76	2017年10月	002732	燕塘乳业章程	第82条、第136条
77	2017年11月	300392	腾信股份章程	第83条
78	2017年6月	002199	东晶电子章程	第82条
79	2017年4月	000333	美的集团章程	第85条
80	2017年3月	000005	世纪星源章程	第82条
81	2017年6月	000554	泰山石油章程	第83条
82	2017年12月	000570	苏常柴A章程	第83条(二)
83	2017年8月	000636	风华高科章程	第87条
84	2017年5月	000680	山推股份章程	第83条
85	2017年4月	000762	西藏矿业章程	第94条
86	2017年12月	000777	中核科技章程	第84条
87	2017年9月	000835	长城动漫章程	第83条(二)
88	2017年8月	000886	海南高速章程	第82条
89	2016年11月	000955	欣龙控股章程	第56条
90	2017年11月	002072	凯瑞德章程	第82条
91	2017年7月	002073	软控股份章程	第82条
92	2017年3月	002106	莱宝高科章程	第82条
93	2016年8月	002115	三维通信章程	第82条
94	2017年3月	002148	北纬科技章程	第61条
95	2016年9月	002161	远望谷章程	第82条(一)
96	2015年9月	002167	东方锆业章程	第82条(一)
97	2016年4月	002222	福晶科技章程	第82条
98	2017年6月	002230	科大讯飞章程	第82条
99	2016年6月	002263	大东南章程	第82条
100	2017年10月	002312	*ST三泰章程	第83条
101	2017年9月	002339	积成电子章程	第82条
102	2015年12月	002340	格林美章程	第82条
103	2016年3月	002400	省广集团章程	第82条
104	2016年12月	002521	齐峰新材章程	第82条

续表

序号	章程(制定)修改日期	股票代码	章程名称	章程条款
105	2017年9月	002649	博彦科技章程	第82条
106	2017年4月	300025	华星创业章程	第82条
107	2017年10月	300047	天源迪科章程	第82条
108	2017年7月	300053	欧比特章程	第82条
109	2015年5月	300088	长信科技章程	第82条
110	2017年1月	300170	汉得信息章程	第82条
111	2016年10月	300185	通裕重工章程	第82条
112	2017年4月	600495	晋西车轴章程	第102条(一)
113	2015年7月	600496	精工钢构章程	第82条
114	2017年6月	600462	九有股份章程	第82条(一)
115	2017年4月	600470	六国化工章程	第82条
116	2017年6月	600630	龙头股份章程	第82条
117	2017年8月	600789	鲁抗医药章程	第83条
118	2017年4月	601258	庞大集团章程	第74条
119	2016年4月	002883	中设股份章程	第83条
120	2014年12月	600711	盛屯矿业章程	第86条
121	2016年9月	600303	曙光股份章程	第83条
122	2017年12月	600678	四川金顶章程	第82条
123	2017年4月	603323	吴江银行章程	第76条
124	2017年9月	600545	卓郎智能章程	第82条
125	2016年8月	600252	中恒集团章程	第82条
126	2015年5月	600106	重庆路桥章程	第82条
127	2017年4月	600210	紫江企业章程	第96条
128	2017年1月	000859	国风塑业章程	第83条
129	2017年8月	300189	神农基因章程	第82条
130	2017年4月	300096	易联众章程	第82条
131	2017年4月	600846	同济科技章程	第96条
132	2017年11月	601058	赛轮金宇章程	第83条
133	2017年7月	600112	*ST天成章程	第83条
134	2017年3月	002580	圣阳股份章程	第82条
135	2017年12月	600877	*ST嘉陵章程	第83条
136	2015年4月	002629	仁智股份章程	第84条
137	2017年7月	000751	锌业股份章程	第85条
138	2017年7月	300157	恒泰艾普章程	第82条

续表

序号	章程(制定)修改日期	股票代码	章程名称	章程条款
139	2017 年 4 月	600355	精伦电子章程	第 82 条
140	2017 年 12 月	600212	江泉实业章程	第 82 条
141	2017 年 8 月	002443	金洲管道章程	第 81 条
142	2012 年 3 月	002655	共达电声章程	第 82 条
143	2017 年 12 月	000720	新能泰山章程	第 84 条
144	2017 年 7 月	603637	镇海股份章程	第 82 条
145	2017 年 6 月	000017	深中华 A 章程	第 84 条
146	2017 年 5 月	600237	铜峰电子章程	第 82 条
147	2017 年 7 月	000731	四川美丰章程	第 84 条(一)
148	2015 年 3 月	300111	向日葵章程	第 82 条
149	2017 年 6 月	002755	东方新星章程	第 82 条
150	2017 年 4 月	300137	先河环保章程	第 83 条
151	2017 年 12 月	603559	中通国脉章程	第 84 条
152	2017 年 7 月	000511	*ST 烯碳章程	第 82 条
153	2017 年 3 月	300077	国民技术章程	第 82 条
154	2016 年 6 月	600401	*ST 海润章程	第 81 条(一)
155	2016 年 5 月	000707	双环科技章程	第 82 条
156	2017 年 11 月	600608	*ST 沪科章程	第 82 条
157	2015 年 12 月	002052	同洲电子章程	第 137 条
158	2017 年 3 月	600187	国中水务章程	第 82 条
159	2017 年 6 月	002126	银轮股份章程	第 82 条
160	2017 年 5 月	600108	亚盛集团章程	第 82 条
161	2017 年 10 月	000571	新大洲 A 章程	第 82 条
162	2017 年 7 月	600127	金健米业章程	第 100 条
163	2017 年 8 月	002559	亚威股份章程	第 82 条
164	2017 年 8 月	000952	广济药业章程	第 82 条
165	2016 年 3 月	600756	浪潮软件章程	第 82 条
166	2015 年 7 月	002448	中原内配章程	第 82 条
167	2017 年 9 月	000589	黔轮胎 A 章程	第 83 条
168	2017 年 4 月	600360	华微电子章程	第 96 条
169	2017 年 12 月	000008	神州高铁章程	第 82 条
170	2017 年 5 月	000301	东方市场章程	第 69 条
171	2017 年 6 月	000404	华意压缩章程	第 82 条
172	2017 年 9 月	000521	美菱电器章程	第 83 条

续表

序号	章程(制定)修改日期	股票代码	章程名称	章程条款
173	2016年3月	000613	*ST东海A章程	第82条
174	2017年4月	000725	京东方A章程	第96条
175	2017年11月	000997	新大陆章程	第83条
176	2015年4月	002198	嘉应制药章程	第82条
177	2016年12月	002205	国统股份章程	第83条
178	2016年12月	002328	新朋股份章程	第5.03条
179	2016年3月	002360	同德化工章程	第84条
180	2017年8月	002431	棕榈股份章程	第84条
181	2017年12月	002456	欧菲科技章程	第82条
182	2018年1月	002471	中超控股章程	第105条
183	2017年3月	002606	大连电瓷章程	第81条
184	2016年10月	002622	永大集团章程	第82条
185	2017年10月	300010	立思辰章程	第84条
186	2017年12月	300012	华测检测章程	第82条
187	2017年11月	600199	金种子酒章程	第82条
188	2016年9月	600351	亚宝药业章程	第82条
189	2017年1月	600561	江西长运章程	第82条
190	2017年12月	600794	保税科技章程	第80条
191	2017年5月	600898	三联商社章程	第82条
192	2017年4月	601599	鹿港文化章程	第82条
193	2016年4月	600076	康欣新材章程	第87条
194	2017年9月	600128	弘业股份章程	第90条
195	2017年12月	600171	上海贝岭章程	第82条
196	2017年3月	600284	浦东建设章程	第82条
197	2016年6月	600285	羚锐制药章程	第82条
198	2017年5月	600352	浙江龙盛章程	第82条
199	2017年6月	600354	敦煌种业章程	第86条
200	2017年12月	600408	安泰集团章程	第82条
201	2017年4月	600425	青松建化章程	第82条
202	2017年12月	600448	华纺股份章程	第87条
203	2014年6月	600487	亨通光电章程	第82条
204	2016年7月	600537	亿晶光电章程	第82条
205	2016年10月	600692	亚通股份章程	第82条
206	2017年7月	600696	*ST匹凸章程	第82条

续表

序号	章程(制定)修改日期	股票代码	章程名称	章程条款
207	2017 年 9 月	600718	东软集团章程	第 82 条
208	2017 年 3 月	600732	ST 新梅章程	第 82 条(三)
209	2017 年 6 月	600879	航天电子章程	第 86 条
210	2016 年 12 月	600908	无锡银行章程	第 71 条
211	2017 年 3 月	600966	博汇纸业章程	第 82 条
212	2017 年 6 月	601558	*ST 锐电章程	第 83 条
213	2017 年 9 月	000019	深深宝 A 章程	第 85 条(二)
214	2017 年 6 月	000036	华联控股章程	第 82 条
215	2017 年 12 月	000701	厦门信达章程	第 84 条
216	2017 年 7 月	000779	三毛派神章程	第 82 条
217	2015 年 12 月	000812	陕西金叶章程	第 83 条
218	2017 年 11 月	000897	津滨发展章程	第 86 条
219	2015 年 9 月	002023	海特高新章程	第 103 条
220	2017 年 11 月	002082	栋梁新材章程	第 82 条(一)
221	2017 年 10 月	002097	山河智能章程	第 87 条
222	2017 年 3 月	002163	中航三鑫章程	第 82 条(一)
223	2017 年 11 月	002240	威华股份章程	第 82 条(一)
224	2017 年 5 月	002255	海陆重工章程	第 82 条
225	2017 年 4 月	002405	四维图新章程	第 83 条
226	2014 年 12 月	002447	壹桥股份章程	第 4.25 条
227	2017 年 9 月	002449	国星光电章程	第 84 条
228	2017 年 11 月	002457	青龙管业章程	第 82 条
229	2017 年 8 月	300017	网宿科技章程	第 82 条
230	2017 年 3 月	300035	中科电气章程	第 82 条
231	2015 年 12 月	300036	超图软件章程	第 82 条
232	2017 年 2 月	300139	晓程科技章程	第 82 条
233	2017 年 7 月	300216	千山药机章程	第 82 条
234	2017 年 7 月	300238	冠昊生物章程	第 82 条
235	2017 年 11 月	300264	佳创视讯章程	第 87 条
236	2015 年 9 月	300295	三六五网章程	第 82 条
237	2016 年 12 月	002031	巨轮智能章程	第 91 条
238	2017 年 3 月	600830	香溢融通章程	第 82 条
239	2017 年 8 月	600853	龙建股份章程	第 84 条(一)
240	2017 年 4 月	300004	南风股份章程	第 4.53 条

独或者合计持有公司5%以上股份的,才可以享有董事提名权,[①]占比17.7%;有26

① 这62家上市公司章程为:

序号	章程(制定)修改日期	股票代码	章程名称	章程条款
1	2016年8月	600571	信雅达章程	第82条
2	2017年8月	603868	飞科电器章程	第82条(三)
3	2017年2月	603169	兰石重装章程	第82条
4	2017年11月	600029	南方航空章程	第188条、第221条
5	2017年4月	603099	长白山章程	第84条(二)
6	2017年6月	600598	北大荒章程	第84条
7	2017年8月	603456	九州药业章程	第82条(一)(三)
8	2017年11月	600547	山东黄金章程	第115条
9	2017年10月	300072	三聚环保章程	第82条
10	2017年6月	600882	广泽股份章程	第95条
11	2014年3月	002043	兔宝宝章程	第82条
12	2017年8月	000012	南玻A章程	第82条(二)
13	2017年7月	000055	方大集团章程	第84条
14	2014年10月	000153	丰原药业章程	第82条
15	2014年12月	000416	民生控股章程	第82条(一)
16	2017年6月	000502	绿景控股章程	第83条
17	2015年9月	000507	珠海港章程	第82条
18	2017年9月	000553	沙隆达A章程	第82条(一)
19	2016年7月	002319	乐通股份章程	第80条
20	2015年3月	300074	华平股份章程	第82条、第96条
21	2009年9月	600107	美尔雅章程	第82条
22	2016年6月	600653	申华控股章程	第82条
23	2017年8月	600089	特变电工章程	第84条
24	2017年9月	600645	中源协和章程	第82条
25	2017年10月	000851	高鸿股份章程	第80条
26	2017年7月	002014	恒宝股份章程	第82条
27	2017年8月	000930	中粮生化章程	第82条(一)
28	2015年5月	000573	粤宏远A章程	第85条
29	2017年7月	600760	中航沈飞章程	第82条
30	2016年4月	000996	中国中期章程	第85条
31	2016年12月	600110	诺德股份章程	第83条(一)

续表

序号	章程(制定)修改日期	股票代码	章程名称	章程条款
32	2017年9月	000682	东方电子章程	第82条
33	2016年6月	600405	动力源章程	第98条
34	2015年7月	600130	波导股份章程	第96条
35	2016年5月	600423	*ST柳化章程	第105条(二)
36	2012年8月	600247	ST成城章程	第80条
37	2017年7月	600596	新安股份章程	第83条
38	2016年9月	600851	海欣股份章程	第82条
39	2017年4月	600843	上工申贝章程	第82条
40	2017年2月	002207	淮油股份章程	第32条
41	2017年6月	000016	深康佳A章程	第65条
42	2017年8月	000726	鲁泰A章程	第82条
43	2016年11月	000948	南天信息章程	第82条(二)
44	2015年3月	600125	铁龙物流章程	第82条
45	2015年9月	600135	乐凯胶片章程	第98条
46	2017年4月	600367	红星发展章程	第82条
47	2017年5月	601616	广电电气章程	第82条
48	2016年10月	600193	创兴资源章程	第82条(一)
49	2017年4月	600330	天通股份章程	第88条
50	2017年9月	600689	上海三毛章程	第82条
51	2017年12月	600742	一汽富维章程	第82条
52	2017年10月	600807	天业股份章程	第82条
53	2017年3月	601678	滨化股份章程	第84条(二)
54	2017年11月	000505	珠江控股章程	第82条(一)
55	2017年4月	000509	华塑控股章程	第82条
56	2016年6月	000592	平潭发展章程	第85条
57	2016年6月	000632	三木集团章程	第82条
58	2016年5月	000816	智慧农业章程	第86条(二)
59	2017年7月	000915	山大华特章程	第82条
60	2017年12月	002005	德豪润达章程	第82条
61	2017年4月	002022	科华生物章程	第4.59条
62	2013年4月	300029	天龙光电章程	第82条

家上市公司章程规定股东单独或者合计持有公司10%以上股份的,才可以享有董事提名权,①占比7.4%;有1家上市公司章程规定股东单独或联合持有公司20%以上股份,才可以享有董事提名权;②有14家上市公司章程规定单独持有或合并持有

① 这26家上市公司章程为:

序号	章程(制定)修改时间	股票代码	公司章程名称	章程条款
1	2017年3月	002533	金杯电工章程	第83条
2	2017年4月	601228	广州港章程	第86条
3	2017年3月	000516	国际医学章程	第102条
4	2017年7月	000790	泰合健康章程	第82条(一)
5	2017年12月	600698	湖南天雁章程	第86条
6	2015年10月	600375	华菱星马章程	第82条
7	2016年8月	600838	上海九百章程	第82条
8	2017年9月	600797	浙大网新章程	第96条(二)
9	2002年6月	600158	中体产业章程	第83条
10	2016年9月	002331	皖通科技章程	第82条
11	2016年4月	300498	温氏股份章程	第86条
12	2008年4月	000917	电广传媒章程	第82条
13	2014年4月	600311	荣华实业章程	第84条
14	2016年8月	600186	莲花健康章程	第82条(二)
15	2015年11月	000659	*ST中富章程	第96条(一)
16	2016年11月	000510	金路集团章程	第82条(一)
17	2016年10月	600611	大众交通章程	第82条
18	2017年9月	000589	黔轮胎A章程	第83条
19	2016年4月	000616	海航投资章程	第82条
20	2016年8月	002630	华西能源章程	第102条
21	2016年1月	600063	皖维高新章程	第82条
22	2017年4月	600328	兰太实业章程	第83条
23	2014年4月	600880	博瑞传播章程	第81条(一)
24	2017年10月	600209	罗顿发展章程	第82条
25	2014年4月	300028	金亚科技章程	第102条
26	2017年5月	002285	世联行章程	第83条(一)

② 2017年6月《600635大众公用章程》第79条第2款规定:"……更换董、监事会成员以及修改公司章程的议案,须连续三年以上单独持有公司20%以上股份的股东方有资格提出。"

公司有表决权股份总数1% 以上的股东,就可以享有董事提名权,[①]占比4%。此外,2017年6月《600200江苏吴中章程》将董事提名权的持股比例提高至8%;2017年3月《002497雅化集团章程》将董事候选人提名权的持股比例提高至30%。这是目前规定持股比例最高的上市公司章程。

上述统计数据告诉我们,上市公司章程对享有董事候选人推荐权的股东持股比例的规定极其不规范,仍然有大约28%的上市公司章程规定持股超过3%,才享有董事候选人推荐权,直接剥夺了部分股东的董事候选人推荐权或提名权;有大约4%的上市公司章程规定的持股比例低于3%,赋予更多的中小股东董事候选人提名权。但问题是低于3%持股比例是否有利于保护中小股东利益,也值得研究。

(二)增加持股时间

我国现行的《公司法》《证券法》《上市公司收购管理办法》等法律、法规和规章均未对股东推荐董事候选人的连续持股时间作出明确规定,但不少上市公司为了阻止恶意收购,在公司章程中不仅明确规定股东持股比例,而且规定股东连续持股时间。其实质是上市公司企图通过设置持股时间,延缓收购方获取目标公司的控制权,或者阻却收购方收购目标公司,实现反收购的目的。公司章程规定持股时间

① 这14家上市公司章程为:

序号	章程(制定)修改时间	股票代码	公司章程名称	章程条款
1	2017年4月	600350	山东高速章程	第83条
2	2015年4月	002418	康盛股份章程	第82条
3	2017年8月	000595	*ST宝实章程	第81条
4	2016年3月	002176	江特电机章程	第82条
5	2017年4月	002266	浙富控股章程	第82条(一)
6	2016年6月	000422	湖北宜化章程	第82条(二)
7	2016年4月	600868	梅雁吉祥章程	第96条
8	2016年10月	600527	江南高纤章程	第4.5.6条(三)
9	2017年5月	000537	广宇发展章程	第82条(二)
10	2017年12月	002420	毅昌股份章程	第82条
11	2017年11月	600995	文山电力章程	第82条
12	2016年4月	002008	大族激光章程	第84条
13	2016年8月	002133	广宇集团章程	第85条
14	2017年4月	300020	银江股份章程	第82条(三)

作为股东推荐董事候选人的条件是否合法有待进一步研究。

从500份样本上市公司章程中可以发现,最低持股时间为3个月,最高时间是5年。前者如2017年9月《600797浙大网新章程》第96条,[①]后者如2016年10月《600611大众交通章程》第82条。[②] 其中规定股东必须连续持股90天以上的有2016年10月《300333兆日科技章程》等5家上市公司章程;[③]规定连续持股180天以上的有2016年10月《000691亚太实业章程》等31家上市公司章程;[④]规定连续

① 2017年9月《600797浙大网新章程》第96条第4款第2项规定:"董事由股东大会从董事会或连续持三个月持有公司发行股份百分之十以上(含百分之十)的股东提名的董事候选人(独立董事候选人除外)中选举产生。"

② 2016年10月《600611大众交通章程》第82条第4款规定:"……公司股东代表人选由连续5年以上单独持有公司10%以上股份的股东向董事会提名,人选为1名,该名人选应具备丰富的上市公司管理经验且至少在交通运输企业内担任过3年以上中高级职务。"

③ 这5家上市公司章程为:

序号	章程(制定)修改时间	股票代码	公司章程名称	章程条款
1	2017年9月	300436	广生堂章程	第86条
2	2016年11月	002474	榕基软件章程	第82条(一)
3	2017年8月	000726	鲁泰A章程	第82条
4	2016年3月	002467	二六三章程	第83条
5	2016年7月	300152	科融环境章程	第80条(一)

④ 这31家上市公司章程为:

序号	章程(制定)修改时间	股票代码	公司章程名称	章程条款
1	2017年8月	603868	飞科电器章程	第82条(三)
2	2014年11月	002557	洽洽食品章程	第82条
3	2017年12月	000065	北方国际章程	第83条
4	2016年5月	300505	川金诺章程	第82条
5	2017年11月	600547	山东黄金章程	第115条
6	2014年12月	300409	道氏技术章程	第86条
7	2017年4月	300463	迈克生物章程	第85条
8	2017年8月	000012	南玻A章程	第82条(二)
9	2015年9月	000410	沈阳机床章程	第81条
10	2017年9月	000553	沙隆达A章程	第82条(一)
11	2017年1月	002063	远光软件章程	第85条
12	2016年7月	002319	乐通股份章程	第80条
13	2017年12月	600499	科达洁能章程	第84条
14	2017年8月	600089	特变电工章程	第84条

持股180个交易日以上的有2017年6月《000502绿景控股章程》等2家上市公司章程；①规定连续持股1年以上的有2017年7月《000055方大集团章程》等7家上市公司章程；②规定连续持股半年以上的有2017年6月《600200江苏吴中章程》和

续表

序号	章程(制定)修改时间	股票代码	公司章程名称	章程条款
15	2017年8月	600326	西藏天路章程	第83条
16	2016年1月	600778	友好集团章程	第4.4.2条
17	2016年6月	000422	湖北宜化章程	第82条(二)
18	2017年11月	601099	太平洋章程	第82条
19	2017年7月	002154	报喜鸟章程	第82条
20	2015年5月	000573	粤宏远A章程	第85条
21	2008年4月	000917	电广传媒章程	第82条
22	2016年4月	000996	中国中期章程	第85条
23	2016年1月	600556	ST慧球章程	第83条
24	2016年5月	600423	*ST柳化章程	第105条(二)
25	2016年4月	600868	梅雁吉祥章程	第96条
26	2017年7月	600596	新安股份章程	第83条(二)
27	2017年4月	000705	浙江震元章程	第53条
28	2017年9月	000589	黔轮胎A章程	第83条
29	2017年1月	000006	深振业A章程	第83条
30	2016年9月	000413	东旭光电章程	第83条
31	2013年4月	300029	天龙光电章程	第82条

① 这2家上市公司章程为：

序号	章程(制定)修改时间	股票代码	公司章程名称	章程条款
1	2016年8月	002133	广宇集团章程	第85条
2	2017年10月	002139	拓邦股份章程	第82条(三)

② 这7家上市公司章程为：

序号	章程(制定)修改时间	股票代码	公司章程名称	章程条款
1	2017年3月	000516	国际医学章程	第102条
2	2017年12月	600698	湖南天雁章程	第86条
3	2017年4月	002476	宝莫股份章程	第89条
4	2016年4月	300498	温氏股份章程	第86条
5	2017年10月	600101	明星电力章程	第95条
6	2017年9月	600689	上海三毛章程	第82条
7	2016年5月	600138	中青旅章程	第88条

2016年8月《600186莲花健康章程》2家上市公司章程;规定连续持股24个月以上的有2015年3月《600125铁龙物流章程》1家上市公司章程;规定连续持股3年的有2017年6月《600635大众公用章程》1家上市公司章程;规定连续持股5年的有2016年10月《600611大众交通章程》1家上市公司章程。总之,大约有15.7%的上市公司章程规定了持股时间和持股比例,直接剥夺了部分股东的董事提名权。

(三)限制恶意收购方的董事候选人提名权

限制恶意收购方的董事候选人提名权,主要有两种方法:其一是增加恶意收购方持股时间同时限制董事候选人提名人数;其二是增加被提名董事候选人的限制条件,即要求恶意收购方推荐的董事候选人与目标公司股东推荐的董事候选人任职条件不同,形成差别待遇。前者如2018年1月《002340格林美章程》第102条规定:"若公司被恶意收购并由此导致公司控股股东、实际控制人发生变动的,变动后的公司控股股东、实际控制人在其实际控制公司之日起三年内无权向公司提名累计超过半数的董事人选。非经公司股东大会以特别决议通过,公司修改本章程时不得对本款规定进行修改。"后者如2017年4月《002012凯恩股份章程》第5.1.2条第2款规定:"在发生公司恶意收购的情况下,为保证公司及股东的整体利益以及公司经营的稳定性,收购方及其一致行动人提名的董事候选人应当具有至少五年以上与公司目前(经营、主营)业务相同的业务管理经验,以及与其履行董事职责相适应的专业能力和知识水平。"

三、董事候选人名额分配现状研究

董事候选人名额分配是事关公司控制权的大事,无论目标公司还是收购方都十分关注这一问题。董事候选人名额分配不公平,不仅直接影响公司内部治理结构,也影响公司收购方的决策,不利于保护中小股东的利益。2012年格力电器选举第九届董事会董事时,第一大股东珠海格力集团推荐董某某、周某某、鲁某某、黄某为公司第九届董事会董事候选人,第二大股东河北京海担保投资公司推荐张某某为董事会董事候选人,耶鲁大学(Yale University)和鹏华基金管理有限公司(合计持股超3%)联合推荐冯某某为公司第九届董事会董事候选人,公司董事会推荐朱某某、钱某某、贺某某为公司第九届董事会独立董事候选人。[①] 在股东大会选举中除周某某落选外,其余候选人均有成功等选。有学者曾对此提出质疑,[②]第一大股东持股18.22%推荐4名董事候选人,而第二大股东河北京海担保投资公司持股9.38%仅推荐1名董事候选人,确定推荐董事候选人名额的依据是什么?不解决这一问题,不利于我国上市公司发展。从500余家样本上市公司章程中可以发现,董事候选人推荐名额分配主要有如下几类。

(一)平均分配董事候选人名额

平均分配董事候选人名额是指,公司章程规定,每一个享有董事候选人提名权的股东可以推荐数额相同的董事候选人。在实践中分为两种情况:一种情况是不限制每位股东董事候选人提名数量,但不能超过董事会组成人员总数。如2016年10月《000782美达股份章程》第82条规定:“单独或合并持有公司10%以上股份的股东(含实际控制人、关联企业、一致行动人。下同)可以提名董事、监事候选人,但不得多于拟选人数。”另一种情况是限制每位股东董事候选人提名数量。如2017年8月《000930中粮生化章程》第82条(一)规定:“董事、非职工监事候选人由上届董事会、监事会提名或由单独或者合并持有公司发行在外有表决权股份总数的5%以上股东以书面形式提出,每一单独或共同提名股东提名董事候选人不超过3人,提名监事候选人不超过一人。”2017年8月《600089特变电工章程》第84条、2018年3月《000930中粮生化章程》第82条、2017年4月《002012凯恩股份章程》第5.2.2条、2017年9月《600545卓郎智能章程》第82条、2017年11月《600887伊利股份章程》第96条、2017年12月《000783长江证

---

① 参见《珠海格力电器股份有限公司八届二十四次董事会决议公告》(2012-24)。

② 熊锦秋:《上市公司董事提名机制不能再模糊下去了》,载《上海证券报》2012年6月1日,F07版。

券章程》第84条等也有类似规定。[①]

董事候选人名额平均分配给每一位享有董事候选人推荐权的股东,看似有利于保护中小股东的利益,其实不然。这是因为股东大会在选举董事时采取资本多数决规则,一股一个投票权。如果不实行累积投票制度,中小股东推荐的董事候选人很难在董事选举中获胜。

(二)按照持股比例递增分配董事候选人名额

上市公司章程规定,根据股东的持股比例递增,确定提名董事候选人的名额。在实践中有两种情况:一种情况是规定股东持股每增加一定的比例,可以增加1个董事候选人名额,上不封顶,如2016年5月《600138中青旅章程》规定,股东每增加持股5%可以增加提名1位董事候选人;2016年1月《000677*ST海龙章程》规定,股东每增加持股10%,可以增加提名1位董事候选人。[②] 另一种情况是规定股东持股每增加一定的比例,可以增加1个董事候选人名额,但上封顶。如2016年9月《000821京山轻机章程》第82条第5款规定:"董事会换届、每届董事会任职期间改选董事(包括免职、增补、更换等情形)时,单独或合计持有公司股份3%以上至10%以下的股东只能提名1名董事候选人;单独或合计持有公司发行股份10%以

---

① 2017年8月《600089特变电工章程》第84条规定:"连续180日以上单独或合并持有公司有表决权的股份总数的5%以上的股东可以提名董事、监事候选人。该提案可提名不超过全体董事1/4,全体监事1/3的候选人名额,且不得多于拟选人数。"2018年3月《000930中粮生化章程》第82条规定:"(一)董事、非职工监事候选人由上届董事会、监事会提名或由单独或者合并持有公司发行在外有表决权股份总数的3%以上股东以书面形式提出,每一单独或共同提名股东提名董事候选人不超过三人,提名监事候选人不超过一人……"(2017年8月要求5%)2017年4月《002012凯恩股份章程》第5.2.2条第3款规定:"董事会成员中由单一股东或者具有关联关系的股东提名的董事人数不超过半数,且独立董事中至少一名由中小股东提名的候选人担任。"2017年9月《600545卓郎智能章程》第82条规定:"董事、监事候选人名单以提案的方式提请股东大会决议。公司董事会、监事会、单独或者合并持有公司已发行股份3%以上的股东可以提出董事、监事候选人,但股东可提名人数不超过全体董事1/4、全体监事1/3的候选人名额,且不得超过拟选人数。"2017年11月《600887伊利股份章程》第96条第2款规定:"董事会换届选举时,更换董事不得超过全体董事的三分之一;每一提案所提候选人不得超过全体董事的三分之一。临时股东大会选举或更换(不包括确认董事辞职)董事人数不得超过现任董事的四分之一。"2017年12月《000783长江证券章程》第84条规定:"董事、监事候选人名单以提案的方式提请股东大会表决。董事会、监事会应当事先向股东提供董事、监事的简历和基本情况;单独或者合并持有公司有表决权股份总数的3%以上的股东可以提名董事、监事候选人,每一提案可提名董事和监事候选人的人数不超过2名。"

② 2016年5月《600138中青旅章程》第88条规定:"单独持有或合并持有公司发行在外有表决权股份总数的百分之五以上,且持股时间超过一年的股东,每百分之五的股份可以提名一名非独立董事候选人。"2016年1月《000677*ST海龙章程》第82条规定:"董事、监事提名的方式和程序:(一)任何持有或者合并持有公司发行在外有表决权的股份总数3%以上的股东以及董事会、监事会有权分别提名董事或监事候选人。单独或合持有公司股份3%的股东可以提名一名董事候选人或独立董事候选人,每增加10%,可以增加提名一名董事候选人或独立董事候选人……"

上的股东提名的董事候选人不得超过董事会人数的1/3。”公司章程有类似规定的还有《000159 国际实业章程》第82条、《600199 金种子酒章程》第82条、2016年1月《000677 恒天海龙章程》第82条等。[①]

从理论上说，根据持股比例分配董事候选人名额具有一定的合理性，但目前采用持股比例分配董事候选人名额的上市公司不足2%。

(三)按照持股时间和持股比例分配董事候选人名额

上市公司章程规定，根据持股比例和持股时间分配董事候选人名额。最具有代表性的是2006年6月《000782－G美达章程》第82条，该条规定：“董事会换届改选时，连续180个交易日以上不满2年单独或合并持有公司10%以上股份的股东提名担任公司董事人数不得超过董事会组成人数的1/5；连续2年以上不满4年单独或合并持有公司10%以上股份的股东提名担任公司董事人数不得超过董事会组成人数的1/4；连续4年以上不满6年单独或合并持有公司10%以上股份的股东提名担任的公司董事人数不得超过董事会组成人数的1/3。连续6年以上单独或合并持有公司10%以上股份的股东提名担任的公司董事人数不得多于董事会组成人数。”[②]2017年11月《600547 山东黄金章程》第115条规定：“(一)董事会、监事会、连续180日以上单独持有或合计持有公司有表决权股份总数的5%以上的股东有权向公司提名董事、监事候选人；但连续180日以上单独持有或合计持有公司有表

① 2017年5月《000159 国际实业章程》第82条第2款规定：“董事、监事候选人名单以提案的方式提请股东大会表决。公司董事会换届选举或补选董事时，董事会、合并或单独持有公司3%以上股份的股东可以向董事会推荐董事候选人；合并或单独持有公司股份达到3%小于10%的股东可以向董事会推荐1名董事候选人；合并或单独持有公司股份达到10%小于15%的股东可以向董事会推荐2名董事候选人；合并或单独持有公司股份达到15%小于20%的股东可以向董事会推荐3名董事候选人。公司董事会提名委员会对推荐的董事候选人资格进行审查，形成董事资格审查报告，提交董事会审议，确定董事候选人名单，提交股东大会选举。董事会推荐的候选人需经全体董事2/3以上通过方可推荐。”2017年11月《600199 金种子酒章程》第82条第4款规定，在换届选举时，“董事会公布提名后，单独或合并持有公司股份3%可以补充提名董事候选人。持股3%～15%的股东可以提名1名董事候选人，持股15%～30%的股东可以提名2名董事候选人，持股30%以上的股东提名3名董事候选人。提名股东应当将提名案向董事会提出，由董事会公告。提名股东应同时向董事会提出并由董事会公告候选董事的简历和基本情况。”2016年1月《000677 恒天海龙章程》第82条第6款规定：“董事、监事提名的方式和程序：(一)任何持有或者合并持有公司发行在外有表决权的股份总数3%以上的股东以及董事会、监事会有权分别提名董事或监事候选人。单独或合持有公司股份3%的股东可以提名一名董事候选人或独立董事候选人，每增加10%，可以增加提名一名董事候选人或独立董事候选人……”

② 2016年10月《000782 美达股份章程》第82条规定：“单独或合并持有公司10%以上股份的股东(含实际控制人、关联企业、一致行动人。下同)可以提名董事、监事候选人，但不得多于拟选人数……”可见该条已修改了2006年6月《000782－G美达章程》第82条。

决权股份总数的5%以上的股东每一提案可提名不超过全体董事1/4、全体监事1/3的候选人名额,且不得多于拟选人数……”2017年8月《600089特变电工章程》第84条第4款规定:“连续持有180日以上单独或合并持有公司有表决权股份总数5%以上的股东可以提名董事、监事候选人。该提案可提名不超过全体董事1/4,全体监事1/3的候选人名额,且不得多于拟选人数。”与之相类似的上市公司章程还有10家。①

四、董事选聘条款反收购效果研究

上市公司章程规定的董事选聘条款,无论是限制董事提名权,还是提高持股比例和持股时间,其目的都是阻却收购方通过改选现任董事而获得目标公司的控制权。因此,收购方能否顺利通过改选董事,入主董事会,获得目标公司控制权,将成为判断董事选聘条款反收购效果的依据。

(一)限制董事候选人提名权反收购效果分析

如前所述,上市公司往往通过提高持股比例、增加持股时间、限制恶意收购方的董事提名权,阻止恶意收购。因此,有必要对提高持股比例、增加持股时间、限制恶意收购方的董事提名权的反收购效果进行分析。

① 这10家上市公司章程为:

序号	章程(制定)修改时间	股票代码	公司章程名称	章程条款
1	2017年1月	002063	远光软件章程	第85条
2	2017年6月	000502	绿景控股章程	第83条
3	2016年6月	600653	申华控股章程	第82条
4	2017年10月	000581	高鸿股份章程	第95条(2018年3月章程修订后取消持股期限)
5	2017年7月	002104	恒宝股份章程	第82条
6	2018年2月	000573	粤宏远A章程	第85条
7	2016年4月	000996	中国中期章程	第85条
8	2018年3月	000705	浙江震元章程	第53条
9	2017年9月	000589	黔轮胎A章程	第83条
10	2017年9月	600887	伊利股份章程	第96条

1. 提高持股比例的反收购效果分析

提高持股比例只能让经济实力较弱的收购方望而却步，而不能阻止任何经济实力强大的收购方获得目标公司的控制权。一般来说，具有较强经济实力的收购者通过分析研究，决定并购某一个目标公司时，首先是通过各种方式收购被收购公司的股份，成为第一大股东。一旦成为第一大股东，持股一般高于公司章程规定推荐董事候选人的持股比例，除非目标公司股份很分散。其次是通过改选董事会成员获取被并购公司的控制权。被收购公司的董事会，特别是控股股东，对于恶意收购，总是想方设法给收购方获取被收购公司的控制权设置障碍，提高董事候选人提名持股比例就是其中之一。在上市公司并购案件中，提高董事候选人提名权的持股比例确实起到了一定的反收购作用，但这种反收购作用也是极其有限的。这是因为提高持股比例能否起到反收购作用主要取决于两个因素：一是收购方对目标公司收购价值的判断，二是收购方的经济实力。

2. 增加持股时间的反收购效果分析

增加持股时间的反收购作用主要是通过提高持股时间，增加收购成本，迫使收购方放弃收购。因为如果要求收购方持股时间较长才能获得董事候选人提名权，收购方就不得不考虑这段时间给自己带来的损失。如《大众交通章程》规定，连续持股达到5年才能获得董事候选人提名权，那么收购者多半会放弃收购。但一般来说，增加持股时间只能延缓收购方获得目标公司的控制权，不能阻止收购方获得目标公司的控制权。如在“宝万之争”中，《万科A章程》第96条规定，非独立董事候选人名单由上届董事会或连续180个交易日单独或合计持有公司发行在外有表决权股份总数3%以上的股东才享有董事候选人提名权，[①]但这180个交易日的“障碍”并未阻止深圳地铁收购万科。深圳地铁目前已经拥有万科29.38%股份的表决权，成为第二大股东，虽然暂时不享有董事候选人提名权，但依据公司章程规定仍然享有提案权与参加股东大会的权利，在很大程度上依然可以左右董事会成员的构成。但不可否认的事实是，要求连续持股时间过长确实具有较好的反收购作用，但是否合法值得研究。

---

① 2014年6月《000002万科A章程》第96条第2款规定：“非独立董事候选人名单由上届董事会或连续一百八十个交易日单独或合计持有公司发行在外有表决权股份总数百分之三以上的股东提出。”

3.限制恶意收购方董事候选人提名权反收购效果分析

限制恶意收购方董事候选人提名权,不仅具有延缓收购方入主董事会的作用,而且反收购作用十分明显。如2018年1月《002340格林美章程》第84条规定:“若公司被恶意收购并由此导致公司控股股东、实际控制人发生变动的,变动后的公司控股股东、实际控制人所持公司股份在其实际控制公司之日起三年内不计入出席股东大会有表决权的股份总数。”第102条规定:“若公司被恶意收购并由此导致公司控股股东、实际控制人发生变动的,变动后的公司控股股东、实际控制人在其实际控制公司之日起三年内无权向公司提名累计超过半数的董事人选。”但这样的规定违背了“一股一权,同股同权”的基本原则,其合法性值得研究。

(二)限制董事候选人名额反收购效果分析

限制股东董事候选人提名人数的反收购效果,视公司章程的具体条款而定。一般来说,按照法定最低持股比例平均分配董事候选人名额,几乎起不到反收购的作用,如2017年9月《600545卓郎智能章程》第82条规定,单独或者合并持有公司已发行股份3%以上的股东可以提出董事、监事候选人,但股东可提名人数不超过全体董事1/4、全体监事1/3的候选人名额。按照持股比例递增分配董事候选人名额具有较强的反收购作用,要求持股比例越高反收购效果越好,如《金种子酒章程》规定持股3%~15%,可以提名1名;持股15%~30%,可以提名2名;持股30%以上,可以提名3名。[①] 按照持股比例和持股时间分配董事候选人名额具有很强的反收购作用。一方面股东想要获得董事候选人提名权,购买目标公司股份必须达到章程所规定的持股比例;另一方面要满足公司章程规定的连续持股时间限制,这两个条件缺一不可。因此,一般收购者很难满足这两个条件。如2006年6月《000782-G美达章程》第82条规定,董事会换届改选时,连续180个交易日以上不满2年单独或合并持有公司10%以上股份的股东提名担任公司董事人数不得超过董事会组成人数的1/5;连续2年以上不满4年单独或合并持有公司10%以上股份的股东提名担任公司董事人数不得超过董事会组成人数的1/4;连续4年以上不满

---

① 2017年11月《金种子酒章程》第82条规定:“公司换届选举董事、监事时实行累积投票制。在换届选举时,公司董事会有权提名董事候选人。董事会在提名董事候选人时应广泛征询股东意见。董事会公布提名后,单独或合并持有公司股份3%可以补充提名董事候选人。持股3%~15%的股东可以提名1名董事候选人,持股15%~30%的股东可以提名2名董事候选人,持股30%以上的股东提名3名董事候选人。提名股东应当将提名案向董事会提出,由董事会公告。提名股东应同时向董事会提出并由董事会公告候选董事的简历和基本情况。”

6 年单独或合并持有公司 10% 以上股份的股东提名担任的公司董事人数不得超过董事会组成人数的 1/3；连续 6 年以上单独或合并持有公司 10% 以上股份的股东提名担任的公司董事人数不得多于董事会组成人数。

值得注意的是，在上市公司收购实践中，上市公司一般是综合运用上述反收购条款，而非单独运用某一反收购条款阻止收购方获取公司控制权。

五、董事选聘条款合法性分析

判断上市公司章程中董事选聘条款效力的标准，是该条款是否违反有关法律、法规和规章的强制性规定；判断上市公司章程中董事选聘条款科学合理的标准，是该条款是否有利于预防公司实际控制人的“掏空行为”，是否有利于保护中小投资者的合法权益。

（一）限制董事候选人提名权是否有效

如前所述，限制董事候选人提名权的方法主要有三种：提高董事候选人提名权的持股比例、增加董事候选人提名权的持股时间、对恶意收购方的董事候选人提名权特别限制。

1. 提高持股比例的效力分析

虽然目前有关法律、法规和规章并未规定董事提名权是股东的一项基本权利，[①]但是根据《公司法》第 37 条之规定，股东有权选举和更换非由职工代表担任的董事。该条规定也暗示股东享有提名董事的权利。在实践中，股东行使董事候选人提名权一般是在股东大会上通过提案的方式行使。根据《公司法》第 102 条第 2 款和《上市公司章程指引》第 53 条的规定，单独或者合计持有公司 3% 以上股份的股东，可以提出临时提案。董事候选人提名权作为股东的一项权利，其行使的方式大多以提案的方式提出，所以应当受到提案权的持股比例限制，[②]即单独或合计持有 3% 以上股份的股东享有董事候选人提名权。因此，任何上市公司章程将股东的董事候选人提名的持股比例限制在 3% 以上均违反《公司法》和《上市公司章程指

---

① 赵佩玉：《董事提名权与股东权利》，载《中国市场》2017 年第 7 期。
② 蒋娟：《论股东的董事候选人提名权》，载《湖南工业大学学报》（社会科学版）2011 年第 2 期。

引》的有关规定,应被认定为无效。

2. 增加持股时间的效力分析

目前,我国《公司法》仅有两处要求连续持股时间,分别为第101条第2款和第151条第1款。第101条第2款规定,监事会不召集和主持股东大会的,连续90日以上单独或者合计持有公司10%以上股份的股东可以自行召集和主持。第151条第1款规定,连续180日以上单独或者合计持有公司1%以上股份的股东,可以书面请求提起诉讼。除此之外,再无对持股时间的限制。同时《公司法》也只是对提案权规定了3%的持股比例要求,并未要求连续持股时间。因此,任何上市公司章程规定的连续持股时间限制,都侵犯了股东提名董事候选人的权利,应当属于无效。[①] 但这并非说明在一定程度上要求收购方连续持股时间不具有合理性。

事实上,2010年美国证券交易委员会(SEC)公布的14a-11规则,其主要内容之一,就是规定连续持股时间和持股比例。该规则规定股东应连续持股3年,并单独或合并持有公司有表决权股份总数3%以上方可提名董事候选人。[②] 美国证券交易委员会之所以规定股东连续持股3年才能享有董事候选人提名权,是为了保障目标公司经营的连续性和不因公司发生并购而受到任何影响,有利于保护中小股东的利益。美国证券交易委员会公布的14a-11规则规定的连续持股时间与持股比例,对我国具有一定的启示和借鉴意义。但我国不可以直接移植美国规定要求股东连续持股3年,并单独或合计持股达到一定比例才可以享有董事候选人提名权,而是建议有关法律规定收购方获取目标公司控制之后一定时间,如3年内,不得出售其持有的股份。

3. 限制恶意收购人董事候选人提名权的效力分析

限制恶意收购方董事候选人提名权,实为剥夺恶意收购方选择公司管理层的权利。我国《公司法》第37条第1款第2项明确规定,股东有权选举和更换非由职工代表担任的董事。此规定包括股东的董事候选人提名权与选举权。因此,任何

---

① 据"新浪财经网"2018年5月10日报道,中证中小投资者服务中心诉上海海利生物技术股份有限公司获胜,上海市奉贤区人民法院审理认为,被告海利生物在有关公司章程中设定"连续90天以上"的条件,违反了《公司法》规定,限制了部分股东就非独立董事候选人提出临时提案的权利,相关条款内容应认定为无效,载新浪财经网:http://finance.sina.com.cn/roll/2018-05-16/doc-ihapkuvm5639338.shtml,最后访问日期:2018年5月24日。

② 伍坚:《美国法中股东提名董事制度研究》,载《证券市场导报》2014年第2期。

剥夺恶意收购方董事候选人提名权的章程条款都属于无效条款。如 2018 年 1 月《002340 格林美章程》第 84 条规定："若公司被恶意收购并由此导致公司控股股东、实际控制人发生变动的，变动后的公司控股股东、实际控制人所持公司股份在其实际控制公司之日起三年内不计入出席股东大会有表决权的股份总数。非经公司股东大会以特别决议通过，公司修改本章程时不得对本款规定进行修改。"这样典型的反收购条款属于无效条款。

但目标公司可能认为，在一定的条件下剥夺恶意收购方的董事候选人的提名权，是为了保证目标公司经营的持续性，最终保护全体股东的合法权益，间接保护董事会的公司控制权，而非相反。如 2017 年 5 月《000528 柳工章程》第 159 条明确规定："为了维护公司生产经营的稳定，保护公司和全体股东的利益，董事会应当积极制定措施，有效防止、阻止公司被恶意收购。"如果不能有效预防恶意收购方的短期行为，将不利于公司发展，不利于保护全体股东的合法权益。而反对者则可能认为，剥夺恶意收购方的董事候选人提名权也可能存在仅保证董事会控制权不发生转移，维护董事的利益而损害公司和中小股东利益的情况。因此，本课题组认为，为了保证目标公司经营的连续性，以及目标公司与股东的合法权益，预防恶意收购方的短期行为可以采取如下两种措施：一是要求恶意收购方获取目标公司的控制权之后在一定期限内如 3 年内不得出售其持有的股票；二是恶意收购方获取目标公司的控制权之后在一定期限内如 3 年内不享有董事候选人提名权。但第一种措施更符合中国实际，也符合一股一权，同股同权的原则。

（二）限制股东董事候选人提名人数的效力分析

我国现行《公司法》《证券法》《上市公司收购管理办法》等法律、法规和规章尚未对股东提名董事候选人的人数作出明确规定。换言之，董事候选人名额分配属于公司自治的范围，理应由公司章程规定。但公司章程是否可以不受任何限制自由约定如何分配董事候选人名额，本课题组的答案是否定。本课题组认为，董事候选人名额分配应该坚持公平原则与不歧视原则。如果公司章程有关董事候选人名额分配条款违反公平原则和不歧视原则，应属无效条款。从 500 余家样本上市公司章程中可以发现董事候选人名额分配主要有如下几类。

1. 按照持股比例平均分配董事候选人名额的效力分析

按照持股比例平均分配董事候选人名额，似乎侵害了大股东的董事候选人提名权,比如公司章程规定每一个持股3%以上的股东可以推荐3名董事候选人,一个持股3%的股东与一个持股30%的股东同样推荐3名董事候选人,这是否损害了大股东的董事提名权?其实不然。其一,因为公司章程是由大股东参与制定的,股东一定会充分考虑自身的利益。其二,我国上市公司实行资本多数决原则,即使中小股东推荐的董事候选人人数多,也很难全部入主董事会,特别是在没有实施累积投票制的情况下,中小股东推荐的董事候选人更难全部入主董事会。其三,虽然《公司法》第108条规定股份有限公司董事会由5~19名董事组成,但在现实生活中,我国绝大多数上市公司董事会成员为7~9名。加之《关于在上市公司建立独立董事制度的指导意见》要求独立董事不低于1/3,因此,一般上市公司董事为4名或6名。这样,大股东推荐的董事候选人一般全部当选,而中小股东推荐的董事候选人部分当选。因此,平均分配董事候选人名额应属合法。但应当注意的是,股东推荐的董事候选人的持股比例不应超过3%,否则无效。

2. 按照持股比例递增分配董事候选人名额的效力分析

从理论上讲,按照持股比例递增分配董事候选人名额具有一定的科学性与合理性,但最低持股比例不应高于3%。如前述2016年1月《000677*ST海龙章程》规定,单独或合持有公司股份3%的股东可以提名一名董事候选人或独立董事候选人,每增加10%,可以增加提名一名董事候选人或独立董事候选人。这样的章程条款应属有效。但2016年5月《600138中青旅章程》规定,单独持有或合并持有公司发行在外有表决权股份总数的5%以上且持股时间超过一年的股东,每5%的股份可以提名一名非独立董事候选人。这一章程条款应属无效。因为,前者最低持股比例为3%,符合《公司法》及有关法律和规章的规定。后者最低持股比例为5%,高于《公司法》规定的3%,剥夺了部分股东的董事候选人提名权,与《公司法》的强制性规定存在冲突。

3. 按照持股比例和持股时间分配董事候选人名额的效力分析

2010年美国证券交易委员会公布的14a-11规则规定,股东持续3年以上,单独或共同持有公司有表决权股份总数在3%以上的股东享有董事候选人提名权,而且每位股东提名董事候选人的人数上限为1名或不超过董事席位数的25%,取两者中较大者。[1] 这样,美国14a－11规则不仅从持股比例与持股时间两方面限制股东董事候选人提名权的资格,而且规定如何分配董事候选人人数。我国《公司法》《证券法》及其他相关法律、法规和规章并未对如何分配董事候选人名额作出明确规定,但不等于说上市公司可以任意分配董事候选人名额。根据现行《公司法》及其他有关法律规定,持股3%以上(包括本数)的股东享有提案权,包括向股东大会推荐董事候选人的提案。因此,每一个持股达到3%以上的股东都有权获得董事候选人推荐名额,任何公司章程规定持股超过3%的股东才可以获得董事候选人推荐名额的条款都是无效的。至于持续持股时间,我国《公司法》对此虽然没作具体规定,但不等于说上市公司可以自由设置股东的持续持股时间。因为,《公司法》没有要求享有董事候选人提名权股东的持续持股时间,就意味着不能在股东候选人提名问题上强加任何时间条件,否则就剥夺了股东参与公司治理的权力,剥脱了股东选择公司管理层的权利。从某种意义上说,《公司法》没有规定股东持续持股时间的要求,属于强制性规范,任何公司章程违反强制性公司法律规范都是无效的。也有学者指出:"在公司章程中将提出董事候选人提案的股东持股比例提高到3%以上以及对持有的股份附加连续持有时间的要求,都有违《公司法》第103条第2款的主旨,应为无效条款。"[2]董事候选人名额分配也一样,不能将持股比例提高到3%以上同时附加连续持股时间作为分配董事候选人名额的依据,否则会因违反《公司法》的有关条款而无效。

六、结　　论

判断董事选聘条款是否合法有效的标准有三个:一是不得违反公司法律法规的强制性规范,二是符合公平公正和不歧视的原则,三是不得损害中小股东的合法

---

① 伍坚:《美国法中股东提名董事制度研究》,载《证券市场导报》2014年第2期。应当注意这一规则还未实施,2011年7月22日,哥伦比亚特区联邦上诉法院依据美国《联邦行政程序法》规定,宣告14a－11规则制定程序违法,判决该规则无效。但并不等于说该规则没有任何意义,现实生活中有不少上市公司似乎借鉴了该规则的做法,苹果公司就是其中之一。2015年苹果公司修改公司章程,允许在三年内持有公司股份超过3%的大股东,或不超过20家股东的股东组织,可在苹果公司的年度代理权声明中提名董事会成员,股东可提名董事会的最多20%成员。

② 张舫:《上市公司章程中董事选人条款的有效性分析》,载《法学》2009年第1期。

权益。

将持股比例高于3%作为限制股东董事候选人提名权的反收购条款,因违反《公司法》第102条和《上市公司章程指引》第53条的行权条件型强制规范而无效。①

将持续持股时间作为限制股东董事候选人提名权的反收购条款,其实质是剥夺部分股东的董事候选人提名权,因违反《公司法》资格型强制规范而无效。《公司法》第4条和第102条第2款分别规定,②股东选择管理者权和股东提案权(董事候选人提名权)。《公司法》的其他条款未对股东董事候选人提名权作出任何限制性规定。因此,公司章程对股东的董事候选人提名权不能附加任何条件,否则无效。

限制恶意收购方的董事候选人提名权,不仅违反公司法律法规的原则型强制规范,也违反公司法律法规的资格型强制规范,应属无效。前者是指违反公平公正与不歧视原则,后者是指违反非依法不得剥夺作为股东的恶意收购方选择公司管理层的权利和推荐董事候选人的资格。

平均分配董事候选人名额和按照持股比例递增分配董事候选人名额具有一定的合法性,但将最低持股比例高于3%并附加连续持股时间作为股东取得董事候选人提名资格的条件,并以此分配董事候选人名额,违反公司法律法规的资格型强制规范,应当无效。

---

① 《公司法》第102条第2款规定:“单独或者合计持有公司百分之三以上股份的股东,可以在股东大会召开十日前提出临时提案并书面提交董事会;董事会应当在收到提案后二日内通知其他股东,并将该临时提案提交股东大会审议。临时提案的内容应当属于股东大会职权范围,并有明确议题和具体决议事项。”《上市公司章程指引》第53条第1款规定:“公司召开股东大会,董事会、监事会以及单独或者合并持有公司3%以上股份的股东,有权向公司提出提案。”学界对《上市公司章程指引》的法律效力有不同的看法,本课题组认为,虽然从理论上讲,《上市公司章程指引》既不是法律、法规,也不是规章,不具有法律效力。但考虑到《上市公司章程指引》对我国上市公司制定或修订章程的指导作用,故认为《上市公司章程指引》具有一定的法律强制性。

② 《公司法》第4条规定:“公司股东依法享有资产收益、参与重大决策和选择管理者等权利。”

第四章 分层董事会条款效力研究

一、问题的提出

如前所述,分层董事会条款,是指每年只能依据公司章程规定改选或更换一定比例的董事,而不能改选或更换全部董事,其目的是阻止或延缓敌意收购方获取公司控制权。虽然最近几年不少上市公司章程修订都增加了分层董事会条款,但本课题组通过对500余家上市公司章程中的分层董事会条款进行统计分析,大约有12.2%的上市公司章程规定了分层董事会条款,与2012年深圳证券交易所公布分层董事会占9.4%相比,[①]占比略有上升。值得注意的是,分层董事会制度虽然是舶来品,但我国上市公司章程规定的分层董事会制度却完全不同于域外分层董事会制度,特别是美国分层董事会制度。域外分层董事会制度通常将董事会分为不同类别,分别规定其不同的任期,每次股东大会改选或更换董事时,仅能改选或更换任期届满的董事,尚未直接限制股东选举董事的权利。而我国上市公司章程规定的分层董事会条款,不仅对每届更换董事数量进行限制、对每次更换董事数量进行限制,以及对董事的类别更换进行限制,而且还直接限制了股东选择董事或者剥夺了股东选择董事的权利,其合法性值得认真研究。

二、我国分层董事会现状分析

通过对500余家上市公司章程样本统计分析,可以发现规定董事会更换和改选

① 深交所公司治理研究中心:《2012年深市上市公司治理情况报告》,载《证券时报》2013年8月12日,A12版。

的人数每年不超过董事会总人数的1/3的有31家;①规定董事会更换和改选的人

① 这31家上市公司章程为:

序号	章程(制定)修改时间	股票代码	公司章程名称	章程条款
1	2017年11月	600608	*ST沪科章程	第82条
2	2017年8月	600201	生物股份章程	第96条
3	2015年5月	000573	粤宏远A章程	第99条
4	2017年10月	000851	高鸿股份章程	第80条
5	2017年9月	002168	深圳惠程章程	第100条
6	2017年4月	600355	精伦电子章程	第96条
7	2013年5月	600570	恒生电子章程	第96条
8	2017年12月	600653	申华控股章程	第96条
9	2014年12月	600711	盛屯矿业章程	第102条
10	2017年4月	603323	吴江银行章程	第118条
11	2017年4月	600210	紫江企业章程	第96条
12	2017年7月	000055	方大集团章程	第98条
13	2015年9月	000410	沈阳机床章程	第95条
14	2017年6月	000502	绿景控股章程	第97条
15	2017年5月	000680	山推股份章程	第98条
16	2017年3月	002148	北纬科技章程	第102条
17	2017年9月	002289	宇顺电子章程	第106条
18	2015年12月	002340	格林美章程	第96条
19	2017年11月	000970	中科三环章程	第97条
20	2017年4月	600149	*ST坊展章程	第82条
21	2016年5月	600222	太龙药业章程	第96条
22	2016年4月	600076	康欣新材章程	第103条、第113条
23	2016年6月	600285	羚锐制药章程	第97条
24	2017年6月	601558	*ST锐电章程	第98条
25	2017年9月	000019	深深宝A章程	第85条
26	2017年7月	000779	三毛派神章程	第96条
27	2017年4月	002405	四维图新章程	第97条
28	2017年1月	000006	深振业A章程	第97条
29	2017年8月	000726	鲁泰A章程	第96条
30	2017年10月	300010	立思辰章程	第98条
31	2017年5月	300073	当升科技章程	第99条

数每年不超过董事会总人数的 1/4 的有 7 家;[①]规定董事会更换和改选的人数每年不超过董事会总人数的 1/7 的有 1 家;[②]规定每年董事会更换和改选的人数的有 2 家;[③]限制董事会每次解除人数和每年解除人数的有 3 家;[④]限制董事会每届更换和改选人数的有 4 家;[⑤]限制比例分别为董事会人数的 1/2、1/3 和 1/4;同时限制每届

① 这 7 家上市公司章程为:

序号	章程(制定)修改时间	股票代码	公司章程名称	章程条款
1	2017 年 7 月	600596	新安股份章程	第 83 条
2	2017 年 8 月	002559	亚威股份章程	第 94 条
3	2016 年 12 月	600110	诺德股份章程	第 98 条
4	2016 年 6 月	000009	中国宝安章程	第 96 条
5	2017 年 8 月	600089	特变电工章程	第 98 条
6	2017 年 1 月	002063	远光软件章程	第 99 条
7	2017 年 4 月	002022	科华生物章程	第 5.4 条

② 2017 年 9 月《000835 长城动漫章程》第 97 条规定:"董事由股东大会选举或更换,任期三年。董事在任期届满以前,除法定事由或本章程另有约定外,不得被罢免或撤换,股东大会也不得无故解除其职务。董事任期届满,可连选连任。每年改选的董事不得超过董事总数的七分之一(独立董事连任 6 年的除外),违反此条规定选举的董事不得当选。"

③ 这 3 家上市公司章程为:

序号	章程(制定)修改时间	股票代码	公司章程名称	章程条款
1	2017 年 4 月	000705	浙江震元章程	第 94 条
2	2016 年 1 月	600778	友好集团章程	第 5.1.2 条
3	2017 年 1 月	000611	天首发展章程	第 96 条

④ 这 3 家上市公司章程为:

序号	章程(制定)修改时间	股票代码	公司章程名称	章程条款
1	2016 年 4 月	000996	中国中期章程	第 100 条
2	2017 年 4 月	000762	西藏矿业章程	第 96 条
3	2017 年 9 月	600887	伊利股份章程	第 96 条

⑤ 这 5 家上市公司章程为:

序号	章程(制定)修改时间	股票代码	公司章程名称	章程条款
1	2016 年 8 月	600186	莲花健康章程	第 113 条
2	2017 年 3 月	000516	国际医学章程	第 102 条
3	2017 年 5 月	600635	大众公用章程	第 138 条
4	2017 年 1 月	600561	江西长运章程	第 96 条
5	2017 年 12 月	600698	湖南天雁章程	第 101 条

董事会更换人数和每年董事会更换人数的有5家；①同时限制董事会换届人数和非董事会换届人数的有3家；②限制恶意收购情况下董事更换人数，同时限制每年董事更换人数的有7家；③规定新改组或者换届时，应有原董事2/3留任的有7家；④

① 这5家上市公司章程为：

序号	章程（制定）修改时间	股票代码	公司章程名称	章程条款
1	2017年10月	000851	高鸿股份章程	第80条
2	2015年9月	000410	沈阳机床章程	第95条
3	2017年4月	000762	西藏矿业章程	第96条
4	2017年9月	600887	伊利股份章程	第96条
5	2017年1月	600561	江西长运章程	第96条

② 这3家上市公司章程为：

序号	章程（制定）修改时间	股票代码	公司章程名称	章程条款
1	2017年9月	600887	伊利股份章程	第96条
2	2017年4月	000762	西藏矿业章程	第96条
3	2016年4月	000996	中国中期章程	第100条

③ 这7家上市公司章程为：

序号	章程（制定）修改时间	股票代码	公司章程名称	章程条款
1	2017年4月	600556	ST慧球章程	第98条
2	2017年11月	002407	多氟多章程	第101条
3	2016年4月	600076	康欣新材章程	第103条
4	2016年8月	002398	建研集团章程	第97条
5	2017年10月	002828	贝肯能源章程	第5.1.2条
6	2018年1月	000293	河北宣工章程	第112条
7	2017年9月	002289	宇顺电子章程	第106条

④ 这7家上市公司章程为：

序号	章程（制定）修改时间	股票代码	公司章程名称	章程条款
1	2017年4月	600556	ST慧球章程	第98条
2	2017年11月	002407	多氟多章程	第101条
3	2017年9月	002289	宇顺电子章程	第106条
4	2016年4月	600076	康欣新材章程	第103条
5	2016年8月	002398	建研集团章程	第97条
6	2017年10月	002828	贝肯能源章程	第5.1.2条
7	2018年1月	000293	河北宣工章程	第112条

限制3年内更换董事人数不得超过一定比例人数的有2家;[①]另外3家限制更为严格。2017年4月《002405四维图新章程》第97条规定:“董事会每年更换和改选的非独立董事人数不超过非独立董事总人数的1/3。”2017年5月《600635大众公用章程》第138条规定:“每届董事会中除独立董事和职工代表董事以外的其他董事更换比例不得超过董事会中其他董事成员总数的1/5。”2017年4月《600149*ST坊展章程》第82条规定:“董事、监事候选人名单以提案的方式提请股东大会表决。每年改选不超过非职工董事的1/3、非职工监事的1/2,董事或监事任期届满或辞职的情形除外。”

从以上的样本分析可以看出,我国对于董事人数改选的限制,远远超出了英美国家的分级分期董事会条款。以上的条款可以概括为:(1)对每年更换董事数量进行限制;(2)对每届更换董事数量进行限制;(3)对每次更换董事数量进行限制;(4)对在非换届情况下更换董事数量进行限制;(5)对董事的类别更换进行限制。前四种情况包括对于所有董事的更换,最后一种情况针对的是特定董事的更换。这使得更换董事变得更为困难。

三、分层董事会条款的分类

从不同角度可以对分层董事作出不同的分类,以上市公司章程中规定的分层董事会条款的特点为依据,可以将分层董事会条款作如下分类。

(一)双三分之一条款

所谓双三分之一条款,是指上市公司章程规定,股东大会选举或更换董事或增加新董事不得超过原董事人数的1/3。通常的做法是,在股东在任期未满之前,每年更换的董事不得超过董事组成人数的1/3;股东大会新增加的股东不能超过原董

---

① 这2家上市公司章程为:

序号	章程(制定)修改时间	股票代码	公司章程名称	章程条款
1	2016年4月	600076	康欣新材章程	第103条
2	2017年3月	002148	北纬科技章程	第102条

事会人员人数的1/3。如2018年1月《600655豫园股份章程》第96条等。[①]

(二)双限制条款

所谓双限制条款,是指上市公司章程规定,不仅对股东大会选举董事人数有明确的限制,而且也对选举程序进行限制。通常的做法是每年更换或增加的董事人数不得超过原董事人数的1/3或1/4等,同时要求获得出席股东会的股东所持表决权的2/3或3/4。如2017年9月《600811东方集团章程》第96条。[②] 有类似规定的还有2家上市公司。[③]

(三)禁止解聘条款

禁止解聘条款,是指上市公司章程规定,严格禁止股东大会解聘任期未满的董事,除非该董事提出辞职,出现法律、法规和章程规定的不宜担任董事的情形。这一条款的规定直接剥夺了股东罢免任期未满的董事的权利。比如2018年1月《603663三祥新材章程》第96条。[④]

(四)单一比例条款

单一比例条款,是指在上市公司章程中规定,每年更换或改选的董事不得超过董事会总人数的一定比例。经统计,500余家上市公司中共有41家上市公司在其章程中设置了单一比例条款。如1/3,被30家上市公司章程采纳(被

---

① 2018年1月《600655豫园股份章程》第97条规定:"董事由股东大会选举或更换,每届任期三年。董事任期届满,可连选连任。董事在任期届满以前,除本章程有明确规定外,股东大会不能解除其职务。股东大会在董事任期届满前更换董事的,每年不得超过董事会组成人数的三分之一,但董事会换届选举以及因董事存在本章程第九十六条、九十八条、九十九条、一百条规定的情形被股东大会解除职务而补选董事的不受此限。股东大会拟通过修改本章程增加董事会组成人数的,增加的人数不得超过原董事会组成人数的三分之一。"

② 2017年9月《600811东方集团章程》第96条规定:"董事由股东大会选举或更换,任期三年。董事任期届满,可连选连任。董事在任期届满以前,股东大会不能无故解除其职务。董事的更换或增加每年不超过公司原董事总数的1/4,并经出席股东大会的股东(包括股东代理人)所持表决权的3/4以上通过。"

③ 这2家上市公司章程为:

序号	章程(制定)修改时间	股票代码	公司章程名称	章程条款
1	2017年1月	000611	天首发展章程	第96条
2	2017年5月	000680	山推股份章程	第96条、第132条

④ 2018年1月《603663三祥新材章程》第96条规定:"董事由股东大会选举或更换,任期3年。董事任期届满,可连选连任。董事在任期届满以前,除非有下列情形,不得解除其职务:(1)本人提出辞职;(2)出现国家法律、法规规定或本章程规定的不得担任董事的情形;(3)不能履行职责;(4)因严重疾病不能胜任董事工作。"

73.2%的公司章程采纳)、[1]1/4 被 7 家上市公司章程采纳(被 17%的公司章程所

① 这 30 家上市公司章程为:

序号	章程(制定)修改时间	股票代码	公司章程名称	章程条款
1	2017 年 11 月	600608	* ST 沪科章程	第 82 条
2	2017 年 4 月	000705	浙江震元章程	第 94 条
3	2017 年 8 月	002559	亚威股份章程	第 94 条
4	2017 年 8 月	600201	生物股份章程	第 96 条
5	2015 年 5 月	000573	粤宏远 A 章程	第 99 条
6	2017 年 10 月	000851	高鸿股份章程	第 80 条
7	2017 年 9 月	002168	深圳惠程章程	第 100 条
8	2017 年 4 月	600355	精伦电子章程	第 96 条
9	2013 年 5 月	600570	恒生电子章程	第 96 条
10	2017 年 12 月	600653	申华控股章程	第 96 条
11	2014 年 12 月	600711	盛屯矿业章程	第 102 条
12	2017 年 4 月	600210	紫江企业章程	第 96 条
13	2017 年 7 月	000055	方大集团章程	第 98 条
14	2015 年 9 月	000410	沈阳机床章程	第 95 条
15	2017 年 6 月	000502	绿景控股章程	第 97 条
16	2017 年 5 月	000680	山推股份章程	第 98 条
17	2015 年 12 月	002340	格林美章程	第 96 条
18	2017 年 11 月	000970	中科三环章程	第 97 条
19	2017 年 4 月	600149	* ST 坊展章程	第 82 条
20	2016 年 5 月	600222	太龙药业章程	第 96 条
21	2016 年 6 月	600285	羚锐制药章程	第 97 条
22	2017 年 6 月	601558	* ST 锐电章程	第 98 条
23	2017 年 9 月	000019	深深宝 A 章程	第 85 条
24	2017 年 7 月	000779	三毛派神章程	第 96 条
25	2017 年 4 月	002405	四维图新章程	第 97 条
26	2017 年 1 月	000006	深振业 A 章程	第 97 条
27	2017 年 8 月	000726	鲁泰 A 章程	第 96 条
28	2017 年 10 月	300010	立思辰章程	第 98 条
29	2017 年 5 月	300073	当升科技章程	第 99 条
30	2017 年 1 月	600561	江西长运章程	第 96 条

采纳),[①]1/5被2016年10月《600611大众交通章程》第96条和2017年6月《002199东晶电子章程》第96条采纳,[②]1/7被2017年9月《000835长城动漫章程》第96条采纳。[③] 除此之外,2017年4月《603323吴江银行章程》第118条采纳的单一比例条款是一个范围限制。[④]

(五)不同比例条款

不同比例条款,是指上市公司章程对任期届满与任期未满的董事更换或改选规定不同的比例。通常的做法是每年更换或改选任期届满的董事不得超过董事会组成人员的1/3,更换或改选任期未满的董事不得董事会组成人员的1/4。如2018年1月《000293河北宣工章程》第122条。[⑤] 有类似规定的还有7家

---

① 这7家上市公司章程为:

序号	章程(制定)修改时间	股票代码	公司章程名称	章程条款
1	2017年7月	600596	新安股份章程	第83条
2	2016年12月	600110	诺德股份章程	第98条
3	2016年6月	000009	中国宝安章程	第96条
4	2017年8月	600089	特变电工章程	第98条
5	2017年8月	600326	西藏天路章程	第83条
6	2017年1月	002063	远光软件章程	第99条
7	2017年4月	002022	科华生物章程	第5.4条

② 2016年10月《600611大众交通章程》第96条规定:"董事由股东大会选举或更换,任期三年。董事任期届满,可连选连任。董事在任期届满以前,股东大会不得无故解除其职务。除非董事发生违反公司法、证券法及其他规范性文件及公司章程规定的情形,股东大会在董事任期届满前因其他原因解除其职务的,每年不得超过董事会成员的五分之一。"

2017年6月《002199东晶电子章程》第96条规定:"公司每年更换董事不得超过全部董事人数的五分之一,若因董事辞职,或因董事违反法律、行政法规及本章程的规定或无法正常履行职责被解除职务的,则不受该五分之一比例的限制。"

③ 2017年9月《000835长城动漫章程》第96条规定:"董事由股东大会选举或更换,任期三年。董事在任期届满以前,除法定事由或本章程另有约定外,不得被罢免或撤换,股东大会也不得无故解除其职务。董事任期届满,可连选连任。每年改选的董事不得超过董事总数的七分之一(独立董事连任6年的除外),违反此条规定选举的董事不得当选。"

④ 2017年4月《603323吴江银行章程》第118条规定:"董事会中由本行人员担任董事的人数应不少于董事会成员总数的1/4,但不得超过董事会成员总数的1/3。本行设独立董事,独立董事的人数不得少于董事会人数的1/3。独立董事不得在超过两家商业银行同时任职,且独立董事在本行任职时间累计不得超过六年。独立董事每年在本行工作的时间不少于十五个工作日。"

⑤ 2018年1月《000293河北宣工章程》第122条规定:"在发生公司恶意收购的情况下,如该届董事会任期届满的,继任董事会成员中应至少有三分之二以上的原任董事会成员连任;在继任董事会任期未届满的每一年度内的股东大会上改选董事的总数,不得超过本章程所规定董事会组成人数的四分之一。"

上市公司。[①]

四、分层董事会理论分析

分层董事会制度在20世纪40年代产生于美国,到1955年美国50个州已有38个州承认分层董事会制度的合法性,但分层董事会直到20世纪80年代才真正在美国流行。[②] 美国标准普尔500家公司中设置分级董事会的公司数量在20世纪80年代初到90年代初呈递增趋势。[③] 而在2002年的2421家大型美国上市公司中,59%的公司拥有分级董事会(Bebchuk,2002)。目前,尽管美国理论界仍对分级董事会存在较大争议,但实践中仍有相当多的上市公司在章程中规定分级董事会条款。

分层董事会的理论分析,主要解决两个问题:其一是分层董事会是否会影响公司或股东的利益;其二是分层董事会是否具有反收购的作用。

(一)分层董事会是否影响公司或股东的利益

分层董事会制度是否有利于公司和股东的利益褒贬不一,一直是国内外学术界争议的热点,至今未有一致的结论。[④] 既有肯定的观点,也有否定的观点,各有其理论依据。持肯定观点的学者认为,首先,分层董事会能够保持公司经营的连续性与稳定性。采用分层董事会,每年只有少数董事在换届时或任期内被更换,绝大多

---

① 这7家上市公司章程为:

序号	章程(制定)修改时间	股票代码	公司章程名称	章程条款
1	2016年4月	000996	中国中期章程	第100条
2	2017年4月	000762	西藏矿业章程	第96条
3	2017年9月	600887	伊利股份章程	第96条
4	2017年11月	002407	多氟多章程	第101条
5	2017年4月	600556	ST慧球章程	第98条
6	2016年8月	002398	建研集团章程	第97条
7	2018年1月	000293	贝肯能源章程	第5.1.2条

② 谢俊、蒋峦:《西方分级董事会制度研究综述》,载《珞珈管理评论》2010年第1期。

③ Bebchuk L. A. and Cohen A., "The costs of entrenched boards", *Journal of Financial Economics*, 2005, 48 (2), pp. 409 – 433.

④ 李善民等:《分层董事会制度与公司价值——基于公司章程的视角》,载《厦门大学学报》(哲学社会科学版)2016年第2期。

数董事仍然留在公司工作,他们不仅具有丰富的经营经验,而且熟悉本公司的经营状况,可以在一定程度上保持公司经营的稳定性和连续性,有利于股东的利益。其次,分层董事会能够保持董事的独立性。分层董事会制度能够使董事在较长时期任职,使董事独立于经理层的控制,更多地考虑公司长期利益和实施公司规划。而持否定观点的学者认为,分层董事会限制了股东每年对董事业务执行情况的检查权,方便董事逃避责任,不利于公司提高经营效率。因此,股东应享有每年挑选董事的权力,而不是限制其挑选董事的权力。[①] 之所以会出现上述两种不同的观点,是因为分层董事会制度对公司价值的影响具有两面性:"一方面通过降低目标公司被并购的概率,为管理层抵御来自控制权市场的惩戒威胁,增加了管理层的不努力和懒惰行为,导致隐性代理成本增加,可能会造成公司价值毁损;另一方面,分层董事会制度通过提高目标公司在并购中的谈判收益,增加了股东的财富。"[②]因此,在分层董事会制度设计时,要特别注意预防管理层不努力和懒惰行为。

(二)分层董事会是否具有反收购的作用

关于分层董事会是否具有反收购的作用,应该结合相关法律规定或公司章程中其他条款才可以确定。仅仅从分层董事会制度中很难找到满意的答案。因为,如果法律允许股东任意罢免任期届满或任期未满的董事,任何分层次董事会条款都不能起到反收购作用。因此,分层次董事会发挥反收购的作用,隐含着一个前提,即股东不得无故罢免董事。[③] 另外,分层董事会能否发挥反收购作用,还与被罢免董事的经济补偿条款有一定的联系。如2017年8月《600089特变电工章程》第98条规定,当发生公司被收购接管的情形时,任期未满被解除职务的董事、监事、总经理等高级管理人员可以获得前1年年薪1000倍以上的经济补偿。倘若该补偿条款具有法律效力,一个董事年薪80万元,如果解聘一个任期未满的董事,目标公司必须支付该董事80,000万元的经济补偿金,解聘两个董事需要支付1.6亿元经济

① 张舫:《对董事选任和分类董事会问题的思考》,载《甘肃政法学院学报》2007年第5期。

② 李善民等:《分层董事会制度与公司价值——基于公司章程的视角》,载《厦门大学学报》(哲学社会科学版)2016年第2期。

③ 参见《特拉华州普通公司法》(GCL)第141条第11款规定:"除下列情况以外,在董事选举时,代表表决权股份过半数的股东可以罢免公司部分或者全体董事,无论有无原因:(1)公司董事会按照本条第(四)款的规定分类的,除非章程大纲另行规定,否则公司股东只有在有原因时才能罢免董事……"转引自王莉:《交错董事会制度在我国的合法性与功能分析》,载《北方工业大学学报》(社会科学版)2015年第2期。

补偿金。这样的补偿金条款与分层董事会条款结合起来,足以阻止任何并购行为。因此,研究分层董事会反收购的作用,一般要与相关法律和公司章程中的其他条款结合起来判断,而不应单独从分层董事会条款研究其反收购的作用。事实上,本课题组从500余家上市公司章程样本中,选择的分层次董事会条款均与股东不得无故罢免董事和"金色降落伞"条款结合运用,企图获得最佳反收购效果。

五、分层董事会条款合法性分析

分层董事会条款合法性的判断标准,是该条款是否符合有关公司法律和规章的强制性规范,以及是否损害公司和股东,特别是中小股东的合法权益。

(一)分层董事会条款合法性争议

分层董事会制度产生于20世纪80年代的美国收购浪潮中,其目的是保持公司经营的连续性与稳定性。[①] 我国分层董事会制度起源于1998年的"爱使章程之争"。直到1998年天津大港油田(集团)有限责任公司收购上海爱使股份公司纠纷案,才引起国内学界关注分层董事会制度。爱使股份案争议的焦点,是《爱使股份有限公司章程》第67条第3款规定:"董事会、监事会任期届满需要换届时,新的董事、监事人数不超过董事会、监事会组成人数的二分之一。"换言之,该案的争议焦点是分层董事会条款的效力。不仅双方各执一词,法律专家意见也不一致。蒋大兴教授认为,交错董事会条款是一种典型的反收购"驱鲨剂",这些条款都是由爱使股份有限公司股东大会设置的,是股东大会出于维护股东和公司利益协商合作的产物,并非爱使股份有限公司经营层为保有自己的职位、出于私心而安排,简单否定此种反收购条款的效力并不妥当。[②] 但吕红兵律师则认为,我国《公司法》第4条规定:"公司股东依法享有资产收益、参与重大决策和选择管理者等权利。"第37条规定:股东会选举和更换非由职工代表担任的董事……《爱使股份有限公司章程》的此条规定侵犯了股东选择管理者的权利,而此种权利是股东的固有权,应属《公司法》中的强制性规范,非依法律、法规的规定,任何人不得以任何方式加以限制或

---

① 张舫:《对董事选任和分类董事会问题的思考》,载《甘肃政法学院学报》2007年第5期。

② 蒋大兴:《公司法的展开与评判:方法·判例·制度》,法律出版社2001年版,第315页。

剥夺。[①] 最后证监会认为《爱使股份有限公司章程》不规范,促使爱使股份有限公司修改了公司章程,并选举大港油田(集团)有限责任公司推派的6人为董事,纠纷才告一段落。但分层董事条款的法律效力问题仍然没有解决。

(二)分层董事会条款是否符合现行法律规定

目前,我国有关法律、法规和规章的相关条款尚未有直接规定分层董事会的条款。《公司法》第45条第1款仅规定:"董事任期由公司章程规定,但每届任期不得超过三年。董事任期届满,连选可以连任。"《上市公司收购管理办法》第8条和第33条,《公司法》第16条、第121条、第142条等也仅对有关反收购行为作出规定。因此,在这个角度上说,上市公司在章程中规定分层董事会,预防恶意收购并不违反公司法律、法规和规章的强制性规范。

但我们必须注意一个事实,即《公司法》的修订历程。1993年我国《公司法》第47条(针对有限责任公司)与第115条(针对股份有限责任公司)、[②]1999年第一次修订的《公司法》第47条(针对有限责任公司)与第115条(针对股份有限责任公司)、2004年第二次修订的《公司法》第47条(针对有限责任公司)与第115条(针对股份有限责任公司)均规定:"董事在任期届满前,股东大会不得无故解除其职务。"这说明从1993年到2004年这11年间立法者始终坚持股东大会不得无故解除任期未满的董事职务。但1993年《公司法》第4条、1999年第一次修订的《公司法》第4条、2004年第二次修订的《公司法》第4条均规定股东有权按照其投资额选择管理者。这样就出现1993年《公司法》、1999年第一次修订的《公司法》、2004年第二次修订的《公司法》第47条和第115条与第4条的矛盾与冲突。因此,2005年第三次修订的《公司法》及其后修订的《公司法》不仅删除了"董事在任期届满前,股东大会不得无故解除其职务"的条款,而且还将以前《公司法》第4条的条文修改为"公司股东依法享有资产收益、参与重大决策和选择管理者等权利"。这充分说明立法者认为,股东大会在董事任期届满前,可以解除其职务,而不是相反。这一立法精神也与《公司法》第4条规定的公司股东有权依法享有资产收益、参与重大决

---

① 吕红兵、徐晨:《大港油田收购爱使股份的操作实录与法理分析》,载《中国律师》1999年第6期。

② 1993年《公司法》第47条规定:"董事任期由公司章程规定,但每届任期不得超过三年。董事任期届满,连选可以连任。董事在任期届满前,股东会不得无故解除其职务。"1993年《公司法》第115条规定:"董事任期由公司章程规定,但每届任期不得超过三年。董事任期届满,连选可以连任。董事在任期届满前,股东大会不得无故解除其职务。"

策和选择管理者的立法精神保持高度一致。遗憾的是,证监会 2006 年修订的《上市公司章程指引》第 96 条仍然沿袭了 2004 年《公司法》第 115 条的规定,即"董事在任期届满前,股东大会不得无故解除其职务"。而且《上市公司章程指引》是所有上市公司必须遵守的行为规范,一旦上市公司采取分层董事会,似乎具有一定的法律效力。

本课题组认为,我国《公司法》第 4 条规定股东有权选择公司管理者,属于行权型强制性规范,不允许公司在章程中剥脱股东这一项权利。股东的董事选任权与罢免权,是股东参与公司治理的重要权利,非经法律规定,不得强制剥夺。当然也有学者可能认为,如果不限制股东的董事选任权,股东(特别是控股股东)将会罢免那些与自己意见相左而有较强经营能力的董事,不利于公司的稳定发展,也损害其股东的合法权益。其实不然,因为股东自己要对其行为负责,并承担其后果。如果控股股东选择了更有效的董事会,不仅有利于公司的长远发展,使自己的财富增加,也会增加其他股东的财富;相反,如果控股股东选择了效率更低的董事会,其也应对自己的行为及后果负责,没有必要从法律上限定股东选择公司管理者的权利。这也完全符合让市场在资源配置中发挥决定性作用的基本理论。

六、结　　论

总之,分层董事会条款一旦与股东参与选择公司管理者的权利发生冲突,分层董事会条款无效。2016 年 11 月 18 日深圳中级人民法院在"上诉人康达尔(集团)股份有限公司因与被上诉人京基集团有限公司公司决议效力确认纠纷"一案判决中指出:"股东表决权是股东行使自己意志、参与公司重大决策和选择管理者等其他股东权利的方式,系股东的根本性、固有性权利,对其限制或剥夺,只能是由有权机关根据公权力、而不应允许公司董事会有权认定股东的违法行为,进而决定限制股东权利,否则,将动摇公司制度的基石。"①

① 参见广东省深圳市中级人民法院(2016)粤 03 民终 13834 号民事判决书。

第五章 “金色降落伞”条款效力研究

一、问题的提出

根据相关报道，自2016年“宝万之争”以来，已有600余家上市公司先后修改了章程，引进反收购条款，①企图阻止恶意收购，这引起社会各界高度关注。2016年6月7日中国宝安发布了《关于修改[公司章程]的公告》，该公告第10条明确规定：“当公司被并购接管，在公司董事、监事、总裁和其他高级管理人员任期未届满前如确需终止或解除职务，必须得到本人的认可，且公司须一次性支付其相当于其年薪及福利待遇总和十倍以上的经济补偿，上述董事、监事、总裁和其他高级管理人员已与公司签订劳动合同的，在被解除劳动合同时，公司还应按照《中华人民共和国劳动合同法》另外支付经济补偿金或赔偿金。”②深圳证券交易所对其进行问询，但中国宝安解释说，其章程修改参考和借鉴了沪深多家上市公司的章程修订案例，例如，多氟多、海印股份、兰州黄河、友好集团等。深圳证券交易所也未采取进一步措施，2016年6月29日中国宝安的股东大会以86.35%的赞成票通过章程修改。③ 甚至有学者与实务界的专家急呼“‘金色降落伞’肥了高管坑了东家”。④2017年5月中证中小投资者服务中心在新闻媒体上公开指出六类不当反收购条款，⑤其中之一便是“金色降落伞”条款。为了更好地保护中小投资者，中证中小投

---

① 周科竞：《金色降落伞是防收购还是谋私利》，载《北京工商报》2016年9月27日，第6版。

② 中国宝安集团股份有限公司《关于修改[公司章程]的公告》，公告编号：2016－038。

③ 《中国宝安设金色降落伞》，载《董事会》2016年第7期。

④ 严学峰等：《中国宝安、多氟多、海印股份、兰州黄河、友好集团……金色降落伞：肥了高管坑了股东?》，载《董事会》2016年第8期。

⑤ 潘清：《投服中心公开发声关注六类不当反收购条款》，载《经济参考报》2017年5月26日，第14版。

资者服务中心于2017年7月25日发布招标课题,研究上市公司章程反收购条款效力,其中便包括"金色降落伞"条款。因此,本课题组试图通过对上市公司章程"金色降落伞"条款进行实证研究,分析设计"金色降落伞"条款的理论依据是什么?以此"金色降落伞"条款规定的补偿金计算的科学依据是什么?以此为更好地保护上市公司中小投资者的利益提供法律依据与理论支撑。

与以前的研究文献相比,本课题组的可能贡献有二:其一是对500家上市公司章程中有关"金色降落伞"条款进行实证研究,根据对其在章程中的具体形式进行分类。以前的研究文献虽然涉及"金色降落伞"条款,但大多是列举式研究,并未对上市公司章程中"金色降落伞"进行系统的实证研究。其二是提出确定董事、监事及其他高级管理人员的补偿金补偿标准。"金色降落伞"条款的关键是如何确定董事、监事及其他高级管理人员的补偿金数额,但时至今日鲜有研究文献对此进行深入研究。

二、"金色降落伞"条款研究文献回顾

1961年"金色降落伞"条款第一次出现在美国环球航空公司(Trans-World Airlines)与其董事会主席查尔斯·卡奔特·蒂林哈斯特(Charles Carpenter Tillinghast Jr.,1911年1月30日至1998年7月25日)签订的劳动合同中。根据该劳动合同,如果公司解雇查尔斯·卡奔特·蒂林哈斯特,他将根据合同约定获得一笔丰厚的经济补偿,人们形象地称为"金色降落伞"(golden parachute)。20世纪80年代,美国掀起公司并购浪潮,目标公司管理层将面临被解雇的风险。为了应对这种风险,不少公司与管理层签订劳动合同时都规定了"金色降落伞"条款。与此同时,公司在与一般雇员签订劳动合同时也规定,因公司并购而解聘的一般雇员可以依据劳动合同获得比管理层较少的补偿,即银色降落伞或锡色降落伞(silver parachute or tin parachute)。[①] 在美国,学界对"金色降落伞"条款褒贬不一:支持者认为,"金色降落伞"条款有利于公司留住管理层,也更容易雇到理想的管理人员,还有利于阻却恶意并购。而反对者认为,任何职业都有被解雇的风险,高管应该预

① Bryan A. Gamer, *Black's Law Dictionary* (Seventh Edition), Thomson West, 1999, pp. 1388, 1492.

见这一风险,而不应因被解雇获得补偿;高管的报酬已经很高,不需要补偿;"金色降落伞"也不能有效阻却恶意收购等。①

在股权分置改革完成之前,我国上市公司并购主要是善意收购,很少有恶意或敌意收购,②学界也不关注"金色降落伞"。2005年我国分别修订了《公司法》与《证券法》,2006年修订了《上市公司收购管理办法》。这些法律和规章的修订为上市公司收购创造了良好的法律环境。2007年我国完成了股权分置改革,结束了上市公司两类股份,两种价格并存的历史,使通过交易所收购上市公司的股权成为可能。这时上市公司面临敌意收购的风险越来越大,反收购的重要性也相应上升,因此学界才开始关注"金色降落伞"条款。因此,我国学界对"金色降落伞"条款的研究是近十几年的事情。但早在1996年汪涛就介绍了美国"金色降落伞"与锡色降落伞,③之后其他学者也对美国"金色降落伞"进行了一定的研究,④但都是一般性的介绍。较早全面研究"金色降落伞"的学者首推伍坚教授,他在《黄金降落伞之问题研究》一文中,比较详尽地研究了美国金降落伞制度。傅穹教授、汤欣教授、钟洪明教授、李芬芬、朱奕奕等学者对我国上市公司"金色降落伞"进行了一定的研究。⑤他们几乎一致认为,我国上市公司章程可以规定"金色降落伞"条款,其关键是如何确定"金色降落伞"规定的补偿金数额。对此学界目前尚有不同的看法,但普遍认为"金色降落伞"条款补偿金数额太高,有利益输送之嫌,但没有提出确定"金色降落伞"条款补偿金额的具体标准。

---

① Peter L, Coffey, Golden Parachutes, "A Perk That Boards Should Scrutinize Carefully", *Marquette Law Review*, 1984, (67), p. 309. Kenneth C, Johnson, "Golden Parachutes, the Business Judgement Rule: Toward A Proper Standard of Review", *Yale Law Journal*, 1985, (94), p. 917. Mark A, Heyl, "Golden Parachutes, Does the Business Judgement Rule Simply Perpetuate the Problem?", *Santa Clara Law Review*, 1991(31), pp. 742, 744.

② 我国第一恶意并购案是1993年9月发生的"宝延事件"。

③ 汪涛:《西方国家企业并购中的反收购技术》,载《国际经贸探索》1996年第1期。

④ 倪新防、吕潢涵:《敌意收购及反收购策略简述》,载《外国经济与管理》1997年第1期;唐有瑜、樊川:《美国企业的反收购策略》,载《经营管理者》1999年第3期;沈艺峰:《公司控制权市场理论的现代演变(上)——美国三十五个州反收购立法的理论意义》,载《中国经济问题》2000年第2期;沈艺峰:《公司控制权市场理论的现代演变(下)——美国三十五个州反收购立法的理论意义》,载《中国经济问题》2000年第3期。

⑤ 傅穹:《敌意收购的法律立场》,载《中国法学》2017年第3期;汤欣、徐治展:《反收购措施的合法性检验》,载《清华法学》2008年第6期;钟洪明:《上市公司反收购中的章程应用及法律规制》,载《证券市场导报》2007年第5期;李芬芬:《2014年以来上市公司收购与反收购情况探析》,载《证券市场导报》2017年第12期;朱奕奕:《我国上市公司章程中反收购条款之法理审视——以15家上市公司章程为分析对象》,载《中共杭州市委党校学报》2017年第2期。

三、“金色降落伞”条款现状研究

最近几年，上市公司章程反收购条款的变化之一，是2016年之后修订的公司章程一般不直接规定“金色降落伞”条款，而是采纳2006年修订的《上市公司章程指引》第96条，2014年修订的《上市公司章程指引》第96条和2016年修订的《上市公司章程指引》第96条均沿用了2006年《上市公司章程指引》第96条之规定，即在章程中规定“董事在任期届满以前，股东大会不能无故解除其职务”。[①] 其中主要原因是证监会加大了对上市公司的监督检查力度。2014年12月5日证监会成立了中证中小投资者服务中心，其职能之一就是为了保护中小投者持股行权，对上市公

① 本研究特别注明上市公司章程修订的年份和月份，因为同一年份的章程可能有几次修改，笔者特别注明本研究的上市公司章程修订时间与章程条款。

序号	章程(制定)修改时间	股票代码	公司章程名称	章程条款
1	2018年1月	000407	胜利股份章程	第96条
2	2018年1月	000935	四川双马章程	第95条
3	2018年1月	000056	皇庭国际章程	第96条
4	2017年5月	000539	粤电力A章程	第96条
5	2018年1月	000539	粤电力A章程	第102条
6	2018年1月	600829	人民同泰章程	第96条
7	2018年1月	601636	旗滨集团章程	第99条
8	2018年1月	603958	哈森股份章程	第96条
9	2018年1月	600337	美克居家章程	第100条
10	2018年1月	000812	陕西金叶章程	第97条
11	2018年1月	600241	时代万恒章程	第96条
12	2018年1月	603329	上海雅仕章程	第96条
13	2018年1月	000923	河北宣工章程	第122条
14	2018年1月	603359	东珠景观章程	第96条
15	2018年1月	600318	新力金融章程	第96条
16	2018年1月	600177	雅戈尔章程	第96条
17	2018年2月	600695	绿庭投资章程	第96条
18	2018年2月	603444	吉比特章程	第72条

在此恕不一一列出。

章程中的反收购条款进行问询等。为了应对证监会的监督检查,上市公司在修改章程时采用了证监会制定的《上市公司章程指引》第96条之规定,该条款同样能够达到反收购与维护董事及其他高级管理人员利益的目的,与金色降落条款有异曲同工之妙。因为,“金色降落伞”的直接目的就是公司在遇到敌意收购时,保护董事及其他高级管理人员的利益,增加收购者的收购成本,以此阻却收购者收购。虽然几乎100%的上市公司章程采纳了《上市公章程指引》第96条之规定,但并不是说上市公司章程中没有“金色降落伞”条款。

通过对500余家上市公司章程的统计分析发现,2016年之后修改公司章程的上市公司,只有5.8%的公司章程中规定了“金色降落伞”条款,[①]2016年以前制定至今没有修改的公司章程,仍然有大约7.5%的公司章程规定了“金色降落伞”条款,其中不少金降落伞条款不仅不规范,甚至违法。因此,有必要对这些“金色降落伞”条款的合规性与合法性进行认真研究。

这些“金色降落伞”条款有一个共同特点,即加大维护董事、监事及其他高级管理人员的利益。在公司被收购(不管是敌意收购还是非敌意收购)的情况下,只要发生解聘任期未满的董事、监事或其他高级管理人员,董事、监事及其他高级管理人员便可以依据公司章程中的“金色降落伞”条款,获得巨额经济补偿。但在非公司收购情况下,提前解聘董事及其他高级管理人员,公司章程并未作出明确规定。因此,“金色降落伞”条款的目的性很强,即阻却恶意公司收购与保护董事及其他高级管理人员的利益。

在任期未满而被解聘的董事、监事及其他高级管理人员的经济补偿金方面,有大约92.1%的上市公司章程规定补偿金为解聘前上一年度工资薪金总额的3~10倍,但最高的达到上一年度薪金及福利总和的1000陪;0.8%的上市公司章程规定补偿金为剩余任期的工资总额;2.2%的上市公司章程规定被解聘的董事、监事及其他高级管理人员有权获得一定的经济补偿,但没有具体规定;1.2%的上市公司章程规定补偿金的具体数额由劳动合同规定;0.2%的上市公司章程规定补偿金的数额为公司上一年度净利润的一定百分比,比如20%等。特别值得注意的是,中国

---

① 本研究所用的数据都是笔者以500余家上市公司章程为样本统计分析得出来的,在此特别说明。

宝安、多氟多、海印股份、兰州黄河、友好集团等上市公司在章程中规定，当公司被并购接管，在公司董事、监事、总裁和其他高级管理人员任期未届满前如确需终止或解除职务，必须得到本人的认可。这些“金色降落伞”条款具有较强的反收购作用，是否合法有待于进一步研究。

四、“金色降落伞”条款分类研究

学者根据对“金色降落伞”条款研究的目的不同，采用不同的分类标准对其分类。以“金色降落伞”条款规定的补偿金来源为标准，可以将“金色降落伞”条款分为两类：一类是由收购方（股东）支付任期未满被解聘的董事及高级管理人员补偿金的“金色降落伞”条款。另一类是由目标公司支付任期未满被解聘的董事及高级管理人员补偿金的“金色降落伞”条款。前者如2017年6月《600635大众公用章程》、①2018年2月《000611天首发展章程》、②2016年10月《600611大众交通章程》等。③ 后者如2018年1月《002340格林美章程》等，④与之类似的还有27

① 2017年6月《600635大众公用章程》第61条规定：“……（五）单独或合并持有公司10%以上股东继续收购公司股份并成为实际控制人的情况下，若因此导致公司中层以上管理人员主动或被动离职的，该股东应当向离职人员一次性支付额外遣散费用，除非离职人员本人书面放弃该项权利。”第269条规定：“……（四）额外遣散费用，是指单独或合并持有公司10%以上股东继续收购公司股份并成为实际控制人后，导致公司中层以上管理人员主动或被动离职时，该股东向离职人员支付的一次性补偿。”

② 2018年2月《000611天首发展章程》第135条规定：“高级管理人员任期届满前，公司不得无故解除其职务（辞职除外）。因收购兼并引起公司控制权变化导致高级管理人员被解聘的，收购方（包括间接收购方）应承担原高级管理人员的解聘补偿金。”

③ 2016年10月《600611大众交通章程》第37条规定：“……（五）经董事会二分之一以上董事有理由认为单独或合并持有公司10%以上股董或一致行动人继续收购公司股份并可能成为公司实际控制人，因此导致公司中层以上管理人员主动或以任何理由离职的，该股东应当向离职人员一次性支付额外遣散费用，除非离职人员本人书面放弃该项权利。”第192条规定：“……（六）额外遣散费用，是指公司实际控制人发生变化后，在90天内导致公司中层以上管理人员主动或以任何理由离职，已成为实际控制人的股东或一致行动人应在离职人员离职的15日内按下列方式向离职人员支付的一次性补偿。”

④ 2018年1月《002340格林美章程》第102条规定：董事在任期届满以前，股东大会不得无故解除其职务。非经原提名股东提议，任何董事在不存在违法犯罪行为，或不存在不具备担任公司董事的资格及能力，或不存在违反公司章程规定等情形下于任期内被解除董事职务的，公司应按该名董事在公司任职年限内累计税前报酬总额的[5－10]倍向该名董事支付赔偿金。非经公司股东大会以特别决议通过，公司修改本章程时不得对本款规定进行修改。

家上市公司。[①] 目前有大约98%的"金色降落伞"条款规定的补偿金由目标公司支付,只有大约不到2%的"金色降落伞"条款规定的补偿金由收购方支付。无论从目标公司与董事的劳动关系来看,还是从目标公司的股东与董事的委托—代理关系或信托关系来看,被解聘董事的补偿金由并购公司支付均无理论依据。因为合同

① 这27家上市公司章程为:

序号	章程(制定)修改时间	股票代码	公司章程名称	章程条款
1	2017年4月	600556ST	慧球章程	第98条
2	2017年11月	002407	多氟多章程	第101条
3	2017年9月	002168	深圳惠程章程	第10条
4	2017年8月	002443	金洲管道章程	第10条
5	2016年8月	600272	开开实业章程	第10条
6	2017年8月	600089	特变电工章程	第98条
7	2017年8月	600326	西藏天路章程	第102条
8	2016年1月	600778	友好集团章程	第5.1.2条
9	2014年12月	600711	盛屯矿业章程	第106条
10	2017年12月	000570	苏常柴A章程	第97条
11	2017年1月	002063	远光软件章程	第107条
12	2017年10月	601811	新华文轩章程	第193条
13	2017年5月	600548	深高速章程	第153条
14	2017年7月	600871	石化油服章程	第200条
15	2017年4月	601228	广州港章程	第105条
16	2017年8月	601375	中原证券章程	第267条
17	2016年6月	000039	中集集团章程	第275条
18	2017年11月	600029	南方航空章程	第254条
19	2017年11月	600547	山东黄金章程	第224条
20	2007年6月	600806 * ST	昆机章程	第223条
21	2017年4月	000931	中关村章程	第96条
22	2017年11月	600082	海泰发展章程	第131条
23	2017年8月	000726	鲁泰A章程	第96条
24	2016年8月	002398	建研集团章程	第10条
25	2017年10月	002828	贝肯能源章程	第5.1.2条
26	2017年1月	600561	江西长运章程	第96条
27	2017年9月	600887	伊利股份章程	第96条

具有相对性,合同双方无权给第三人强加义务。另外,现行《公司法》《证券法》以及其他法律法规和规章对此均无规定。因此,公司章程规定由并购方支付被解聘董事的补偿金条款既无理论依据,也无法律依据,属于无效条款。

以上市公司章程中金色降落条款的表现形式为标准,对金色降落条款进行分类,可以分为如下几类。

(一)计算公式补偿条款。计算公式补偿条款是指,"金色降落伞"条款不直接规定补偿的具体数额,而是仅规定补偿金的计算公式。一旦发生解聘任期未满的董事与高级管理人员,即按照既定的计算公式计算出具体的补偿金数额。2017 年 6 月《600635 大众公用章程》第 61 条与第 269 条,2016 年 10 月《600611 大众交通章程》第 37 条与第 192 条,均规定了经济补偿的具体计算公式。

(二)巨额补偿条款。巨额补偿条款是指,为了阻止恶意收购,"金色降落伞"规定补偿金数额为天文数字。如 2017 年 8 月《600089 特变电工章程》第 98 条规定,当发生公司被收购接管的情形时,任期未满被解除职务的董事、监事、总经理等高级管理人员可以获得前一年年薪 1000 倍以上的经济补偿。① 2017 年 5 月与 2017 年 8 月修订的《000726 鲁泰 A 章程》第 96 条均规定,董事长、副董事长、董事(监事)或高级管理人员任期未到被解除职务时,可以分别获得公司上一年度净利润值的 20%、10%、5%、1% 的经济补偿。② 但 2018 年 2 月修改的《000726 鲁泰 A 章程》删除了该条款。这些规定不仅严重损害公司股东的利益,特别是中小股东的利益与不兼任董事的大股东的利益,而且也严重损害公司的利益。

(三)倍数补偿条款。该条款一般是指因公司被收购而解聘任期未满的董事、监事和其他高级管理人员,可以依据公司章程中的"金色降落伞"条款获得年薪 3~10 倍的补偿金。但补偿金的计算主要有两种情况:一种情况是,上市公司章程规定以被解聘董事及其他高级管理人员的税前年薪为基数计算补偿金;另一种情况是,

---

① 2017 年 8 月《600089 特变电工章程》第 98 条规定:"当发生公司被收购接管的情形时,在公司董事、监事、总经理(总裁)、其他高级管理人员、核心管理团队(指公司下属控股子公司及分支机构经营班子)及其他核心骨干任期未届满前如确需终止或解除职务,必须得到本人的认可,且公司须一次性支付其相当于前一年年薪总和一千倍以上的经济补偿。"

② 2017 年《000726 鲁泰 A 章程》第 96 条均规定:"公司与本公司的现任董事(不含独立董事)、监事及高级管理人员签订协议,在本条第三款所称的该股东达到控股地位而导致上述董事长、副董事长、董事(监事)或高级管理人员不再担任相应职务时,公司按照前一年度经审计的净利润值的 20%、10%、5%、1% 分别向董事长、副董事长、董事(监事)及高级管理人员支付补偿金(上述人员存在重复兼职时,按照比例高者支付补偿金)。"

上市公司章程没有具体规定是以税前还是税后为基数计算补偿金。前者如2016年8月《002398 建研集团章程》第10条、[①]2017年10月《002828 贝肯能源章程》第5.1.2条,[②]与之类似的还有4家上市公司。[③] 后者如2017年1月《002063 远光软件章程》第107条,[④]与之类似的还有7家上市公司。[⑤]

除此之外,有些"金色降落伞"的补偿范围已经细化到董事离职后的医疗、保险、税费等方面。如2017年1月《600561 江西长运章程》第96条规定:"公司执行董事(指日常在公司工作的董事)任期届满之前,非因违反法律法规和规范性文件

① 2016年8月《002398 建研集团章程》第10条规定:在公司发生本章程规定的恶意收购情形下,公司董事、监事、高级管理人员在不存在违反法律、法规及本章程的行为且不存在不具备所任职务的资格与能力之情形,在任期届满前被解除或终止职务的,公司应当按照该名董事、监事、高级管理人员在公司任职年限内税前薪酬总额的10倍支付一次性补偿金。该名董事、监事、高级管理人员已经与公司签订劳动合同的,在被解除劳动合同时,公司还应按照《劳动合同法》支付经济补偿金或赔偿金。

② 2017年10月《002828 贝肯能源章程》第5.1.2条规定:在发生公司恶意收购的情况下,非经原提名股东提议,任何董事在不存在违法犯罪行为,或不存在不具备担任公司董事的资格及能力,或不存在违反公司章程规定等情形下于任期内被解除董事职务的,公司应按该名董事在公司任职董事年限内税前薪酬总额的10倍向该名董事支付赔偿金。

③ 这4家上市公司章程为:

序号	章程修改(制定)时间	股票代码	章程名称	章程条款
1	2016年10月	600611	大众交通章程	第37条
2	2017年11月	002407	多氟多章程	第101条、第121条
3	2015年12月	002340	格林美章程	第96条
4	2017年6月	600635	大众公用章程	第269条

④ 2017年1月《002063 远光软件章程》第107条规定:公司在发生被敌意收购的情况下,非经原提名股东提议,任何董事在不存在违法犯罪行为,或不存在不具备担任公司董事的资格及能力,或不存在违反公司章程规定等情形下于任期内被解除董事职务的,必须得到本人的同意,且公司须一次性支付其相当于其年薪及福利待遇总和十倍以上的经济补偿,上述董事已与公司签订劳动合同的,在被解除劳动合同时,公司还应按照《劳动法》《劳动合同法》等规定另外支付经济补偿金或赔偿金。

⑤ 这7家上市公司章程为:

序号	章程(制定)修改日期	股票代码	章程名称	章程条款
1	2017年9月	002168	深圳惠程章程	第10条
2	2017年8月	002443	金洲管道章程	第10条
3	2016年8月	600272	开开实业章程	第10条
4	2017年8月	600089	特变电工章程	第98条
5	2016年1月	600778	友好集团章程	第5.1.2条
6	2017年10月	600807	天业股份章程	第111条
7	2017年10月	002828	贝肯能源章程	第6.1条、第7.1.3条

以及本章程规定之情形而被解除职务的，公司应当立即一次性支付该执行董事剩余任期的报酬或津贴，并为该执行董事购买一份相当于其年报酬金额十倍的人寿保险，保费由公司支付。”

（四）剩余任期补偿条款。该条款是指，任期未满的董事、监事或高级管理人员被解聘后，可以依据公司章程的规定一次性获得剩余任期的报酬或津贴。如 2017 年 1 月《600561 江西长运章程》第 96 条，[①]与之有类似规定的还有 3 家上市公司的章程条款。[②]

（五）不确定补偿数额条款。该条款是指，在公司章程中仅规定当公司将被收购时，被解聘任期未满的公司董事、监事及其他高级管理人员有权取得因失去职位或者退休而获得的补偿或者其他款项，但没有规定具体补偿标准。如 2017 年 4 月《600548 深高速章程》第 153 条，[③]与之有类似规定的还有 10 家上市公司的章程条款。[④]

---

① 2017 年 1 月《600561 江西长运章程》第 96 条规定：“公司执行董事（指日常在公司工作的董事）任期届满之前，非因违反法律法规和规范性文件以及本章程规定之情形而被解除职务的，公司应当立即一次性支付该执行董事剩余任期的报酬或津贴，并为该执行董事购买一份相当于其年报酬金额十倍的人寿保险，保费由公司支付。”

② 这 3 家上市公司章程条款为：

序号	章程（制定）修改日期	股票代码	章程名称	章程条款
1	2016 年 8 月	002398	建研集团章程	第 10 条
2	2017 年 10 月	002828	贝肯能源章程	第 5.1.2 条
3	2007 年 7 月	600806	* ST 昆机章程	第 223 条

③ 2017 年 4 月《600548 深高速章程》第 153 条规定：“公司在与公司董事、监事订立的有关报酬事项的合同中应当规定，当公司将被收购时，公司董事、监事在股东大会事先批准的条件下，有权取得因失去职位或者退休而获得的补偿或者其他款项。”

④ 这 10 家上市公司章程条款为：

序号	章程（制定）修改日期	股票代码	章程名称	章程条款
1	2018 年 2 月	000611	天首发展章程	第 135 条
2	2017 年 4 月	600556ST	慧球章程	第 98 条
3	2017 年 7 月	600871	石化油服章程	第 200 条
4	2017 年 10 月	601811	新欢文轩章程	第 193 条
5	2017 年 8 月	601375	中原证券章程	第 267 条
6	2016 年 6 月	000039	中集集团章程	第 275 条
7	2017 年 11 月	600029	南方航空章程	第 254 条
8	2017 年 11 月	600547	山东黄金章程	第 224 条
9	2007 年 6 月	600806 * ST	昆机章程	第 223 条
10	2017 年 11 月	600082	海泰发展章程	第 131 条

(六)聘任合同条款。该条款,是指公司章程不直接规定在解聘任期未满董事及其他高级管理人员时如何对其进行经济补偿,而是规定由公司在聘任董事及其他高级管理人员时在聘任合同中规定。如2017年4月《000931中关村章程》第96条第4款、[①]2017年12月《000570苏常柴A章程》第97条第5款等,[②]与之有类似规定的还有4家上市公司的章程条款。[③]

五、"金色降落伞"条款合法性分析

(一)是否应该给予补偿金

学界对股东大会无故单方解聘任期未满董事及其他高级管理人员,是否应给予经济补偿的理论研究与实证研究仅限于宏观层面,微观层面的研究略显不足。本课题组从劳动法律关系、委托—代理关系、信托关系角度对是否应当给予被解聘任期未满董事及其他高级管理人员经济补偿研究如下。

首先,从劳动法律关系分析研究,是否应当给予被解聘任期未满的董事及其他高级管理人员经济补偿。公司的执行董事以及其他由公司支付社保的董事与公司之间的关系应属于劳动关系,其桥梁是劳动合同,只不过该劳动合同区别于一般劳动合同。一般劳动合同由雇主与雇员之间订立,雇员只能按照劳动合同约定从事劳动,不具有自主性。而公司与董事之间的劳动关系则不同,公司与董事签订劳动合同,具有委托—代理的性质。是否聘任某个董事不是由公司的意思机构决定,而

① 2017年4月《000931中关村章程》第96条第4款规定:"但兼任总裁或者其他高级管理人员职务的董事以及由职工代表担任的董事,总计不得超过公司董事总数的1/2。公司应与董事签订聘任合同,明确公司和董事之间的权利义务、董事的任期、董事违反法律法规和本章程的责任以及公司因故提前解除合同的补偿等内容。"

② 2017年12月《000570苏常柴A章程》第97条第5款规定:"公司应和董事签订聘任合同,明确公司和董事之间的权利义务、董事的任期、董事违反法律法规和公司章程的责任以及公司因故提前解除合同的补偿等内容。"

③ 这4家上市公司章程条款为:

序号	章程(制定)修改日期	股票代码	章程名称	章程条款
1	2017年8月	600326	西藏天路章程	第102条
2	2014年12月	600711	盛屯矿业章程	第106条
3	2017年4月	601228	广州港章程	第105条
4	2017年9月	600887	伊利股份章程	第96条

是由股东大会选举决定。董事在公司经营管理过程具有相当大的自主权。解聘董事的事由除在董事与公司签订的劳动合同明确规定之外,公司章程也规定解聘董事的条件。因此,在董事任期未满之前,公司单方解除其职务,属于违反劳动合同的行为,理应承担违约责任,除非公司依法或依章程的规定具有单方解除其职务法定理由。换言之,在尚未出现公司单方解除劳动合同的法定事由之前,公司解除任期未满的董事职务,应当承担相应的违约责任,给予被解聘董事经济补偿。

其次,从委托—代理关系分析研究,是否应当给予被解聘任期未满的董事及其他高级管理人员经济补偿。大陆法系国家一般认为公司与董事的关系是委托—代理关系,连接公司与董事的纽带是有偿委托代理合同。但这种委托代理合同,不同于一般的民事代理合同。受托人不仅应当按照委托人的授权对委托的事务尽其一个善良管理人的义务,而且也应尽勤勉与忠实义务。公司作为委托人单方终止其与董事的委托—代理关系,侵害了董事的期待利益,由此给作为受托人的董事造成损失的,应当给予补偿,除非出现公司依法或章程的规定具有单方解除其职务法定理由。因此,公司无故单方终止其与董事的委托—代理关系,应当承担相应的法律责任。

再次,在英美法系国家,一般将公司与董事的关系视为信托关系。"信托关系基于委托人将财产的所有权转移给受托人,受托人以财产所有人的身份以一定的方式处分财产,并将财产收益交给委托人所指定之受益人。受托人一般的权利是受托标的物的出售、出租、投资等营利性的经营;其一般的义务是像对待自己的财产一样照管好别人的财产,并本着'诚实'和'良心'将委托财产的收益交给受益人。"[①]据此原理,股东将公司委托给董事经营管理,董事按照约定获取一定的报酬。作为委托人的股东无故单方终止信托关系,给受托人造成损失的,应当给予补偿。

最后,我国现行《公司法》《证券法》《上市公司收购管理条》《上市公司股东大会规则》等法律、法规并未禁止对被解聘董事给予一定的经济补偿,因此,根据法不禁止即自由,但也不能滥用的原则,经济补偿条款应属于公司自治的范畴,只要不违背强制性法律规范、不损害公司和股东利益或限制其他股东权利,应属有效。

综上所述,无论从劳动法律关系、委托—代理关系、信托关系,还是现行法律规

① 孙光焰:《也论公司、股东与董事之法律关系》,载《法学评论》1999年第6期。

定,给予被解聘董事、监事及其他高级管理人员经济补偿都有理论依据,应属合法。

(二)补偿标准如何确定

既然从理论上说,股东大会无故单方解聘任期未满的董事及其他高级管理人员,理应给予被解聘董事、监事及其他高级管理人员经济补偿。因此,"金色降落伞"条款是否有效的关键问题是如何确定补偿标准,以及补偿多少。对此,现有研究文献较少,即使现有文献对其进行研究,也是进行宏观性研究,不具有可操作性。因此,补偿标准仍是至今尚未解决的一个重要的理论问题与实际问题。

关于"金色降落伞"条款规定的补偿金数额多少,有的学者认为,根据《公司法》第37条和第46条的相关规定,董事的相关报酬,由股东会决定,经理的报酬由董事会决定。所以这两类管理人员"金色降落伞"协议的设置须遵循不同的程序,至于补偿金额多少则属于公司自治权的范围,由公司内部意思自治。① 本课题组认为,虽然股东大会有权决定董事和监事的报酬,董事会有权决定其他高级管理人员的报酬,但股东大会不能任意确定被解聘董事的补偿金,特别是在控股股东兼任董事的情况下,更不能任意决定,以避免涉嫌利益输送。因此,"金色降落伞"条款规定的经济补偿数额,不得超过合理限度。关于如何判断"金色降落伞"条款规定的补偿金是否超过合理的限度,学界尚未提出具体的判断标准。本课题组认为,确定金色降落条款规定的补偿金额不能超过合理的限度,主要考虑以下几个基本原则:

首先,不能超过3年薪酬的总和。《公司法》第45条和第52条分别规定董事的最长任期不得超过3年,监事的任期为3年。这样,"金色降落伞"条款规定被解聘的董事或监事的补偿金不得超过其3年薪酬的总和。因为每一位被选聘的董事或监事都明知其任期最高不得超过3年,任期届满后既可能续聘,也可能终止续聘。因此,"金色降落伞"条款规定的补偿金数额最高不能超过董事最长3年任期或监事3年任期的薪酬总和。这样既保护了董事、监事的期待利益,避免了利益输送之嫌,也不损害被解聘董事、监事的信赖利益。因为,法律仅保护当事人的期待利益和信赖利益,而非其他利益。但问题是董事、监事任期的薪酬是其为公司全负荷劳动所得,解聘之后不再为公司付出任何劳动,就不应得到全部薪酬,而是应少于其任期薪酬的一定的经济补偿,本课题组建议经济补偿金应是其任期薪酬的60%~

① 陈岱松、韩疆:《金色降落伞境外备受争议》,载《董事会》2016年第8期。

80%。

其次,不能超过剩余任期薪酬的总和。被解聘任期未满的董事、监事及其他高级管理人员获得的补偿金不能超过剩余任期薪酬的总和。如前所述,董事、监事及其他高级管理人员获得的补偿金不仅不能超过其剩余任期的薪酬总和,而应当少于其剩余任期薪酬的总和。据此,董事、监事及其他高级管理人员的补偿金超过剩余任期薪酬总和的条款应属无效。以此判断我国上市公司章程规定的"金色降落伞"条款几乎100%地超过了合理的限度。因此,我国上市公司章程规定的"金色降落伞"条款几乎100%属于无效条款。

再次,不能超过剩余退休年限薪酬的总和。根据《国务院关于工人退休、退职的暂行办法》以及其他有关劳动法的规定,我国企业事业单位职工,男性年满60岁,女性年满55岁应该退休。因此,董事、监事及其他高级管理人员获得补偿金,不仅不应超过其剩余退休年限的薪酬总和,而是应低于其剩余退休年限薪酬的总和。目前我国上市公司章程中规定的"金色降落伞"条款均未考虑退休这一问题。比如一个刚履职的59岁的男董事,因该公司被收购,而解聘刚履职的男董事,其补偿金不能超过一年。有的学者可能提出国家正在思考如何延期退休,该董事的退休年龄不应是60岁,而应是董事任期届满。对此本课题组认为,在新的法律政策没有出台之前,公司有权为年满60岁的董事办理退休手续,也可以根据工作需要为该董事办理延退手续。但办理延退手续,必须征得该董事的同意。美国也有类似的规定,美国有关劳动法规定年满60岁以上,65岁以下的职工,可以自己选择退休,公司不得强迫其退休;年满65岁的职工公司有权为其办理退休手续,也可以续聘该职工,但要征得该职工同意。

最后,减去其获得的其他报酬。可以将被解聘的董事、监事及其他高级管理人员获得的补偿金分为两种:一种是获得其全部剩余任期的薪酬总和;另一种是获得其剩余任期全部薪酬的一定百分比。被解聘的董事、监事及其他高级管理人员在短期内又找到新"东家",是否应当从其补偿金中减去新"东家"所支付的报酬,应当根据其获得的补偿金是剩余任期的全部薪酬还是部分薪酬而确定。如果是剩余任期的全部薪酬,应当扣除其从新"东家"获得的报酬。如果是剩余任期的部分薪酬,不应扣除从新"东家"获得的报酬。但有学者可能认为,如果要从董事或监事所获得的补偿金中扣除新"东家"支付的报酬,不利于激励其积极工作,为社会多做贡献,而是会激励其懒惰。本课题组认为,这种担忧从理论上说是存在的,但从实践来看,是不存在的。主要理由有二:其一是董事的最长任期和监事的任期为3年,在被解聘之前该董事或监事已经在目标公司工作一段时间,既可能是新的任期刚刚开始,也可能是新的任期即将届满;其二是董事、监事等为了得到社会尊重和体现自身的价值也会积极寻找适合自己的新"东家",而不是休息在家。另外,被解聘的董事或监事仅获得其剩余任期的薪酬,剩余任期很快将会结束,这也会迫使他们积极寻找适合自己的工作。

(三)如何判断超过剩余任期薪酬总和的"金色降落伞"效力

如前所述,被解聘的董事、监事及其他高级管理人员所获得的补偿金不能超过其剩余任期薪酬的总和。而我国上市公司为了阻止恶意收购,"金色降落伞"规定的补偿金几乎全部高于剩余任期薪酬的总和。有的补偿金甚至是天文数字。

根据2017年8月《600089特变电工章程》第98条规定,任期未满被解聘的董事可以获得上一年年薪1000倍的补偿金,即一旦被解聘,董事即可一次性获得1000倍的年薪总和。如果一个年薪80万元的董事被解聘后,可以获得一次性补偿金8亿元,即80万元×1000=80000万元。如果并购方要改选目标公司的两名董事,需要支付16亿元的补偿金。这样的"金色降落伞"反收购效果十分明显,但是否具有法律效力值得进一步研究。再如2017年8月《000726鲁泰A章程》第96条规定,任期未满被解聘的董事长、副董事长、董事(监事)或高级管理人员,可以分别获得净利润值的20%、10%、5%、1%的经济补偿,即一旦发生解聘,董事长、副董事长、董事(监事)或高级管理人员可以拿走公司1年利润的60%。这样的"金色降落伞"条款似乎是个赌博条款,即公司利润越高,被解聘的董事长、副董事长、董事(监事)或高级管理人员获得的补偿金越多。如果公司发生亏损,被解聘的董事长、副董事长、董事(监事)或高级管理人员将不可能获得任何经济补偿。事实上,如果被解聘的董事长、副董事长、董事(监事)或高级管理人员获得的补偿金高于其剩余任期薪酬总和的,已超过合理限度,属于无效条款。如果发生公司亏损,被解聘的董事长、副董事长、董事(监事)或高级管理人员将不能获得任何经济补偿,但这一样会影响其生活,他们仍然可以依据聘任合同要求公司承担违约责任。因此,任何赌博性的经济补偿性条款都属于无效条款。

有的学者可能认为,虽然"金色降落伞"条款规定的补偿金超过了合理的限度,但不能否定其法律效力，只是超过部分法律不予保护。这正如约定违约金规则一样，如果约定违约金明显高于实际损失，另一方当事人可以申请调整约定违约金数额，但不能否定其效力一样。本课题组认为，“金色降落伞”与约定违约金有一个显著的不同，“金色降落伞”条款一般规定由目标公司支付被解聘任期未满的董事及其他高级管理人员补偿金，而目标公司的意思机关又是董事会。这样，即使补偿金的数额远远高于剩余任期薪酬的总和，但董事会也不会申请调整补偿金数额。因为，补偿金数额的调整与董事会成员有直接的利益关系。那么通过股东诉讼是否可以解决这一问题？本课题组的答案是否定，其原因是股东请求调整被解聘董事经济补偿金，是一种公益权，与自己没有直接的利益关系，其主张权利的欲望大大降低。另外，中小股东持股比例低又不享有提案权，这样，很难通过公司内部治理机制调整被解聘董事经济补偿金。股东通过诉讼调整被解聘董事补偿金数额也是不可行的。首先，有关法律对此没有具体规定，是否可以通过诉讼调整经济补偿金，值得进一步研究。其次，诉讼要付出成本，这些成本最终由谁来承担，相关法律也没有明确规定。总之，这两个条件决定了采取股东诉讼的方式解决补偿金数额过高的问题是不可行的。而约定违约金则不同，因为违约金的高低直接影响相关当事人的利益，他们具有申请调整约定违约金过高或过低的积极性。一旦约定违约金明显高于或低于实际损失，相关当事人无一例外都会申请调整约定违约金数额。因此，本课题组认为，“金色降落伞”条款规定的补偿金高于最高限额应属于无效。但“金色降落伞”条款无效，怎么确定补偿金额？本课题组建议在这种情况下，应该采用最低标准确定补偿金数额，这样有利于股东大会或董事会合理确定董事、监事及其他高级管理人员的经济补偿金，也有利于防止利益输送。

六、结　　论

股东有权通过股东大会解除任期未满的董事、监事及其他高级管理人员，但股东行使这一权利侵害了被解聘董事、监事及其他高级管人员的信赖利益或期待利益，应该给予相应的经济补偿。因此，上市公司章程规定“金色降落伞”条款属于公司自治的范畴。问题是公司章程规定的补偿金额是否不受任何限制，以及判断补偿金数额高低的标准是什么，本应是学界深入研究的问题，但遗憾的是学界对此并未进行深入研究。本课题组在深入研究500余家上市公司章程中的“金色降落伞”基础之上,根据《公司法》的有关条款,提出判断“金色降落伞”条款效力的标准如下:不得超过董事和监事3年薪酬的总和;不能超过董事、监事及其他高级管人员剩余任期薪酬的总和;不能超过剩余退休年龄薪酬的总和。以上三个标准是董事、监事及其他高级管理人员全负荷工作所得的薪酬,被解聘之后他们不再为公司工作,故其实际补偿金额应为其应然补偿金额的60%~80%,而非全部。

至于“金色降落伞”条款规定的补偿金数额超过上述标准是超过部分无效还是全部无效,本课题组认为,是整个条款无效,而不是超过部分无效。在这种情况下,补偿金数额应该根据最低标准确定,而非根据最高标准确定,这样既有利于防止利益输送,又有利于激励股东大会合理确定补偿金的数额。

第六章 董事会反收购措施的合法性研究

——以宝万之争为例

上市公司反收购,是指目标公司的经营者为了维护自己的利益或公司的利益,防止收购的发生或挫败已发生的收购而采取的一系列措施。反收购的实质是收购方与目标公司管理层对控制权的争夺。收购方由于未取得管理层同意而被视为“野蛮人”,而收购行为是一种中性的市场行为。收购行为以及过程是否合法,是收购行为本身的合法性问题,而董事会运用的反收购措施是否合法就值得研究。本课题组以 2016 年的宝万之争为案例进行研究,以期获得普遍适用的标准。

一、问题的提出

自 2015 年 7 月以来,宝能系不断购买万科股份。[①] 12 月 17 日王石指出不欢迎宝能系成为万科第一大股东。12 月 18 日万科以正在筹划资产重组为由申请停牌。2016 年 3 月 17 日万科召开临时股东大会,决议 A 股股票继续停牌,并披露了拟重组的潜在交易对手方之一为深圳市地铁集团有限公司(以下简称深地铁)。交易方式主要为向深地铁新发行股份。[②] 股东华润股份有限公司(以下简称华润)和宝能系投了赞成票。

---

① 为了论述方便,下文将前海人寿保险股份有限公司和深圳市钜盛华股份有限公司,以及其他构成一致行动人关系的均称为宝能系。

② 详见万科 A 2016 年 3 月 18 日公告的《2016 年第一次临时股东大会决议公告》(公告编号:〈万〉2016-037)以及《关于重大资产重组继续停牌的公告》(公告编号:〈万〉2016-036)。

停牌半年后,万科董事会审议公司发行股份购买深地铁下属公司的股权。[①] 按照该议案,深地铁将晋升为万科第一大股东。华润委托的3位董事投了反对票。宝能系也发表声明反对重组方案。[②] 随后,宝能系提议召开临时股东大会,审议罢免万科全部现任董事、监事。[③] 宝能系被证实为争夺万科控制权。但议案遭到董事会否决。[④] 之后,宝能系转变态度,公开披露做万科长期的战略财务投资人,希望管理层中的优秀者继续留任万科。[⑤] 至此,宝能系针对万科的控制权之争落下帷幕。[⑥]

在宝万事件中,宝能系持股将近25%时提出罢免董事、监事的议案。从行为来判断,宝能系目的是谋取万科的控制权。在整个事件中,大股东华润的种种行为折射出其不赞成反收购的态度。并且在反收购过程中,未召开股东大会决议反收购。因此,此次事件中至少存在以下问题值得关注:第一,董事会是否拥有反收购的权力?第二,反收购中定向增发的合法性问题。第三,反收购中停牌的合法性问题。

二、董事会反收购权力来源

(一)现行法律和章程规定

关于董事反收购的法律规定,《公司法》和《证券法》没有直接规定。但是《公司法》规定了董事的忠实义务和勤勉义务,这两大义务可以规范董事在反收购中的行为。但是,忠实义务和勤勉义务规范董事行为存在制度上的缺陷。除此之外,主要法律依据为《上市公司收购管理办法》。除这些规范之外,公司章程作为公司的自治"宪法",对规范董事反收购起着重要作用。

---

① 详见万科A 2016年6月18日公告的《第十七届董事会第十一次会议决议公告》(公告编号:〈万〉2016－077)。

② 《声明》,载宝能集团官网:http://www.baoneng.com/news.aspx?type=24&id=100,最后访问日期:2018年3月10日。

③ 详见万科A 2016年6月27日公告的《深圳市钜盛华股份有限公司及前海人寿保险股份有限公司关于提请公司董事会召开2016年第二次临时股东大会的通知》。

④ 详见万科A 2016年7月4日公告的《第十七届董事会第十二次会议决议公告》(公告编号:公告编号:<万>2016－089)。

⑤ 详见万科A 2016年7月7日公告的《详式权益变动报告书》。

⑥ 但万科对宝能系的反击并未结束。2016年7月4日,万科针对宝能系提起诉讼。2016年7月20日万科A公告《关于媒体报道的说明公告》(公告编号:〈万〉2016－096)。公告披露公司向证监会、证券投资基金业协会、深圳证券交易所、证监会深圳监管局提交了一份《关于提请查处钜盛华及其控制的相关资管计划违法违规行为的报告》。

1.《公司法》的规定

《公司法》中虽然没有规定收购和反收购,但是可以对比股东大会职权和董事会职权。股东大会拥有重大事项的决定权,董事会拥有部分事项的决定权。在股东大会和董事会的职权中,和反收购最相关的是股东大会决定公司的经营方针和投资计划,董事会决定公司的经营计划和投资方案。显然反收购不属于经营方针和投资计划,而更接近经营计划和投资方案。这样解释似乎有些牵强。

我国《公司法》第147条规定了董事的忠实义务和勤勉义务,第148条规定了董事、高级管理人员违反忠实义务的禁止行为。[①] 但是对于勤勉义务却没有进一步解释。我国学者将勤勉义务与注意义务一并使用。[②] 在美国,绝大多数州的公司法对于注意义务的规定都借鉴或类同于美国《1984年示范公司法》§8.30(a),董事应以如下方式履行职责:(1)怀有善意;(2)尽到一个正常的审慎之人在相同处境之下应有的注意义务;(3)采用其有理由相信最符合公司利益的方式。[③] 因此,董事基于忠实义务和勤勉与注意义务,当董事会合理地认为收购不符合公司最佳利益时,其有权采取反收购措施。忠实义务和勤勉义务是对于董事行为的规范,但是《公司法》缺乏对董事违反忠实义务和勤勉义务责任标准的规范。由此,董事会反收购在很大程度上取决于全体董事的道德水平以及董事对公司的忠诚度,更取决于董事的利益与公司的利益是否一致。当董事的利益与公司的利益不一致时,董事很难舍弃自己的利益去维护公司的利益。即使董事标榜其出发点是基于对公司利益的考虑,但是将一个公司未来的发展置于董事的道德考量上是有极大风险的。因此,明确违反忠实义务和勤勉义务的责任标准是董事遵守忠实义务和勤勉义务的制度保障。

---

① 《公司法》第147条规定:"董事、监事、高级管理人员应当遵守法律、行政法规和公司章程,对公司负有忠实义务和勤勉义务。董事、监事、高级管理人员不得利用职权收受贿赂或者其他非法收入,不得侵占公司的财产。"第148条第1款规定:"董事、高级管理人员不得有下列行为:(一)挪用公司资金;(二)将公司资金以其个人名义或者以其他个人名义开立账户存储;(三)违反公司章程的规定,未经股东会、股东大会或者董事会同意,将公司资金借贷给他人或者以公司财产为他人提供担保;(四)违反公司章程的规定或者未经股东会、股东大会同意,与本公司订立合同或者进行交易;(五)未经股东会或者股东大会同意,利用职务便利为自己或者他人谋取属于公司的商业机会,自营或者为他人经营与所任职公司同类的业务;(六)接受他人与公司交易的佣金归为己有;(七)擅自披露公司秘密;(八)违反对公司忠实义务的其他行为。"

② 冯果:《公司法》,武汉大学出版社2007年版,第265页。

③ [美]罗伯特·W.汉密尔顿:《美国公司法》(第五版),齐东祥译,法律出版社2008年版,第334页。

2.《上市公司收购管理办法》的规定

我国《上市公司收购管理办法》对于反收购主要规定在第8条和第33条。《上市公司收购管理办法》第8条规定:“被收购公司的董事、监事、高级管理人员对公司负有忠实义务和勤勉义务,应当公平对待收购本公司的所有收购人。被收购公司董事会针对收购所做出的决策及采取的措施,应当有利于维护公司及其股东的利益,不得滥用职权对收购设置不适当的障碍,不得利用公司资源向收购人提供任何形式的财务资助,不得损害公司及其股东的合法权益。”对于该条文存在以下理解:第一,“不得滥用职权对收购设置不适当的障碍”,那么未滥用职权但是设置不适当的障碍是否可行?从文义解释来说是可行的,即在董事会未滥用职权的情况下可以设置不适当的障碍。但是,对于规范董事反收购行为而言,这种情形应当被否定。第二,如何理解“不适当的障碍”?首先,从字面理解,“不得滥用职权对收购设置不适当的障碍”即可以设置障碍,而非不得设置任何障碍。其次,董事会设置的障碍即采取的反收购措施不是无限制的,而最低的限度应当是不违反法律的强制性规定,以及不损害公司以及全体股东的利益。因此,是否适当的判断标准是以法律的规定以及公司和全体股东的利益为依据,而不是对于收购方来说是否适当。第三,从文义上解释,董事会可以主动采取反收购,只要坚持一个原则即未损害公司及其股东的合法权益。“不得滥用职权对收购设置不适当的障碍,不得利用公司资源向收购人提供任何形式的财务资助”是该原则的具体表现。第四,从上下文解释,该条文中的禁止性规定是针对董事的忠实义务和勤勉义务进行的具体性限制,而不是对于董事会无权进行反收购的限制。因此,并不能从该条文认定董事会没有反收购决定权。

《上市公司收购管理办法》第33条规定:“收购人作出提示性公告后至要约收购完成前,被收购公司除继续从事正常的经营活动或者执行股东大会已经作出的决议外,未经股东大会批准,被收购公司董事会不得通过处置公司资产、对外投资、调整公司主要业务、担保、贷款等方式,对公司的资产、负债、权益或者经营成果造成重大影响。”该条规定针对要约收购情况下股东大会和董事会在反收购中的权力配置。对于以其他方式进行的收购,该条并不适用。

3.公司章程的规定

公司章程是公司治理的“宪法”。除不违反法律的强制性规定外,公司章程可以修改法律的任意性规定,并制定法律没有规定的内容。作为自治规章,无论是股东还是董事、监事都必须遵守公司章程的规定。股东大会的职权和董事会的职权也通过公司章程进行权力配置。因此,在法律没有直接规定反收购权力的情况下,公司章程可以将反收购的权力赋予股东大会或者董事会。公司章程具有类似于法的预测作用,对于收购人而言,其可以根据目标公司章程判断在目标公司董事会反对收购的情形下是否进行强行收购。

(二)董事会反收购权力理论

在实然层面,股东大会反收购大多数是表象,背后是董事会主导下的反收购。理由如下:第一,在一般情况下,股东大会由董事会提议召开,审议的议案由董事会提出。在个别情况下,股东增加临时提案。但是通常股东大会授权董事会办理某项事宜。在授权时多数是全权授予,而不是分权授予。这样就容易变成董事会主导办理某项事宜。第二,即使召开股东大会,由于股东的专业能力不及董事以及在时间、精力等方面对于公司的关注度较少,对于公司的现状以及未来的发展,股东和董事在信息上存在不对称。董事可以通过引导、暗示、建议等手段"劝诱"股东。这样从形式上是股东大会进行的反收购,但是实质上是董事会主导的反收购。第三,董事是由股东选举,董事的意志在很大程度上代表股东的意志。董事是否进行反收购在某种程度上也代表股东的意思表示。在多数情况下,如果股东反对收购,其委托的董事执行股东的决定。此外,部分董事也是股东,双重身份决定了作为董事和作为股东利益的一致性。因此,实际发生的反收购,大多是董事会直接反收购,并未针对反收购进行股东大会决议。

但是在应然层面,应当是由股东大会决议反收购。理由如下:第一,法律未规定剩余权力的归属。在股东大会和董事会权力配置中,我国《公司法》并没有规定反收购的权力。在公司章程没有规定的情况下,立法者没有明确列举的剩余权力由谁行使?《公司法》并未将经营权垄断于董事会之手,也未规定股东大会依该法或公司章程行使的决策权之外的其他权力皆由董事会行使。因此,《公司法》的态度基本上属于股东会中心主义。[1] 第二,基于委托—代理理论,董事是股东的代理人,在代理过程中存在代理成本。股东通过股权激励、董事在职消费等形式激励董

① 刘俊海:《现代公司法》,法律出版社2008年版,第407页。

事。但是,面对公司控制权变更时,董事有极大的可能被解聘。董事在物质层面、精神层面,以及社会层面的威望、人脉、社会评价等更有可能因此受损。对于既得利益和经营管理权的丧失,在面临收购时公司并未给予董事超出平时的激励范围。即使存在"金色降落伞"条款的保护,但是其合法性存疑。因此,当董事不同意收购时,其很难中立地判断该项收购对于公司和全体股东的意义。即使其能判断该项收购的意义,也很难有足够动力去维护一项其反对的收购,这就可能导致董事违背股东的真实意思。第三,公司的所有者是股东。公司的盈利或者亏损都归属于股东来承担。因此,面临是否反收购时,应当由全体股东参与决策,体现其真实意思表示。股东参与表决的权利不应当由董事剥夺。"因为股东有权自己决定与无权被别人决定命运是根本不同的。这就是现代市场经济的规则和程序正义。"[①]有学者提出应当警惕大股东,尤其是控股股东操纵股东大会利用反收购措施抢占公司控制权,滥用公司控制权,为自己谋利的行为。[②] 这属于另一个问题。第四,董事与公司的利益冲突。董事与公司之间利益冲突是董事滥用权利的根本原因。[③] 当董事利益和股东利益不一致时,董事不一定遵从股东的决定。因此,在面对是否反对收购的问题上,应该由股东大会决议。

(三)万科董事会的反收购权力

基于上述分析,探讨万科董事会是否有反收购的权力。首先,宝能系收购过程中并未运用要约收购,那么,《上市公司收购管理办法》第33条的规定就不适用于规范万科董事会的行为。其次,笔者查阅万科公司章程,章程并没有规定董事会有反收购的权力。最后,从股东大会对董事会的授权来看,在整个事件过程中,股东大会并没有授予董事会进行反收购。而且,万科并无控股股东和实际控制人。综上,可以说万科董事会反收购并未有法律、章程或者股东大会的授权。

但是,万科董事会对公司有忠实义务和勤勉义务。王石在董事会内部讲话中

---

① 华生:《万科模式:控制权之争与公司治理》,东方出版社2017年版,第17页。

② 林王威:《中英上市公司反收购措施立法浅谈》,载王保树主编:《中国商法年刊》,北京大学出版社2008年版,第789页。

③ 黎友强:《目标公司董事会有权采取反收购措施吗?——美国立法例研究及其对我国的启示》,载《法律科学》1997年第4期。

透露了万科董事会反收购的理由：①(1)宝能系控股万科，即大股东的背景可能影响万科的评级，而万科的信用是其最宝贵的无形资产。信用评级的调整将会对万科造成一系列的影响。(2)宝能系在房地产的交易额远低于万科，其中一部分为关联交易，宝能系控制万科能力不足。(3)宝能系通过举债进行杠杆收购，风险很大，是一种"走钢丝"行为，这对万科的长远发展是不利的。因此，基于对于公司的长远发展考虑，宝能系成为控股股东不利于万科的发展。以上反收购的理由是董事会出于自保，还是履行忠实义务和勤勉义务为了公司利益，抑或两者兼而有之，可以从其实施的定向增发和停牌行为进行判断。

三、收购中定向增发的合法性

2016 年 6 月 17 日万科召开董事会会议，审议公司发行股份购买资产暨关联交易方案的议案。② 如果议案通过且成功发行股份，深地铁将晋升为万科第一大股东。宝能系为第二大股东，华润由第一大股东降为第三大股东。华润、宝能系对定向增发的态度，由在万科 2016 年第一次临时股东大会上的同意变为反对。"定向增发的方案和过程涉及公司利益在获得增发的股东(包括部分原有股东和新股东)和没有获得增发的原有股东之间的重新分配"，③在这个过程中，是否触碰大股东的利益？是否侵害了中小股东的利益？以下对定向增发对于公司、股东华润、深地铁、收购方宝能系、万科管理层、中小股东的影响进行分析。

(一)定向增发对利益各方的影响

第一，定向增发对深地铁的影响，从发行价格、取得万科股份进行衡量。从发行价格来说，本次发行价格为定价基准日前 60 个交易日上市公司股票交易均价的

① 《王石：不欢迎宝能系成第一大股东　你的信用不够》，载新华网财经网：http://www.xinhuanet.com/fortune/2015-12/18/c_128543452.htm，最后访问日期：2018 年 3 月 19 日。

② 本次发行股份购买资产的交易对方为深地铁，标的资产为深地铁持有的前海国际 100% 的股权。标的资产的预估值为 456.13 亿元，协商确定标的资产交易价格暂定为 456.13 亿元。本次发行股份购买资产的定价基准日为公司第十七届董事会第十一次会议决议公告日。发行价格以不低于定价基准日前 60 个交易日公司股票交易均价的 90% 为基础，经协商确定为人民币 15.88 元/股，为定价基准日前 60 个交易日上市公司股票交易均价的 93.61%。

③ 朱红军、何贤杰、陈信元：《定向增发"盛宴"背后的利益输送：现象、理论根源与制度成因——基于驰宏锌锗的案例研究》，载《管理世界》2008 年第 6 期。

93.61%。而定价基准日前公司一直处于停牌。结合《上市公司重大资产重组管理办法》(2016年修订)第45条第1款的规定,本次发行价格应当以停牌前20个交易日、60个交易日或者120个交易日的价格为计算依据。① 而万科以定价基准日前60个交易日公司股票交易均价为基础,这个价格相对较低,对于深地铁是有利的。② 定向增发价格低,深地铁增发成本就低,未来的收益空间就高。如果未来股价上涨,深地铁将获得高额的回报。如果未来股价下跌,在获得股份时的折价有助于弥补股价下跌带来的损失。即使暂时未弥补该损失,深地铁也拥有所持有股份的其他权利。而且在股份锁定期内,公司可以通过送红股的形式额外增加深地铁的收益。深地铁的股东为深圳市人民政府国有资产监督管理委员会,其代表深圳市政府的利益。其承担国有资产保值增值的任务。而投资拥有优秀业绩的公司股份,有助于国有资产的保值增值。因此,定向增发对于深地铁是有利的。

第二,定向增发对管理层的影响。对于管理层来说,通过定向增发引入"白衣骑士",可以抵御宝能系对于控制权的争夺。直接为宝能系改组董事会设置障碍,保住了管理层职位。深地铁作为消极的财务投资者,对谋取公司的控制权以及公司内部治理并不关心。管理层可以继续保持其独特的公司治理模式,实现自主经营。此外,根据《2015年年度报告》,公司董事、监事、高级管理人员持有万科股份共计0.1832%。相比失去控制权,被摊薄的股份损失可能不足其1年的年薪。③ 因此,对于万科管理层来说,本次定向增发有利于管理层保持对公司的控制权。

第三,定向增发对大股东的影响。根据《深圳证券交易所主板上市公司规范运

---

① 《上市公司重大资产重组管理办法》(2016年修订)第45条第1款规定:"上市公司发行股份的价格不得低于市场参考价的90%。市场参考价为本次发行股份购买资产的董事会决议公告日前20个交易日、60个交易日或者120个交易日的公司股票交易均价之一。本次发行股份购买资产的董事会决议应当说明市场参考价的选择依据。万科A第十七届董事会第十一次会议决议公告日为2016年6月18日,而停牌日期为2015年12月18日。那么,发行价格应当以2015年12月18日之前20个、60个或者120个交易日的价格为计算依据。"

② 停牌前20个交易日的股票交易均价为18.57元,前60个交易日的股票交易均价为16.96元,前120个交易日的股票交易均价为15.2元。以上数据根据wind系统进行统计计算得出。

③ 以王石为例,根据万科A《2015年年度报告》披露的内容,王石持股7,617,201股。如果按照华润认为的万科每股净资产约21元的估值测算,且华润认为增发后现有股东的权益被摊薄5%。那么王石持有股份的资产总额为159,961,221元,被摊薄的资产总额为7,998,061.05元。宝能系于2016年6月27日,提议召开2016年第二次临时股东大会时提议罢免王石,议案中提到"王石于2011~2014年担任董事期间……从万科获取现金报酬共计5000余万元"。那么,王石平均年薪大约为1667万元。被摊薄的资产损失不足其一年的年薪。

作指引》的规定，[①]根据 2016 年 3 月 14 日万科公布的《2015 年年度报告摘要》，[②]万科大股东分别为：华润股份有限公司，持有万科 A 股 15.23%；HKSCC NOMINEES LIMITED，持有万科 H 股 11.90%；宝能系合计持有万科 A 股 13.58%。除去 H 股股东，万科的大股东为华润和宝能系。在此分析定向增发对华润的影响，对宝能的分析见下文论述。对华润的影响，应当从持有股份以及对公司的控制权两方面进行衡量。

一方面，华润不是本次定向增发的对象。华润投反对票的理由是定向增发摊薄了其持有股份，且其在 2016～2018 年的每股盈利将被摊薄。其同意用现金支付交易对价，或在项目层面与地铁集团成立合资企业。此后，华润发文称，本次万科增发股票定价为 15.88 元，比资本市场目前平均对万科每股净资产约 21 元的估值测算低约 24%，增发后现有股东的权益被摊薄 5%。而且因注入的净资产在未来两年至三年不能贡献盈利，从而导致万科的每股盈利均被摊薄约 20%，影响股东回报。[③] 但是，王石解释和深地铁进行战略合作的原因，"城市已经到了轨道改变城市的时代，万科需要让位于轨道，扮演好开发商新的角色。"[④]对比双方的解释，华润从短期盈利角度出发，股东利益受损。以王石为代表的管理层从商业角度，指出房地产公司的前景，认为和深地铁合作有利于公司的长远发展。

另一方面，华润对于定向增发前后不一致的态度，以及质疑本次董事会决议的合法性，预示着宝万之争公开演变为华万之争。而华万之争争夺的是谁要真正取得公司的控制权。公司的控制权应当由掌握资本多数的股东控制还是由拥有经营管理权的管理层控制，这是华万之争的实质。若本次定向增发成功，华润成为第三大股东，这将直接影响代表华润的董事席位，进而影响华润对于万科的实质控制。因此，基于以上两方面的原因，定向增发导致股东华润利益受损，华润投了反对票。

第四，定向增发对收购方宝能系的影响。理论上，宝能系作为持有万科股份较

---

① 根据《深圳证券交易所主板上市公司规范运作指引》(2015 年修订)第 2.2.7 条第 2 款的规定"……中小投资者是指除公司董事、监事、高级管理人员以及单独或者合计持有公司 5%以上股份的股东以外的其他股东"。

② 详见万科 A 2016 年 3 月 14 日公告的《2015 年年度报告摘要》(公告编号：〈万〉2016－031)。

③ 华润官方微信 2016 年 6 月 18 日发表《华润对万科发行股份购买资产预案投反对票　质疑决议已获通过的合法性》，最后访问日期：2018 年 3 月 20 日。

④ 《首次同框，万科和深圳地铁解释为何选择了对方》，载腾讯财经网：https://finance.qq.com/a/20160612/025444.htm，最后访问日期：2018 年 3 月 20 日。

大的股东,现有股份遭到稀释,并且摊薄了其持有股份的权益。如果继续争夺控制权,需要持续收购股份。换言之,定向增发增加了争夺控制权的难度。对于定向增发,宝能系理应投反对票。但事实上2016年第一次临时股东大会针对深地铁重组的方案,宝能系投了赞成票。这一行为对谋取控制权的目的来说不符合常理。那么,宝能系不断增持的真实意图就很重要。根据万科独立董事华生披露:“据华润方面在董事会上介绍,华润方面与宝能接触沟通很多,还有不少项目合作,关系并非一般。”①“华润方面在董事会上承认,在第一大股东易主这个问题上与宝能有多次接触谈判,有过第一大股东多次易主的协议或默契但至今秘而不宣。今后到底谁做第一大股东,双方至今也未公开披露。”②通过以上内容可以合理怀疑,宝能系与华润在某种利益上存在一致性,因此在2016年第一次临时股东大会上针对深地铁重组的方案双方投了赞成票。而董事会决议定向增发,宝能系随华润之后进行抗议,也是其利益受损的表现。受损的利益包括控制权,也可能不止包含控制权。

第五,定向增发对于万科公司的影响,可以从发行价格以及注入资产进行衡量。本次定向增发的节点是处于股票价格上升期。相比控股股东在定向增发前通过时机选择和停牌操纵来锁定较低的增发价格,③本次定向增发的股价处于高位。万科以定价基准日前60个交易日公司股票交易均价为基础,而没有采用定价基准日前20个交易日和120个交易日的均价。定价基准日前20个交易日的价格偏高,甚至虚高。④ 定价基准日前120个交易日的价格偏低,交易双方也未采纳。从深地铁的立场考虑,其要避免国有资产流失和财务亏损。因此,发行价格为定价基准日前60个交易日股票交易均价为基础,体现了公允性。折价率93.61%涉及注入资产的价值和股票的价值是否等价的问题。本次注入的资产为位于深圳前海枢纽项目T201－0074号地块和安托山项目T407－0026、T407－0027号地块,标的资产交易价格暂定为456.13亿元。⑤ 换言之,深地铁用两块土地换取万科A股20.65%的

---

① 华生:《我为什么不支持大股东意见》,载《上海证券报》2016年6月25日,第1版。

② 华生:《大股东就是上市公司的主人吗?》,载《上海证券报》2016年7月6日,第1版。

③ 吴育辉、魏志华、吴世农:《时机选择、停牌操控与控股股东掏空——来自中国上市公司定向增发的证据》,载《厦门大学学报》(哲学社会科学版)2013年第1期。

④ 2015年5月18日至11月30日,万科A股票每日均价在12~15元。自2015年12月1日起,股票每日均价在16~23.6元。以上数据来自wind系统。因此,如果以定价基准日前20个交易日来计算发行价格,价格偏高。

⑤ 详见2016年6月18日万科A公告的《发行股份购买资产暨关联交易预案》。

股份。作为稀缺的城市土地资源,如果通过市场竞争,是否可以以相同的价位竞拍到不无疑问。此外,价格的高低可以通过与宝能系取得的股份做比较来衡量注入的资产是否对公司有利。对比宝能系取得股份所需要的资金,"截至 2016 年 7 月 19 日,宝能系共斥资约 451 亿元买入万科 A 25.4% 的股份。"①深地铁用价值金额 456.13 亿元的土地仅换取万科 A 20.65% 的股份。通过这个对比,可以说本次定向增发注入的资产有利于公司。万科在《发行股份购买资产暨关联交易预案》中也披露了本次定向增发短期内公司不能盈利的风险。因此,本次定向增发对于公司长远发展是有利的,但是其短期内不能盈利是其不利影响。

第六,定向增发对于中小股东的影响。首先,摊薄了现有中小股东持有的股份。其次,中小股东大多为散户,其获益主要通过以下方式:一是上市公司分红派息,二是通过低买高卖赚取股票价差。分红派息取决于本次收购资产未来的盈利能力,如果盈利较好,那么有较高的概率分红派息,否则相反。由于收购的资产在短期内不能盈利,对于部分投机短期利益的中小投资者不利。而定向增发方案被否,股票复牌股价下跌。从 wind 系统统计的每日股票均价,2016 年 7 月 4 日复牌当日股票价格为 21.99 元。7 月 5 日至 8 月 4 日,股票均价在 17 ~19 元。而 2015 年 12 月 18 日收盘价为 24.43 元。对于停牌前买入且追求短期利益的中小投资者来说,股票下跌导致其利益受损。股价下跌与其说是市场对于定向增发的态度,不如说是定增方案被否,对于公司未来走向不明的态度。

综上所述,本次定向增发对于公司、管理层和深地铁均是有利的。股东华润的短期利益受损,且不利于控制权的取得。收购方宝能系受到定向增发的不利影响。追求短期利益和投机的中小投资者利益受到损害。

(二)合法性判断标准

定向增发作为反收购措施,其合法性如何判断?徐洪涛认为,反收购措施合法性的判断应根据不能违反法律强制性规定、不能违反股东和董事的诚信义务、不得损害公司其他参与人的利益三个原则进行判断。② 对于定向增发的合法性判断,有

① 《2016 年险资举牌十大案例:宝能系耗资 451 亿举牌万科》,载网易财经网:http://money.163.com/17/0104/00/C9T8ECDA002580S6.html,最后访问日期:2018 年 3 月 20 日。

② 徐洪涛:《公司反收购法律制度研究》(上),载中国民商法律网:http://old.civillaw.com.cn/article/default.asp?id=33101,最后访问日期:2018 年 3 月 18 日。

如下标准:第一,不能违反公司证券方面的强制性规范,这是首要判断标准。爱森伯格根据调整对象不同,将公司规则分为结构性规则(structural rules)、分配性规则(distributional rules)和信义规则(fiduciary rules)。信义规则是规范管理层和控股股东的义务,①最核心的信义规则是强制性规则。② 董事的忠实义务和勤勉与注意义务是信义义务,属于强制性规范。第二,不得损害公司以及绝大多数利益相关者的长远利益,尤其不能损害绝大多数中小股东的利益,具体表现为:(1)公司价值增值来源于人力资本与物质资本的密切合作。③ 那么衡量公司利益是否受损,即公司减值可以从人力资本和物质资本两方面进行衡量。人力资源是否流失,公司有形资本和无形资本是否受到损失。损失孰轻孰重取决于对公司长远发展最为重要的资本是否受到损失。(2)利益相关者的范围。对此学术界早前有不同争论,在此将利益相关者缩小为与定向增发之间存在直接利益关系的人。这些利益相关者包括现有股东、管理层,现有股东又包括大股东、中小股东,但是将定向增发对象排除在外。因为定向增发对象是潜在的股东,暂时不构成公司的一部分。定向增发不得损害以上绝大多数利益相关者的利益。而中小股东的利益在绝大多数利益相关者中属于少数,定向增发尤其不得损害绝大多数中小股东的利益。(3)从时间上利益可以区分为长远利益和短期利益,只有长期获利才能最终使公司和股东获得长远利益。

四、反收购中停牌的合法性

2015年12月17日王石公开表示不欢迎宝能系。12月18日下午万科董事会宣布停牌。停牌的理由是重大资产收购。停牌价格为24.43元。公司股票于2016年7月4日复牌,复牌当日开盘价即为跌停价21.99元。从停牌时机的选择以及从抵御宝能系收购的现实情况来看,停牌是基于反收购的现实需要。

(一)停牌对利益各方的影响

以下分析停牌对公司、股东华润、收购方宝能系、管理层、中小股东的影响。第

---

① Melvin Aron Eisenberg,"The Structure of Corporation Law",*Columbia Law Review*,1989(89),p.1462.

② Ibid.

③ 刘丹:《利益相关者与公司治理法律制度研究》,中国人民公安大学出版社2005年版,第60页。

一,对于公司来说,上涨的股价可以给公司带来收益。2015 年 12 月 18 日股价上涨到 24.43 元涨停,但股票依然可以交易。停牌导致股票不能交易,损失的收益对于公司不利。第二,对于宝能系来说,停牌导致其无法继续在二级市场收购,争夺控制权受到影响。且其运用杠杆收购,停牌加大了收购资金的风险。第三,对于管理层来说,停牌期间可以商讨反收购方案,同时抵御了宝能系的收购。管理层可以保住职位。第四,对于华润来说,其在停牌和复牌前后均未增持股票或减持股票,因此停牌对其最大的影响为交易权受到损害。第五,对于中小股东来说,广大中小股东在事前缺乏任何意思自治的情况下,却被大股东或经营管理层绑架,不仅要承担并购重组的风险,而且因停牌堵塞了其规避风险的途径。[①] 长期停牌不仅使其失去交易机会,更是股票无法变现背后的资金受损。对于意图投机获取短期利益的中小股东来说,尤其以低于 24.43 元买入股票的投资者,停牌导致其无法赚取价差,利益受损。受损的每股金额为 24.43 元与当初买入时的股票价差。以高于 24.43 元买入股票的投资者来说,停牌导致其无法抛售股票。受损的每股金额为 24.43 元与其当初买入时的股票价差。甚至复牌后,其损失扩大。该部分投资者的利益受损是建立在复牌后股价大跌的基础上,即事后判断。2016 年 7 月 4 日复牌,开盘价为 21.99 元。如果投资者停牌前高于 21.99 元买入股票,那么复牌当天利益受损。受损的每股金额为 21.99 元与买入时的股票价差。如果停牌前以低于 21.99 元的价格买入股票,那么复牌当天利益未受到损失。

万科管理层选择在股价上涨期间“突然”停牌,存在管理层操纵停牌时机的嫌疑。停牌行为本身以及长期停牌对公司、股东华润、收购方、中小股东均不利,尤其损害了中小股东的利益。

(二)合法性判断标准

停牌作为董事会采取的反收购措施,其合法性的判断标准如下:第一,不能违反停牌的强制性规定,不得滥用停牌制度。停牌必须短暂且有必要。[②] 滥用停牌制度已经超出停牌制度设置的初衷,构成不当使用。具体表现为:(1)停牌事由笼统且随意。例如,以“收到问询函并需要答复”“相关内容需要核查”“拟筹划重大资

① 郭富青:《我国上市公司并购重组停复牌的法理逻辑思考》,载黄红元、卢文道主编:《证券法苑》(第 19 卷),法律出版社 2017 年版,第 133 页。

② 王通平:《停复牌制度应处理好的关系》,载《中国金融》2017 年第 10 期。

产重组”“重要事项未公告”等理由停牌。(2)停牌目的的不当性。停牌目的为达到规避质押风险、应对股价下跌、抵制收购等。(3)停牌时间随意。具体表现为随意停牌以及长期停牌。第二,不得损害公司以及绝大多数利益相关者的长远利益,尤其不能损害绝大多数中小股东的利益。停牌必须衡量利益相关者的利益,尤其是中小投资者的利益,确保停牌的必要性。

五、结　　论

宝万之争是资本市场收购与反收购中的典型案例,但其背后的问题却值得立法者以及学者反思。诸如敌意收购的法律立场是什么,①管理层采取的反收购措施以及公司章程设置反收购条款的效力如何判断等。本课题组以宝万之争为例,论证了董事会采取定向增发以及停牌措施反对收购的合法性。董事会基于忠实义务和勤勉与注意义务可以进行反收购。尽管如此,我国仍然是股东大会中心主义,是否进行反收购应当由全体股东决定。未经法律或者章程的允许,董事不可剥夺股东参与表决的权利。具体反收购合法性的判断有以下两个标准:一是不能违反公司证券方面的强制性规范。二是不得损害公司以及绝大多数利益相关者的长远利益,尤其不能损害绝大多数中小股东的利益。

---

① 傅穹:《敌意收购的法律立场》,载《中国法学》2017年第3期。

参考文献

1. 蒋大兴:《公司法中的合同空间——从契约法到组织法的逻辑》,载《法学》2017 年第 4 期。

2. 傅穹:《敌意收购的法律立场》,载《中国法学》2017 年第 3 期。

3. 顾慧莹、王小妹、姚铮:《管理者反收购策略研究评述和展望》,载《外国经济与管理》2017 年第 5 期。

4. 罗培新:《股东会与董事会权力构造论:以合同为进路的分析》,载《政治与法律》2016 年第 2 期。

5. 李芬芬:《上市公司 2015 年收购及权益变动有关问题探讨》,载《证券市场导报》2016 年第 11 期。

6. 李善民、许金花、张东:《分层董事会制度与公司价值——基于公司章程的视角》,载《厦门大学学报》(社会科学版)2016 年第 2 期。

7. 蒋大兴:《社团罚抑或合同罚:论股东会对股东之处罚权——以"安盛案"为分析样本》,载《法学评论》2015 年第 5 期。

8. 伍坚:《美国法中股东提名董事制度研究》,载《证券市场导报》2014 年第 2 期。

9. 潘成林:《提名委员会制度:美国法的经验与中国法的完善》,载《证券市场导报》2013 年第 3 期。

10. 刘诗鸿:《从"美国证监会 14a - n 规则无效案"看董事提名权改革》,载《法学》2013 年第 5 期。

11. 李芬芬:《2014 年以来上市公司收购与反收购情况探析》,载《证券时报》2013 年 8 月 12 日,A12 版。

12. 罗培新:《公司高管薪酬:制度积弊及法律应对之限度——以美国经验为分析视角》,载《法学》2012年第12期。

13. 谢俊、蒋峦:《西方分级董事会制度研究综述》,载《珞珈管理评论》2010年第1期。

14. 罗培新:《科学化与非政治化:美国公司治理规则研究述评——以对〈萨班尼斯—奥克斯莱法案〉的反思为视角》,载《中国社会科学》2008年第6期。

15. 罗培新:《公司法强制性与任意性边界之厘定:一个法理分析框架》,载《中国法学》2007年第4期。

16. 伍坚:《限制董事改选数量:交错董事会的中国模式》,载《证券市场导报》2007年第6期。

17. 张舫:《对董事选任和分类董事会问题的思考》,载《甘肃政法学院学报》2007年第5期。

18. 朱慈蕴:《公司章程两分法论——公司章程自治与他治理念的融合》,载《当代法学》2006年第5期。

19. 罗培新:《公司法的合同路径与公司法规则的正当性》,载《法学研究》2004年第2期。

20. 刘素芝:《股东会董事罢免权初探》,载《政法论坛》2001年第3期。

21. 王学斌:《目标公司反收购决策权归属问题的法律研究》,载《上海大学学报》(社会科学版)2004年第1期。

22. 蒋大兴:《公司法的展开与批判》,法律出版社2001年版。

23. 潘成林:《董事任免制度研究》,吉林大学民商法学系2013年博士学位论文。

24. 贺少峰:《公司强制性规范》,西南政法大学经济法学系2007年博士学位论文。

25. 王毓莹:《公司章程自治研究》,中国政法大学民商法系2005年博士学位论文。

26. 董慧凝:《论公司法强制性规范与公司章程自由》,载《中国社科院研究生院学报》2007年第6期。

27. 李芬芬:《2014年以来上市公司收购与反收购情况探析》,载《证券市场导报》2017 年第 12 期。

28. 周芬棉:《600 多家公司修章程引入反收购条款》,载《法制日报》2017 年 5 月 25 日,第 6 版。

29. 汤欣:《论公司法的性格——强行法抑或任意法?》,载《中国法学》2001 年第 1 期。

30. Eisenberg, "The Structure of Corporate Law", *Colum. L. Rev* (89), 1463 (1989).

31. Robin Sidel, "Staggered Terms for Board Members Are Said to Erode Shareholder Value, Not Enhance It", *Wall Street. Journal*, Apr. 1. 2002.

32. Bebchuk et al., "The Powerful Antitakeover Force of Staggered Boards: Theory, Evidence, and Policy", *Stan. Law Review*(54), 887(2002).

33. Branson, "Assaulton Another Citadel: Attempts to Curtail the Fiduciary Standard of Loyalty Applicable to Corporate Directors", *Fordham Law Review*(57), 1988.

34. Martin M. Cohen, "'Poison Pills' As A Negotiating Tool: Seeking A Cease-Fire In The Corporate Takeover Wars", *Columbia Business Law Review*, Columbia Law School, 1987.

35. Stephen M. Bainbridge, "Precommitment Strategies in Corporate Law: The Case of Dead Hand and No Hand Pills", *The Journal of Corporation Law*, University of Iowa, Fall, 2003.

ISC Research

第二篇

中国各类投资者交易行为研究

——基于中小投资者保护的视角*

* 本课题承接方为上海申万证券研究所有限公司。课题负责人：蒋健蓉；课题组成员：龚芳。

前 言

近年来，我国不断完善投资者保护机制，但侵害中小投资者权益的事件仍时有发生，本研究试图从投资者交易行为的角度剖析各类投资者可能产生的侵害中小投资者权益的违法违规交易行为，分析此类交易行为的特征，找出监管重点和突破口，切实保障中小投资者权益。

基于投资者结构分类，本研究构建了四维度的投资者交易行为分析框架——资金来源结构、信息获取能力、委托—代理关系和盈利模式，资金来源结构影响投资者的目标函数、信息获取能力决定投资者应对信息不对称的能力、委托—代理关系影响投资者与资金管理人目标的一致性、盈利模式决定投资者的投资风格和投资期限等。基于此四维分析框架，本研究主要对公募基金、私募证券基金、私募股权基金和产业资本四类投资者交易行为进行重点分析，得出一些可供参考的结论和建议。

基于业绩比较基准和行业排名考核机制的影响，公募基金大多表现为赚取相对收益的中短期投资者，其比较常见的侵害中小投资者权益的交易行为是“老鼠仓”交易、合谋操纵市场等，对其监管重点应放在实际控制资金账户的监管、切断买卖方利益关系等方面；基于资金来源的长期性和投资策略的灵活多样性，私募证券基金总体上表现为追求绝对收益的中长期投资者，其常见的侵害中小投资者权益的行为是内幕交易、操纵市场以及程序化交易下乌龙指事件等，对其监管重点在于连续交易、反向交易、虚假申报等异常交易行为监测以及程序化交易等；基于资金来源的长期性及股权投资的偏好，私募股权基金大多表现为追求市值管理收益的长期投资者，其常见的侵害中小投资者权益的行为是伪市值管理和内幕交易，其监管重点在于做好信息管理，斩断上市公司、投资机构与券商分析师的三角利益关系;基于产业资本的信息获取能力,其是绝对信息优势方,产业资本整体上表现为赚取产业链整合价值的长期投资者,常见的侵害中小投资者权益的行为是违规信披、精准减持、忽悠式重组以及内幕交易等,对其监管重点在于信息披露真实性的审核。

从保护中小投资者合法权益的角度出发,本篇提炼了各类投资者可能产生的损害中小投资者权益的共性行为及差异化行为,其中共性行为主要表现为利用非公开信息交易获利、操纵市场及投资者适当性管理不足等,差异性行为主要表现为产业资本的违规信息披露、忽悠式重组以及伪市值管理行为等。从监管重点来看,产业资本是监管的重中之重,内幕交易行为是最常见的违规行为,而信息披露质量是影响此类违法交易行为的核心因素所在;同时还需要强化监管约束机制,一方面提升对违法违规交易型为的稽查效率,另一方面加大对违法违规交易行为的惩罚力度。

绪　论

投资者保护是金融监管的两大重要目标之一，当前我国金融监管体系正逐步从机构监管向机构监管与功能监管相结合的趋势转变，如何有效提升投资者保护，尤其是对中小投资者的保护是金融体系改革的重中之重。近年来，我国在完善投资者保护上做了大量积极有益的尝试，然而损害投资者利益的行为和事件还是时有发生，如何有效防范及惩治违法违规行为，进而最大限度保护投资者合法权益成为问题的焦点所在。

一、近年来我国投资者保护机制不断完善

第五次全国金融工作会议明确指出："要把发展直接融资放在重要位置，形成融资功能完备、基础制度扎实、市场监管有效、投资者合法权益得到有效保护的多层次资本市场体系。"近年来，我国在完善投资者保护机制上进行了大量积极有益的探索，这主要表现在以下三个方面：一是完善与投资者保护相关的法律制度体系，2000 年以来我国关于证券投资者保护的相关法律法规密集出台，目前形成了以《证券法》和《公司法》为核心，包含《刑法》《信息披露法》等法规制度在内的中小投资者保护体系，2013 年国务院办公厅发布《关于进一步促进资本市场健康发展的若干意见》（"新国九条"），"新国九条"再次强调处理好风险自担与强化投资者保护的关系，健全投资者特别是中小投资者权益保护制度，保障投资者的知情权、参与权、求偿权和监督权，切实维护投资者合法权益。二是成立投资者保护基金，《证券投资者保护基金管理办法》自 2016 年 6 月开始正式实施，建立防范和处置证券公司风险的长效机制，切实保护证券投资者

的合法权益。三是组建中小投资者维权组织,2014年12月中证中小投资者服务中心有限责任公司(以下简称投服中心)成立,旨在为中小投资者自主维权提供教育、法律、信息和技术等服务,截至2017年10月底,投服中心已持有沪深两市3314家上市公司A股股票,累计行权757次,登记纠纷案件近5000件,争议金额约15亿元,调解成功1400余件,投资者获得赔偿金额达2.2亿元,有效保护了中小投资者合法权益。

二、违法违规事件仍然时有发生

尽管近年来监管部门加大了对违法违规行为的追查力度和惩罚程度,但违法违规事件仍然时有发生。2017年证监会作出行政处罚决定224件,罚没款金额74.79亿元,同比增长74.74%,市场禁入44人,同比增长18.91%,行政处罚决定数量、罚没款金额、市场禁入人数再创历史新高。尽管如此,2017年资本市场还是暴露出不少违法违规行为,自2017年年初到8月,仅上海证券交易所就针对信息披露违法违规作出公开谴责决定11份、通报批评决定19份、监管关注决定33份,以多伦股份、恒康医疗为代表的案例仍然在很大程度上损害了中小投资者的利益。

三、投资者交易行为研究为完善投资者保护机制提供新视角

尽管当前我国投资者保护体系日渐完善,但投资者保护仍面临很多挑战,如怎么保证信息披露的质量,如何防止大股东的利益输送?监管处罚力度相对较弱,按照现行法律法规,证监会关于信息披露违规对上市公司的处罚金额上限仅为60万元,个人仅为30万元,这一罚款数额上限与收购成功后可能带来的巨大收益相比仅是九牛一毛。基于此,本研究从投资者交易行为研究的角度出发,力求为完善投资者保护机制提供一个新的视角,基于交易行为特征的分析及交易行为监测来有效防范和发现违法违规行为,进而最大限度地保护投资者合法权益。

本研究对投资者交易行为的研究旨在解决三个问题:一是客观分析各类投资者交易行为特征。二是在客观分析交易行为特征的基础上,明确可能产生的侵害

中小投资者权益的交易行为，如信息披露、操纵市场、内幕交易等，并分析引致此种违法违规交易行为的原因。三是基于上述侵害中小投资者权益交易行为，提供相关的监管建议或措施，进而有的放矢地将投资者保护落到实处。

第一章　投资者结构分类及交易行为分析框架

一、投资者交易行为分析的理论基础

(一)行为金融理论

传统金融理论认为投资者是理性的,能合理地评估金融证券产品的价格,并按"预期效用理论"进行个体的投资决策。但是随着金融证券市场发展,越来越多有悖于传统金融理论的股价异常现象陆续被发现,诸如股价在时间序列和横截面上均存在的可预测性、股票的规模溢酬和价值溢酬现象等,这些无法被传统金融理论解释的"异象"引发了人们对传统金融理论的质疑。

在此背景下,经济学家尝试将心理学中关于人类行为的部分研究成果引入金融理论研究中,对投资者心理决策过程建立起"展望理论",此后行为金融学不断演进与拓展。其中"羊群行为"作为一种特殊的有限理性行为得到众多学者认可,相关学者也对此提出了不完全信息理论、声誉理论以及薪酬结构理论等多种理论。班纳吉(Banerjee,1992年)对"羊群行为"进行了开创性的研究,他提出了一个基于信息不对称的"羊群行为"的序贯模型,并认为由信息不对称导致的信息瀑布是"羊群行为"产生的主要原因。莫格(Maug)和奈克(Naik,1996年)发展并完善基于薪酬结构的"羊群行为"模型,认为在存在道德风险和逆向选择的条件下,基金持有人(委托人)的最优策略是和基金经理(代理人)签订与基准挂钩的报酬合约;陈国进和陶可(2010年)根据上证180指数成分股数据和topview投资者日持股数据,利用横截面交易量标准差分析了机构投资者和个人投资者的"羊群行为"差异,发现机构投资者的"羊群行为"可能是信息较为充分利用的结果,个人投资者的"羊群行为"则具有更多的非理性因素。除此之外,近年来境内外研究者引入了博弈论来研究投资者交易行为。国内学者孟卫东与王永平(2006)应用进化博弈方法建立了开放市场条件下的证券投资者交易行为的进化博弈模型,研究了长时期内投资者交易行为的动态进化过程及其多重均衡特征,这有助于把握证券投资者交易行为的变动规律,为保护投资者权益、促进证券市场的稳定健康发展提供决策依据。

(二)信息不对称理论

信息获取渠道与信息处理能力不同产生信息不对称。有效市场假说认为市场上的每一位参与者都可以迅速获得所有信息,但实际上由于信息生成的时空限制性、信息传递的时滞性和信息处理能力差异导致资本市场上各类投资者对相关信息的了解具有明显不同,交易行为也因此产生区别。根据信息不对称发生的时点可以分为事前信息不对称和事后信息不对称。

事前信息不对称导致逆向选择和"羊群效应"。一方面,如果信息优势方可以利用所获得的信息使自身受益对方受损,那么信息劣势方将难以顺利做出决策,导致出现"劣币驱逐良币"的现象。投资者作为信息劣势方在相同预期收益和风险的情况下倾向于选择价格较低的股票,高价格高质量的股票因此受到排斥,而低质量股票却被投资者哄抬。另一方面,理性投资者在市场信息不完全时会根据先行者的抉择而做出决策,班纳吉(1992 年)最早提出在面对不完全的信息时,个人投资者会倾向于跟从前面的投资者的投资决策,投资市场出现"羊群行为"。事后信息不对称导致道德风险。信息优势方在从事经济活动时最大限度地使自身利益最大化,内幕交易、市场操纵等行为使信息劣势方由于信息不对称受到侵害,艾伦(1992 年)和李兴绪(2003 年)通过建立机构投资者与中小投资者之间的博弈模型,分析得出机构投资者往往利用各个投资者之间的信息不对称来操纵股价。

(三)委托—代理理论

经济人假设和信息不对称产生委托—代理问题。随着社会分工的精细化,权利所有者由于知识、精力和时间的限制无法直接行使决策权,于是将该权利委托给比自己更有胜任能力的代理人,委托—代理关系随之产生。委托—代理关系产生以"羊群效应"为代表的道德风险,主要分为声誉和薪酬两大"羊群效应"模型,沙尔夫斯泰(Scharfstein)和斯坦(Stein,1990 年)提出了"羊群行为"声誉模型,认为代理人会出于对自己能力的不自信以及对名誉的担忧而采取与其他代理人相同的投资决策;罗尔(Roll,1992 年)则提出了基于薪酬结构的"羊群行为"模型,指出基金持有人的最优策略是和基金经理签订与基准(指数或其他基金)挂钩的报酬合约,但这种报酬结构会扭曲经理人的激励机制,间接鼓励基金经理随指数或同行而进行投资决策,最终导致无效的投资组合。

为了缓解和解决委托—代理问题,理论界产生了动态、声誉和工资激励三大模型。拉德纳(Radner,1981 年)和鲁宾斯坦(Rubbinstein,1979 年)提出的委托—代理动态模型,通过长期关系有效解决委托—代理问题。在重复博弈的条件下,如果委托人和代理人保持长期的关系:一方面根据大数定理,委托人可以从观测到的变量中推断代理人的努力程度。另一方面委托人提供的长期合同可以免除代理人的风险;法玛(Fama,1969 年)在此基础上明确指出了声誉模型,强调市场对代理人的约束作用,在竞争市场中代理人必将为自己的行为负责,代理人会为了维持良好声誉而努力工作;索洛(Solow,1979 年)和斯蒂格勒(Stiglitz,1984 年)则提出了工资激励模型,强调通过薪酬激励解决委托—代理问题,代理人工资的提高将提升代理人被解雇的机会成本进而促使其边际生产率提升,同时边际生产率提高将会增加委托人监督带来的边际收益,进而提升委托人的监督积极性,最终使代理人的行为趋向于委托人的目标。

二、投资者交易行为分析的四个维度

(一)资金来源结构

资金来源结构及特征决定不同类型机构投资者的目标函数。从来源结构来看,资金来源分为自有资金和外部资金。一般而言,自有资金的比例越高,投资行为将越趋谨慎,风险偏好相对较低。从资金期限来看,投资资金的期限长短在很大程度上会影响投资者的操作决策及投资偏好,在防止资金池运作,要求资管产品期限一一对应的背景下,投资资金的长短对投资行为的影响将更为显著。

(二)信息获取能力

信息获取能力决定了投资者在市场上的相对优势及市场博弈特征。信息不对称的客观存在以及信息获取能力的高低决定了不同投资者在市场中的相对地位,从投资者类型来看,专业投资机构由于专业研究能力相对更强,因此对信息的辨别和获取能力也相对占优;产业资本作为市场上信息的制造者与发布者,有天然的信息优势；比较而言，尽管互联网时代个人投资者接收的信息不断膨胀，但信息噪声太多，有效信息的获取能力仍相对受限。另外，信息不对称或不完全也影响了市场的博弈交易行为。一方面经济政策、监管政策和上市公司经营状况等外部信息直接影响投资者，市场参与者只能接受不能改变；另一方面信息不对称推动投资者之间由静态到动态博弈状态转变，获取信息渠道的不同与加工处理信息能力的差异使得资本市场上各类投资者产生信息不对称，占据信息优势的投资者（甚至是利用内幕信息操纵市场价格）与处于信息劣势的投资者之间存在明显的互动关系，从信息优势者率先采取行动（静态博弈）到信息劣势者滞后采取行动（动态博弈）过程中博弈行为贯穿始终。

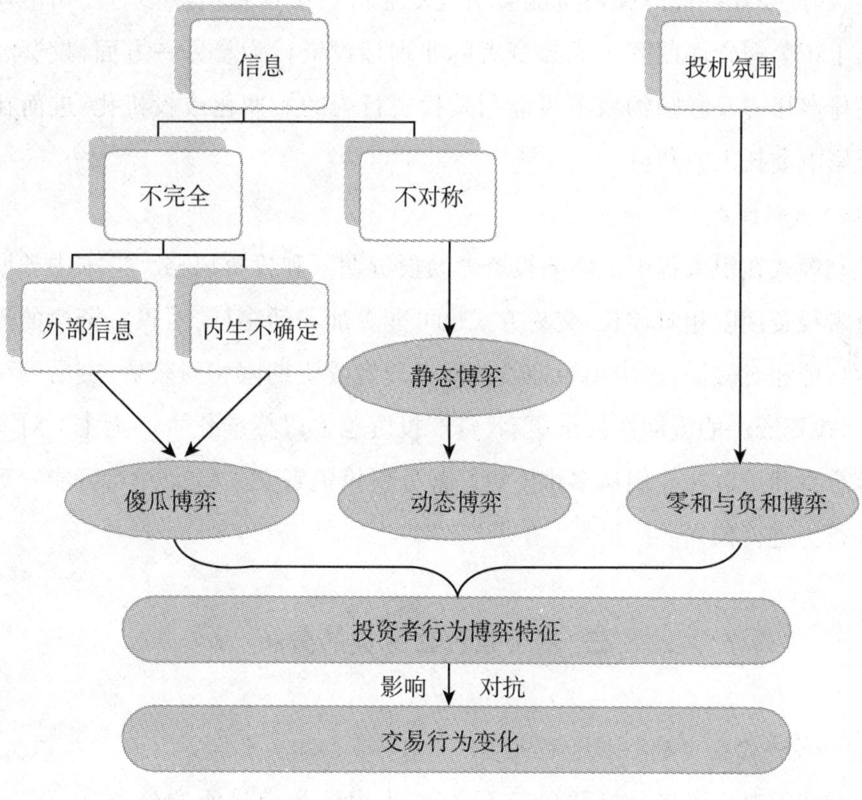

图1　信息获取能力影响投资者交易博弈行为

资料来源：申万宏源研究。

（三）委托—代理关系

委托—代理关系影响投资者交易行为的决策动机及基金委托人与代理人行为

目标的一致性。除个人投资者直接交易决策外,专业投资机构都存在委托—代理关系,如何使委托人与代理人的利益保持一致性是市场一直探索的焦点问题。公募及私募基金、保险机构、合格的境外投资者(QFII)等专业机构投资者由于具有相对信息优势成为中间代理人,在获得终极委托人(通常为个人投资者)资金后对上市公司进行股权投资获取投资收益,因此专业机构投资者在此投资关系中存在双重身份(中间代理人和中间委托人),双重委托—代理关系产生。不但如此,专业机构投资者和个人投资者对委托资金的剩余控制权与剩余索取权的"分离"使契约双方不可避免地出现利益冲突问题。一方面,投资经理存在道德风险行为,作为专业机构投资者人格化代表的投资经理业绩在衡量公司治理好坏的同时影响个人投资者收益,因此委托—代理关系可能会引发专业机构投资者消极参与公司治理行为甚至与上市公司合谋欺骗个人投资者的非理性投资行为。另一方面,投资经理在相应的排名压力及激励约束下可能引发投资行为的短期化或投机化,进而在很大程度上影响委托人的利益。

(四)盈利模式

盈利模式在很大程度上影响投资者的投资期限和投资风格。追求中长期收益的投资者投资期限相对较长,交易方式也可能更加灵活多样,对投资资产的流动性要求也可能相对较低;追求中短期收益的投资者投资期限相对较短,交易频率可能更高,对投资资产的流动性要求更高,资产投资也多以标准化资产为主。对盈利模式的综合判断可以让我们从多维度更好地分析投资者交易行为并对可能发生的一些交易行为进行预判。

三、基于投资者分类的分析

(一)投资者分类的依据和框架

当前我国对投资者分类的口径不一致,上海证券交易所的分类口径中一般法人的占比很高且一般法人里面投资者类型丰富,仅用单一口径难以有效反映投资者交易行为的实质;深圳证券交易所的分类口径中有详细的交易及持股市值数据,但并未按照投资者类型进行披露,这使我们在认识A股投资者时容易产生一种惯例性判断:A股是散户主导的市场。然而,近年来随着我国投资者类型的日渐丰富,简单把A股市场看成散户主导的市场显然已经不太合适。基于A股所有的账户交易数据，我们从投资者交易行为实质出发，对A股投资者结构进行了重新拆分。

个人投资者、境内专业投资机构、政府持股、产业资本及境外专业投资机构是A股市场最重要的五大类投资者。其中对个人投资者分类我们剔除了个人大股东，因为个人大股东的交易行为更接近产业资本，因此将其放在产业资本中；对境内专业投资机构持股中剔除了部分集团持股，如中国人寿集团持有中国人寿的股份，也将其放在产业资本中；对政府持股剔除了救市基金部分，更好地反映国资股权的变化。从投资者保护的角度出发，由于个人投资者一般处于相对信息弱势地位，是需要重点保护的对象，零售个人投资者的违法违规行为并不多（个人大户可能有操纵市场等违法行为），因此本研究不做重点分析；由于境外专业投资机构及政府持股的市值占比相对较小，本研究也不做重点分析；境内专业投资机构和产业资本是A股市场中最重要的博弈力量，其相对信息优势地位及委托—代理关系在一定程度上引发了违法违规行为，进而直接侵害了中小投资者的利益，是监管的重点，也是本研究重点研究的内容。在境内专业投资机构中，本研究拟重点分析公募基金、私募证券基金和私募股权基金三类重要机构，尽管当前保险机构在二级市场话语权日渐提升，但考虑到其内幕交易、趋势交易、操纵市场等行为与公私募基金相似，穿透监管下二级市场违规举牌等行为也受到相应约束，因此不对其展开分析；而信托、券商资管及券商自营等机构一方面持股市值不大，另一方面违规交易行为与公私募基金类似，因此本研究也不展开分析。

（二）境内外个人投资者交易行为存在较大差异

从交易行为来看，境内外投资者呈现三大显著差异。一是境内个人投资者直接参与比重高，境外成熟市场多委托给专业投资机构管理，这使以美国为代表的成熟市场专业投资机构持股市值占比接近40%。二是境内外个人持股的内涵差异较大，尽管数据显示中国个人投资者比重（含个人大股东）与美国个人及非营利机构持股市值占比均接近40%，但其内涵存在较大差异，境内个人投资者中仅12%为个人大股东，28%为散户投资者，而境外的个人持股基本表现为个人由于股权激励或初创企业所获得的股份，这使境内个人更注重短期的投资收益，境外的个人投资者更注重长期股权溢价。三是共同基金、养老基金和保险是国外三大支柱型投资机构，目前国内市场基本形成了公募、私募和保险三分天下的格局，机构资本势力的差异使我国专业投资机构的交易行为与境外市场存在较大差异,前者更注重规模及业绩之争,后者更注重持续盈利能力的培育。

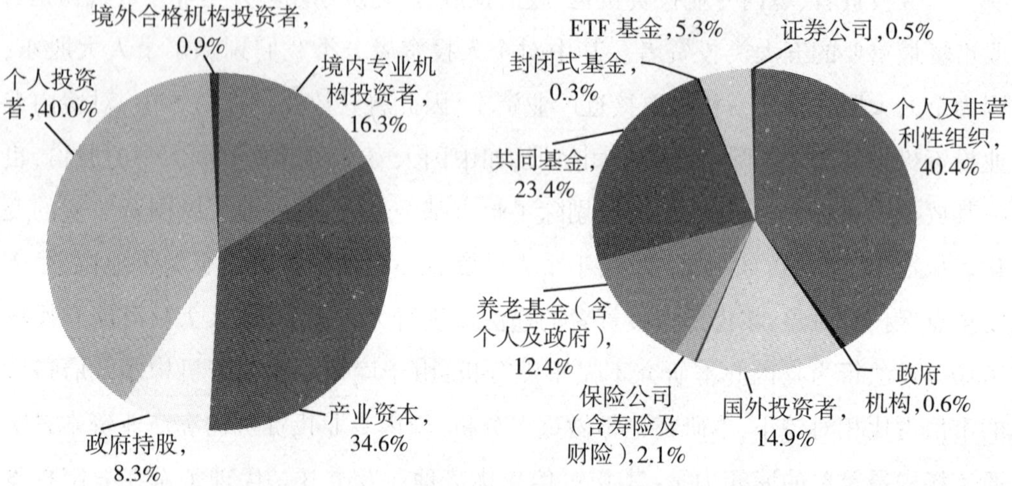

图2　境内投资者结构(左)与美国投资者结构(截至2016年年末)(右)存在较大差异

资料来源:Wind,SIFMA,申万宏源研究。

(三)未来投资者结构呈现三大变化趋势

一是个人投资者持股市值比重有望持续下降,针对个人投资者保护的压力有所放缓。从近年来各类投资者的持股市值比重变化来看,个人投资者持股市值比重与市场环境高度相关,但整体上呈现略微下滑趋势,随着未来我国专业投资者队伍进一步发展壮大,个人投资机构化的趋势将愈加显著。

二是个人投资者中的合格投资者规模不断成长壮大,投资者适当性管理成为重点。根据证监会颁布的《证券期货投资者适当性管理办法》,金融资产不低于500万元,或者最近3年个人年均收入不低于50万元的个人投资者可以认定为专业投资者。根据中证登公布的数据,截至2016年年底我国个人投资者中持股市值规模超过500万元的账户数量达到16.14万户,较2009年约5.5万户的数量呈现翻倍增长。值得特别注意的是,2012年以来我国持股市值规模1亿元以上的个人投资者账户数量快速增长,从2012年887个账户快速增长至2016年约4680个账户。按各类个人投资者的持股分类下限来计算并加总个人大股东持股市值这种最保守的估算方法,持股市值在500万元以上的专业个人投资者和大股东的持股市值至少有6万亿元,而如果按持股分类的中位数市值来估算的话,则在8.3万亿元的规模,对应的市值占比约为16%。随着个人合格投资者队伍的壮大,对个人投资者的保护更多表现为做好投资者适当性管理,重点保护中小投资者。

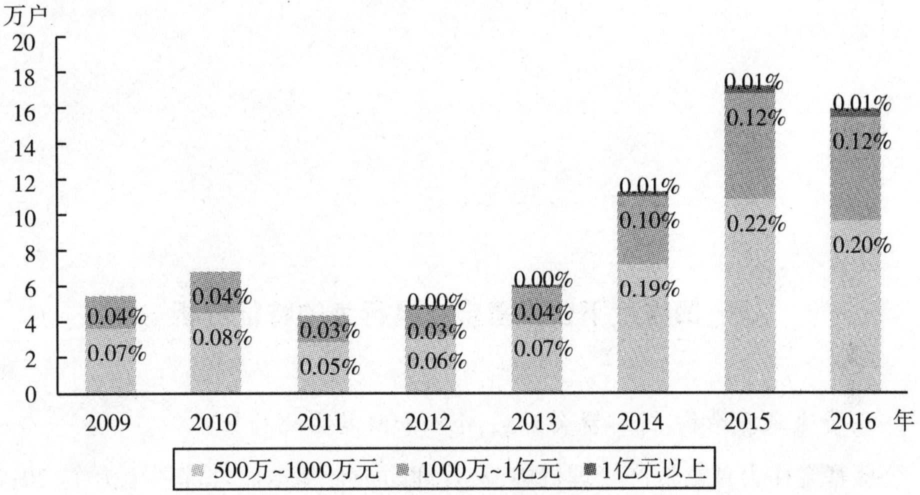

图3　个人合格投资者的账户数量及比重不断提升

资料来源:中证登,申万宏源研究。

三是在新资管格局下,各类资产管理机构将成为未来市场主导力量。随着资产管理业务统一监管,各类资产管理机构将在A股市场上享用同等市场主体地位,各类资产管理机构也将发展成A股市场上最重要的专业投资者,快速成长的私募机构、具备资金优势的保险及银行理财机构将成为市场新生主导力量,其交易行为将直接影响中小投资者的利益,对其交易行为的监管将成为未来监管的重点内容。

第二章 公募基金交易行为分析

一、四维度下公募基金交易行为的特征分析

(一)资金来源结构:外部资金为主,个人和机构占比均分

公募基金作为独立资产管理机构,其管理的资金基本以外部资金为主,2017 年公募基金自购规模约 23.4 亿元,占公募基金管理总规模的比重仅为万分之二。从客户结构来看,近年来公募基金资金来源结构呈现机构资金占比逐步提升,个人与机构资金基本均分的特征。根据基金业协会数据显示,2016 年个人和机构持有开放式基金规模分别为 3.47 万亿元和 4.72 万亿元,占比分别为 42.4% 和 57.6%;从过去 3 年的数据来看,机构资金占比从 2014 年不足 30% 的水平直线增长至 2016 年约 57.6% 的水平。预计未来随着我国资本市场成熟度的提升,公募基金资金来源

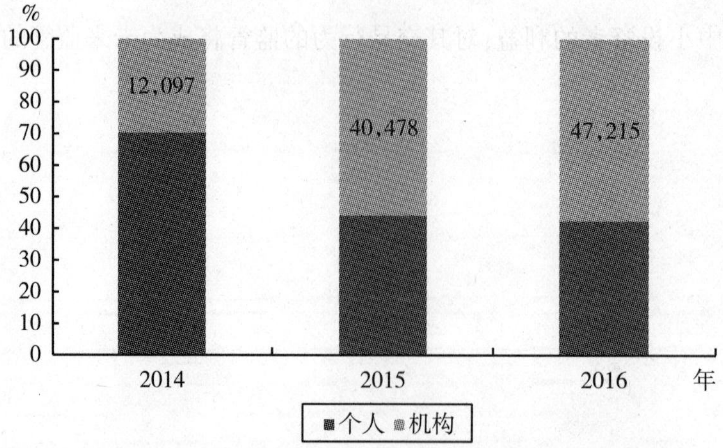

图 4 2014~2016 年个人和机构持有开放式基金的规模(单位:亿元)

资料来源:基金业协会,申万宏源研究。

中机构资金的占比有望进一步提升。

(二)信息获取能力:以公开信息为主,具备信息优势

公募基金的信息来源基本以公开信息为主,其信息渠道主要包括上市公司公开信息披露、上市公司调研、卖方研究报告以及基金持仓交易信息等。比较而言,公募基金具备一定的信息优势,其主要表现为:其一,公募基金是市场信息的收集者,目前公募基金作为国内最大的股票投资机构,有近80多家卖方研究所为其提供研究支持服务,能获得关于行业政策、产业信息及上市公司最丰富的资料信息。在研究换佣金的模式下,基金公司能获得最早、最全面的市场信息。其二,公募基金自身有优秀的投研团队,针对信息筛选及信息分析的专业能力较强。其三,公募基金作为投资机构拥有公司内部的基金持仓及交易信息,此种信息优势极容易被交易员或基金经理个人所用,进而利用信息不对称来谋利。

(三)委托—代理关系:双重委托—代理影响投资经理的交易决策

作为独立资产管理公司,公募基金存在双重委托—代理关系,一方面,表现为基金委托人与公募基金公司之间的委托—代理关系,基金投资者作为委托人希望在风险可控前提下实现基金净值的最大化,基金公司作为代理人期望获得更多的管理费收入,两者形成所有权的委托—代理关系。另一方面,表现为公募基金公司与投资经理之间的委托—代理关系,公募基金公司以实现更多管理费收入为目标,而投资经理作为受托人以实现个人利益化最大化为目标,两者之间形成经营权的委托—代理关系。在这种双重委托—代理关系下,尽管三者存在基金资产收益最大化的共同目标导向,但由于效用函数的不同,投资经理很可能出现基于自身利益最大化而非基金净值最大化的投资决策,如盲目追求业绩而忽略风险,进而形成非理性交易行为,如为博私利而作出损害投资者利益的交易行为等。此种委托—代理关系及公募基金内部的激励机制在很大程度上影响了投资经理的交易决策。

(四)盈利模式:大多为赚取相对收益的中短期投资者

基于双重委托—代理关系以及以业绩排名导向的激励机制,公募基金大多表现为赚取相对收益的中短期投资者。从激励机制来看,目前公募基金多采取年度业绩排名导向的考核机制,这使公募基金的投资行为呈现中短期性和赚取相对收益为主的特征:一方面,业绩排名导向的激励机制使公募基金以赚取相对收益为主且跟风投资日渐显著。以2017年白酒行业为例,2017年白酒股票的快速上涨引发

了公募基金的跟风投资,2017 年年初仅消费主导型的投资经理配置了白酒股,但到 2017 年第三季度末,共有 37 只基金重仓股中至少配置了 5 只白酒股,其中银华富裕主题、农银汇理行业领先两只基金分别在重仓股中配置了 9 只、7 只白酒股,基于业绩排名压力,很多投资经理被动加大了对白酒股的配置。另一方面,年度或半年度的考核周期使得公募基金投资期限相对较短且季节性持股特征突出。从公募基金持股市值的相对占比来看,第二季度和第四季度是公募基金持股市值的高点,这在一定程度上使资本市场在年中和年末出现了"躁动行情",也使在 2015 ~ 2016 年的第一、三季度公募基金持股市值占比出现了低于保险持股市值占比的情况。

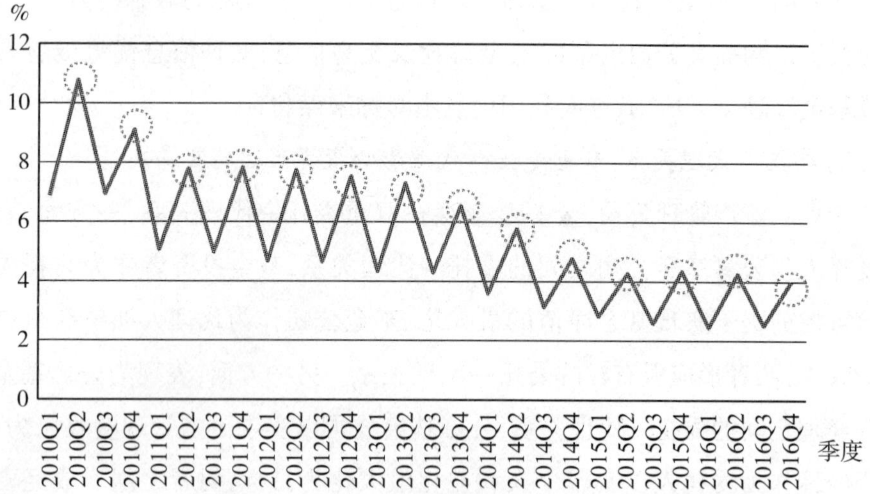

图 5　2010 ~ 2016 年公募基金持股市值占比呈现明显季节性特征

资料来源:Wind,申万宏源研究。

二、公募基金容易产生的侵害中小投资者权益的交易行为

(一)公募投资经理利用非公开信息交易获利

公募投资经理利用非公开信息,借助"老鼠仓"等方式交易获利是最常见的违规交易行为。产生此种违规交易行为的客观原因主要在于:一是公募投资经理是市场交易的信息优势方,在基金持仓以及基金投资决策上具备信息优势。二是基金公司内部控制相对欠缺,缺乏对投资经理的有效约束。三是在过去数字信息技术还不够发达的情况下,利用他人账户操作被发现的概率并不高,这在很大程度上

助长了公募投资经理的违法违规交易之风。

公募投资经理利用非公开信息交易获利的行为通常具备以下几个关键特征：一是借助他人账户，他人一般为家属、朋友、同学或远房亲戚，但实际资金来源为本人资金或家庭资金。二是借助口述或其他暗语等形式来间接操纵账户，即投资经理将非公开信息或交易指令透露给第三方，由其按照相关指令进行操作。三是买卖股票的标的多为投资经理本人交易的标的或所在基金公司的重仓股，在2012年之前投资经理的操纵标的多为本人管理投资组合的标的，近年来随着监管趋严，基金经理之间的合谋交易方式也愈加复杂，同一公司不同基金经理之间信息合谋以及不同公司基金经理之间的信息合谋和交叉交易也日渐增多。四是在操作时点上，多为先于或同期于投资经理管理的基金账户操作，近年来随着监管趋严，也出现了部分稍晚于投资经理管理的基金账户操作的行为。另外，交易是否获利以及交易资金的多寡不是判定非公开信息交易的关键要素。

以2017年1月9日证监会罚处的银华基金经理郭某某为案例，本研究对公募投资经理利用非公开信息交易获利进行详细分析。首先从账户关联度来看，银华基金经理郭某某借用的是杨某和张某的账户，其中杨某与郭某某无实质关联，张某系郭某某的同学兼好朋友；其次从资金来源其流向来看，杨某账户资金源于张某及郭某某家庭，其中郭某某家庭是最重要的资金来源，且后续郭某某能实际控制杨某的资金账户；再次从买卖标的来看，杨某账户累计交易股票19只，其中“一汽轿车”“神州泰岳”等13只股票与郭某某管理投资组合持仓股票相同，这13只股票累计交易成交约4094万元，交易金额占比63.13%，交易盈利246万元，张某账户累计买入股票19只，其中有“格力电器”“三聚环保”等9只标的与郭某某管理投资组合投资标的相同，累计成交金额349万元，交易盈利27.8万元；最后从交易时点来看，杨某和张某均先于或同期于郭某某管理投资组合的操作，在操作时点上，投资经理实际控制的个人账户与管理的投资组合账户操作时间相差0～7天不等，构成明显的利用非公开信息交易牟利行为。

信息获取能力强及委托—代理关系是引致公募投资经理“老鼠仓”交易的主要原因。公募投资经理具备的天然信息优势，在基金公司内部控制相对不足、外部监管稽查难度相对较大以及委托—代理关系下，投资经理追求个人利益最大化等因素下，“老鼠仓”交易成为公募投资经理最常见、最易发生的违法违规行为。这其中有投资经理个人职业操守不高的原因,也与特定的机制设计和信息管理环境高度相关。

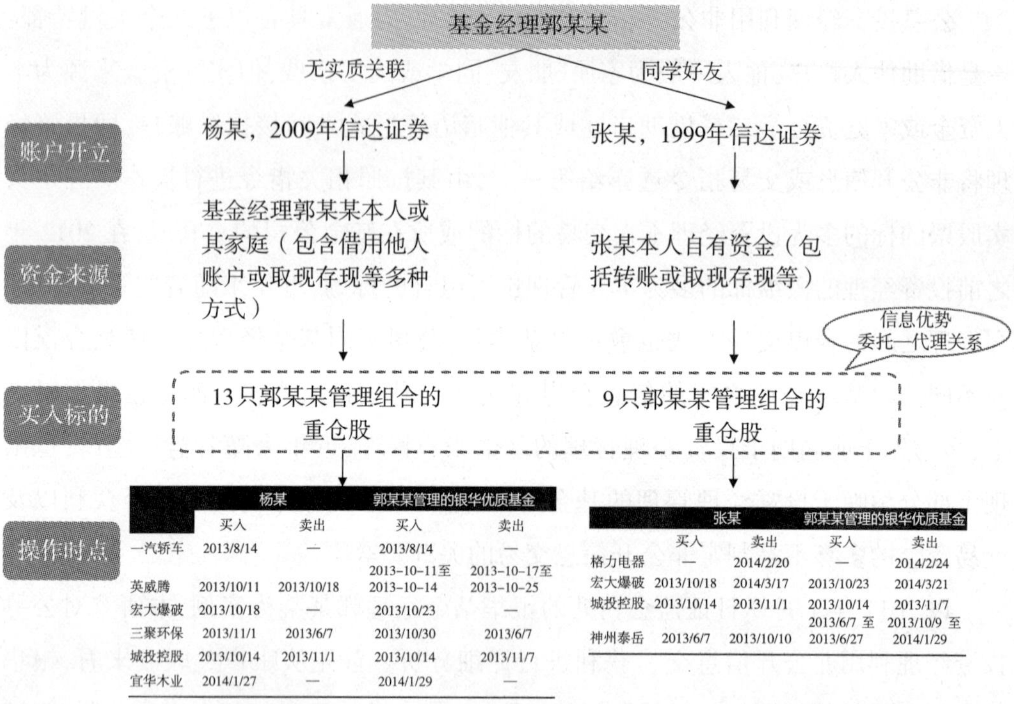

图6　银华基金经理郭建兴利用非公开信息交易的关键要素分析

资料来源:证监会,申万宏源研究。

2009年以来,证监会相继对10多位公募投资经理利用非公开信息进行"老鼠仓"交易行为进行立案调查和惩罚,其中影响较大的如原交银施罗德投资总监李某某、原博时基金经理马某、原汇添富基金经理苏某以及银华基金经理郭某某等。从处罚程度来看,2017年之前针对非公开信息违规交易基本是罚没全部非法收入所得,2017年以来监管处罚措施日趋严厉,呈现"没一罚三"的特征,即没收全部非法收入所得,并处以3倍的罚款。

表1　利用非公开信息进行违规交易,"老鼠仓"案件频发

处罚公布日期	事件	处罚金额
2009/6/19	2007年至2009年2月,张某在担任融通基金的基金经理期间,利用职务便利获取融通基金的基金投资与研究信息,并操作他人控制的"周蔷"账户,采取先于融通基金旗下的有关基金买入或卖出同一股票的交易方式,为"周蔷"账户实现盈利939.8万元,收取朱某某感谢费200万元	400万元

续表

处罚公布日期	事件	处罚金额
2011/12/28	2006 年 7 月至 2010 年 4 月，许某某在任职光大保德信期间，利用职务便利及所掌握的基金投资决策未公开信息，亲自或通过 MSN 通信、电话等方式指令张某操作华泰证券上海康定路营业部史某、王某等 2 个证券账户先于或同步于自己管理的基金买入或卖出相同股票	210 万元
2013/10/29	2009 年 2 月 28 日至 2009 年 5 月 20 日，原交银施罗德基金管理有限公司投资总监李某某在公募基金任职期间，操盘买入工商银行、建设银行，累计买入金额约 5226.4 万元，获利总额约为 1071.6 万元	1800 万元
2014/3/24	2011 年 3 月 9 日至 2013 年 5 月 30 日，博时基金明星基金经理马某，在任期间先于、同期或稍晚于其管理的“博时精选”基金账户买入相同股票 76 只，累计成交金额高达 10.5 亿余元，从中非法获利 1883 万余元	1913 万元
2014/7/16	苏某在汇添富基金担任基金经理的职业敏感期内，操作其堂弟和堂弟媳证券账户，先于、同期或滞后于其所管理的汇添富均衡增长股票基金、汇添富蓝筹稳健混合基金，买卖领先科技等 130 多只股票，合计 4800 多万股，交易金额 7.33 亿元，非法获利 3652.58 万元	3700 万元
2014/10/22	2009 年 2 月 18 日起，原光大保德信基金公司基金经理钱钧钱钧利用表兄弟的账户，先于、同期或晚于其管理的基金买入，对包括航天电器等 135 只股票进行买卖操作，交易金额 1.22 亿余元，非法获利 140.1692 万元	160 万元
2015/1/28	2009 年 6 月至 2010 年 9 月，郝某在担任农银汇理平衡双利基金和农银汇理中小盘基金的基金经理期间，利用职务便利，获取上述两只基金的股票交易情况等未公开信息，利用他人股票账户先于或同期于两只基金买卖 30 多只股票，累计买入交易金额逾 3.13 亿元，获利 762 万余元	762 万元
2015/2/4	2009 年 12 月至 2013 年 11 月，欧某某在嘉实基金与上投摩根担任基金经理期间利用未公开信息，通过其控制的岳父、岳母的证券账户，与其直接或参与管理的基金趋同交易买卖国药一致、康美药业等 61 只股票，累计趋同成交金额 1.04 亿元，获利 289.21 万元	289 万元
2016/6/1	2005 年至 2011 年，原任易方达积极成长基金经理陈某某先后控制了至少 5 个账户，先于或同步于易方达积极成长基金买入或卖出股票，买卖股票数量达 87 只、成交金额达 18.84 亿元、非法获利数额达 2826.06 万元	2830 万元

续表

处罚公布日期	事件	处罚金额
2016/8/24	2010年至2014年,时任中邮核心优选基金经理厉某某利用因职务便利获取的内幕信息以外的其他未公开信息,使用其控制的多个证券账户进行趋同交易,交易金额累计高达9.1亿元,累计趋同交易获利约为1682万元	1700万元
2017/1/9	2011~2017年郭某某担任银华基金经理期间,利用杨某、张某等账户,利用未公开信息从事相关交易活动获利,在2013年6月1日至2015年9月8日,共计盈利2,739,455.73元,没收郭某某、张某违法所得2,739,455.73元,并对郭某某、张某处以8,218,367.19元的罚款	1092万元
2017/10/23	2009年10月至2012年2月,李某担任建信基金管理有限责任公基金经理,负责管理"建信优选成长基金"账户而掌握有关投资决策、交易等方面信息,使用其实际控制的"左李"证券账户,先于或同期于基金账户买入或卖出相同股票103只,买入金额共计人民币8067万余元,卖出金额共计3841万余元,获利金额共计18万余元	50万元

资料来源:中国证监会,申万宏源研究。

(二)公募投资经理与券商分析师合谋交易

在"研究换佣金"的盈利模式下,券商研究所与基金公司或公募投资经理之间形成一种买方与卖方的关系,公募投资经理在信息获取上的优势、追求个人利益最大化的目标导向以及考核相对收益排名的激励机制在很大程度上推动了公募投资经理与券商分析师之间的合谋交易。此种交易方式通常表现为:首先,公募投资经理与券商分析师共同调研上市公司,获得相应的信息优势。其次,券商分析师发布看好该上市公司的研究报告,助推市场气氛,在此之前,公募投资经理基于个人利益最大化已经建仓或者体外的"老鼠仓"已经建仓。最后,随着券商研究报告的持续"鼓吹",股价进入上升阶段,公募投资经理卖出获益。

近年来随着监管从严,公募投资经理与券商分析师之间的合谋交易逐步演变成公募投资经理、券商分析师与上市公司之间的合谋交易。上市公司有做大市值的利益诉求,配合发布相关公告和利好消息;券商分析师尤其是明星分析师借助其市场影响力配合出相应的研究报告进行鼓吹或助推;公募投资经理利用信息优势在利好公告和研究报告发布前建仓买入,在股价大幅上涨后逐步卖出,在此过程中上市公司实现了做大市值、做高估值的目标,券商分析师通过派点或新财富评比等方式来提升“身价”，公募投资经理获得业绩排名优势或体外“老鼠仓”交易获利。

重庆啤酒和安硕信息的案例就是公募投资经理与券商分析师及上市公司之间合谋交易的最好说明。从侧重点来看，安硕信息的案例更加侧重上市公司的信息披露，本研究放在后面进行深度分析，在此以重庆啤酒为例进行案例分析。尽管证监会未对重庆啤酒案中券商分析师与公募投资经理的合谋交易进行直接认定或处罚，但从重庆啤酒的历史股价波动来看，两者之间存在较大的相互配合的嫌疑。2009 年 8 月 20 日至 2011 年 11 月 24 日（重庆啤酒股价创历史新高的前一天），兴业证券分析师累计发布 29 篇研究报告进行强烈推荐；在此期间上市公司就“治疗用（合成肽）乙型肝炎疫苗”发布 20 次公告，披露疫苗研究进度；更为重要的是，借助 2011 年第三季度，共有 20 只基金持有重庆啤酒，持股总数为 4937 万股，其中大成基金 9 只基金共持有 4495 万股重庆啤酒，占其流通市值的 9.3%，在此过程中，公募投资经理具备明显的信息优势，公募投资经理与券商分析师、上市公司的合谋交易的迹象明显，在很大程度上损害了中小投资者利益。

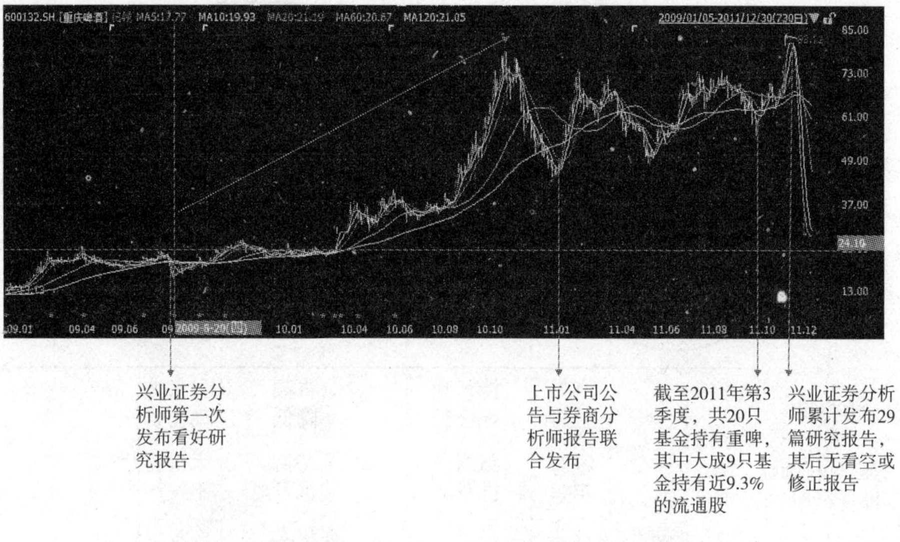

图 7　助推重庆啤酒异常波动中的券商分析师与公募投资经理合谋行为

资料来源：Wind，申万宏源研究。

值得关注的是，近年来随着私募基金的快速发展，公募投资经理与券商分析师之间的合谋交易获利方式也呈现出新变化。在上市公司、公募投资经理、券商分析师三者合谋的基础上，为了最大化地实现个人利益，公募投资经理与券商分析师在体外成立或实际控制一家私募基金管理公司,在利好公告和研究报告发布前,利用信息优势在私募基金完成建仓;随后,上市公司发布利好公告,券商分析师发布看好研究报告,公募基金经理管理的投资组合开始逐步建仓;后续上市公司配合不断发布利好公告,市场其他资金开始大幅进入,股价进入快速上升阶段;在达到预期收益率时,券商分析师再次发布看好的深度研究报告,鼓吹其他机构或中小投资者买入,与此同时,体外的私募基金开始逐步卖出;在体外私募基金清仓后,公募投资经理管理的投资组合开始逐步卖出,随后股价进入快速下行阶段。由于在此操作过程中,公募投资经理与券商分析师对上市公司股价的把控能力相对较强,因此体外私募基金都会加杠杆或以 15% ~20% 的固定利息去筹资,进而最大限度地放大投资收益。在此过程中,可能会对公募投资经理的业绩排名产生一定的负面影响,但公募投资经理可以通过仓位控制或其他标的投资来降低此影响,更为重要的是,公募投资经理在体外私募基金投资中获取巨额收益。

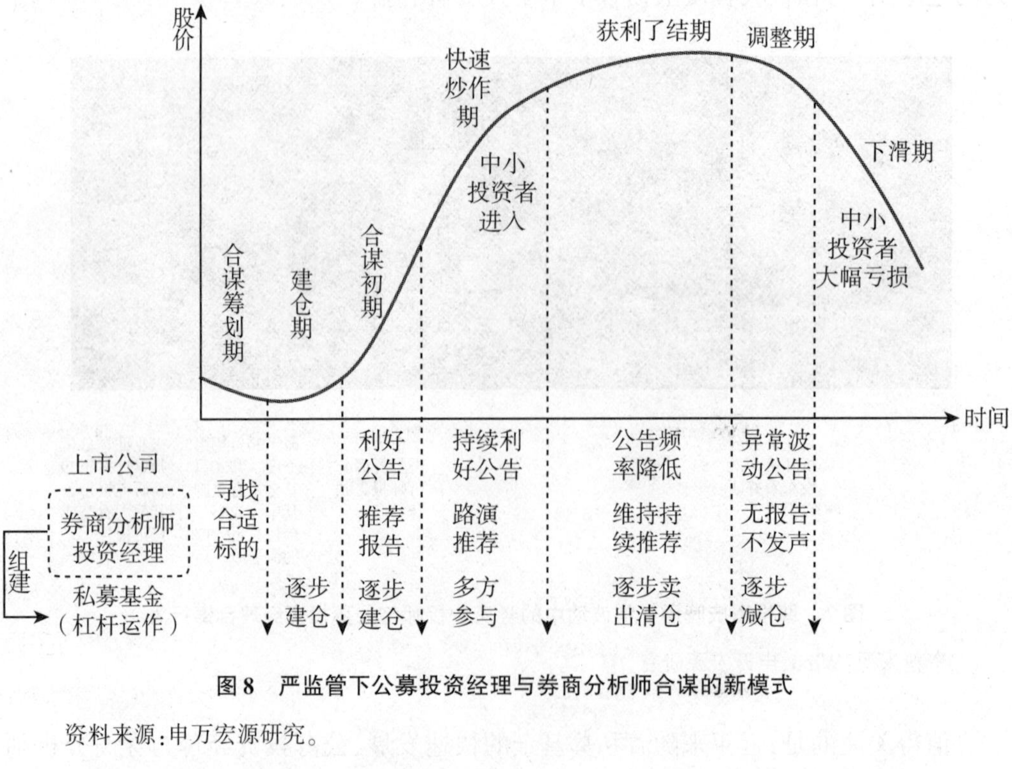

图 8　严监管下公募投资经理与券商分析师合谋的新模式

资料来源:申万宏源研究。

(三)公募投资经理之间联手操纵市场

公募投资经理之间联手“合谋坐庄”或操纵市场是比较常见的另一类违法违规

行为。但由于相关操纵市场行为在多数情况下还涉及上市公司或券商分析师,因此在案件认定或举证上都存在较大难度,目前证监会针对此类交易行为的处罚案例并不多;但从部分股票的波动来看,公募投资经理合谋操纵的嫌疑较大,市场对投资经理"抱团交易"等行为也有所耳闻。此类交易行为产生的根源还是在于公募投资经理具备的信息优势,以及委托—代理关系下投资经理追求个人利益最大化或追求相对业绩排名的动力。此类交易行为一般具备以下三个特征:一是操纵标的多为创业板或中小板股票标的,因为其市值规模相对较小,可炒作的概念主题较多;二是交易行为多表现为多家基金公司集中持有该股票标的,其中可能会出现某家基金公司的多个基金产品都持有该股票标的,信息合谋和信息优势特征突出;三是标的股价常呈现大幅异常波动,且基金组合的交易时点与异常波动时间之间存在较强的相关性。

三、公募基金交易行为的监管重点及建议

(一)以资金监控为核心来强化投资经理实际控制账户的监管

从近年来公募投资经理利用非公开信息交易获利的行为来看,其呈现三大变化:其一,违规行为更加隐蔽化,在实际控制账户选择上倾向于选择远房亲戚或无直接关联的他人账户,较之前直接利用家人或亲属账户操作的方式更加间接或隐蔽。其二,违规行为被发现的难度更高,如在银华基金郭某某案例中,其实际控制的账户除买卖本人管理组合的重仓股之外,也同时买卖其他股票标的,进而达到"混淆视听"的效果,且利用非公开信息交易股票的规模占比也下降至65%左右,较之前完全顺方向、同操作的"老鼠仓"交易显得更加合理化,但从交易数据分析来定案的难度加大。其三,违规行为的操作时点更加分散化,除同期买入、提前卖出外,部分投资经理实际控制账户还会出现同期买入、略后期卖出或后期买入、同期卖出等行为,投资经理也会将管理投资组合的操作时间拉长,进而增加操作时点判断的难度。

综合来看,资金监控是监管公募投资经理利用非公开信息交易获利的关键所在。尽管现在资金划转方式更加多元化,如借用无关联的第三方账户划转或通过取现、存现等不留痕方式划转,但资金监控仍然是核心所在。监管的重点在于:一

是投资经理是否对资金有实质控制权,能够自由支配资金的使用;二是在央行统一账户管理的情况下,借助资金账户交易行为的跟踪分析来判断资金流向;三是在比特币等去中心化数字货币日渐兴起的背景下,监管部门对资金账户的监管还要考虑借助比特币、以太坊等虚拟数字货币洗钱的方式。

(二)切断买方与卖方之间利益关系,提升行业研究的独立性

券商分析师与公募投资经理及上市公司之间的合谋交易在很大程度上是因为其具备一致的利益诉求,切断其利益链条是防范或打击此类违法交易行为的根本所在。由于本研究后文有针对上市公司交易行为的深度分析,在此仅论述券商分析师与公募投资经理之间的利益关系。建议从以下三方面切断买方与卖方之间的利益输送,提升研究的独立性和专业性:一是取消或者限制新财富等分析师评选机制,打断券商分析师与公募投资经理之间直接的利益关系,可借鉴或参考境外Ⅱ评比机制,将评选范围扩大至全球机构,弱化两者之间的利益合谋。二是证券研究机构应规范研究报告发布及路演标准,确保研究报告的同步性、一致性和专业性,严厉惩罚对部分投资者提前发布消息的行为,规范微信或新媒体的内容传播。三是借鉴欧洲 MiFID Ⅱ法案的经验,证券研究机构改变“研究换佣金”的盈利模式,将交易佣金与研究付费分开,公募基金等机构购买研究服务需要单独付费,改变当前券商分析师“新财富+派点”主导的收入结构,鼓励证券研究机构提升研究的独立性和专业性,因为只有专业的机构才能够存活。

(三)规范基金公司内部控制及激励考核制度

公募基金容易产生的几类违法违规交易行为与基金公司内部控制及信息隔离等都高度相关。一方面,监管层需要加大对基金公司内部控制和风险管理的监管,重拳打击“老鼠仓”、合谋交易及操纵市场等违法交易行为,维持市场“三公”秩序;另一方面,基金公司自身也需要不断强化内部控制体系:一是做好公募投资经理的信息全监测,尤其是强化对公募投资经理实际控制资金账户的监测;二是对投资标的筛选有严格标准,对投资组合标的及交易行为有严格的信息隔离制度,做好内部防火墙管理;三是进一步完善对公募投资经理的激励机制,弱化短期业绩排名,强化中长期考核及业绩稳定性考核,防止公募基金投资短期化、散户化,引导公募基金向价值投资转变;探索员工持股或超额收益分成等机制,弱化委托—代理关系,实现公募投资经理与公募基金、基金持有人之间的利益一致性。

第三章　私募证券基金交易行为分析

一、四维度下私募证券基金交易行为的特征分析

(一)资金来源结构:以外部自然人和机构资金为主

与公募基金相比,私募证券基金的资金来源结构更加多元化,整体上呈现以外部自然人和机构资金为主,以员工及管理人跟投为辅的特征。根据基金业协会数据显示,2016 年私募证券基金的投资者主要包含自然人、投资基金计划或机构、工商企业、管理人及员工跟投以及其他投资者,出资比例分别为 37%、34%、12%、3.3%及 13%。

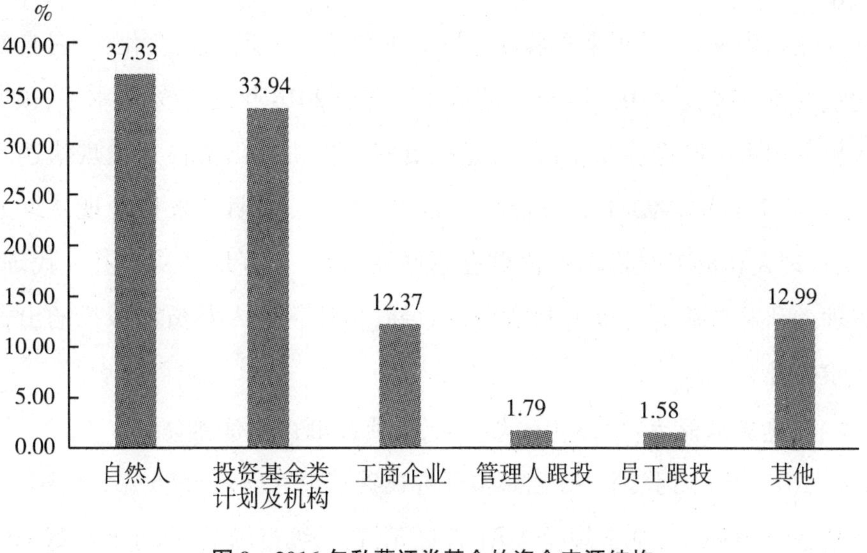

图 9　2016 年私募证券基金的资金来源结构

资料来源:基金业协会,申万宏源研究。

从不同私募证券基金的类型来看,FOF、股票类基金、衍生品基金中自然人出资比例相对较高,超过40%;货币类基金、债券类基金中自然人的出资比例最低。从整体来看,二级市场权益类基金中自然人的出资比例相对较高,是最重要的投资者之一;但在ABS、债券及货币类基金中,外部投资计划或机构的出资比例较高。

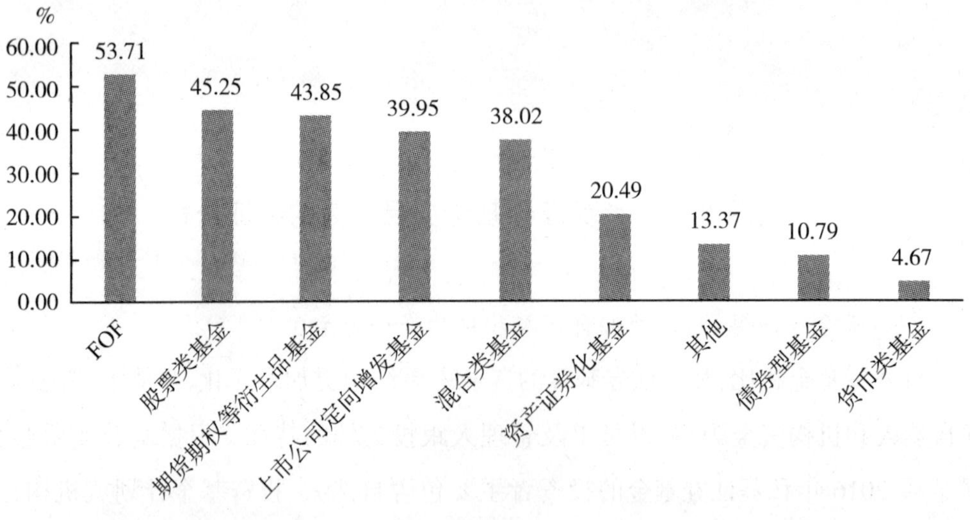

图10　2016年不同类型私募证券基金中自然人出资比例

资料来源:基金业协会,申万宏源研究。

从变化趋势来看,近年来私募证券资金来源结构呈现三点变化:一是自然人投资者比重有所下降,从2015年55%的占比下滑至2016年约37%的水平,预期未来自然人出资比重可能进一步下降;二是投资基金类机构出资占比呈现快速上升趋势,这主要源于FOF、MOM等组合类产品的大发展,预期未来将呈现持续上升态势;三是管理人和员工跟投出资比例有所增加,为了更好地解决委托—代理问题,实现管理人利益与基金持有人利益的一致性,预计管理人及员工跟投的出资比例将进一步提升。

(二)信息获取能力:以公开信息为主,可能接触内幕信息

截至2018年1月我国已登记私募证券投资基金管理人8575家,已备案私募证券投资基金35,189只,基金规模2.61万亿元,在二级市场上,私募证券基金的投资规模已经与公募基金规模旗鼓相当。私募证券基金作为市场上重要的机构投资者之一,获取信息以公开信息为主,但可能接触内幕信息或非公开信息,具备一定的

信息获取优势。私募证券基金可能接触的非公开信息主要包括以下三类:一是上市公司的非公开信息。私募证券基金作为市场上话语权较大的投资者,在与券商分析师和上市公司接触时可能获取非公开信息。二是同一实际控制人下的私募股权投资及并购重组等非公开信息。当前同一实际控制人同时拥有私募股权基金和私募证券基金的情况较常见,私募股权基金获得非公开信息极容易传导给私募证券基金。三是不同私募证券基金或私募证券基金与其他机构投资者之间的交易信息。在合谋交易模式下,私募证券基金可能获得其他机构的交易信息等非公开信息,进而实现合谋交易或操纵市场。

(三)委托—代理关系:借助超额收益分成机制来弱化代理人影响

与公募基金相同,私募证券投资基金也存在双重委托—代理关系,但借助管理人跟投及超额业绩提成等机制,私募证券基金弱化了代理人因素影响。一方面,近年来管理人及员工跟投的出资比例逐步上升,跟投机制在一定程度上实现了管理人利益与私募基金持有人利益的一致性,但此种约束机制的有效性也受到跟投比例的影响。另一方面,借助超额业绩提成及配套的激励机制,在一定程度上实现了管理人利益、私募基金公司利益与私募基金持有人利益的一致,当前私募证券基金一般对超额收益部分收取25%～30%的业绩提成,对于主动管理能力较强的私募证券基金,超额业绩提成是其主要的收入来源,超额业绩提成也成为激励私募投资经理最重要的奖金池来源,此种机制安排在很大程度上弱化了委托—代理关系。但在现实中,私募投资经理“老鼠仓”等违规交易行为仍时有发生。

(四)盈利模式:整体上是追求绝对收益的中长期投资者

基于资金来源的中长期性以及超额业绩提成等激励机制影响,私募证券投资基金整体上表现为追求绝对收益的中长期投资者。借助超额业绩提成等机制设计使其更注重绝对收益,在弱化年度业绩排名的情况下,私募证券基金的投资考核期限相对较长,这使私募证券基金投资期限相对较长。值得补充说明的是,不同私募证券基金的投资风格存在较大差异,部分私募证券基金专攻技术面交易,交易换手可能更加频繁,交易短期化;部分私募证券基金专攻价值投资,持仓时间相对较长,交易更加中长期化。但从私募证券基金管理机构的考核激励机制来看,其在整体上呈现更注重绝对收益、更注重中长期收益的基本特征。

二、私募证券基金可能发生的侵害中小投资者权益的交易行为

与公募投资基金相同,私募证券基金也可能产生"老鼠仓"、与券商分析师合谋交易以及私募投资经理抱团"坐庄"等侵害中小投资者权益的违规交易行为,考虑到其操作方式在很大程度上与公募投资基金基本相似,因此针对此类违法违规交易行为不再做深入分析。除此之外,私募证券基金还可能发生内幕交易、操纵市场及乌龙指程序化交易等侵害中小投资者权益的交易行为。

(一)私募证券基金利用内幕消息交易获利

私募证券基金作为信息获取的优势方,有机会获得内幕信息,利用内幕信息交易获利是私募证券基金常见的违法交易行为之一。私募证券基金的内幕交易行为通常具备三个基本特征:其一,私募证券基金作为投资咨询机构或其他参与方获得了内幕信息的知情权。其二,在内幕信息敏感期私募证券基金的负责人或投资经理利用内幕信息,在其管理的投资组合或其提供投资顾问的投资组合上进行相应的买入操作。其三,在内幕消息敏感期结束后,卖出相应股票标的交易获利,交易时点与内幕信息的获取之间存在高相关性。

近年来证监会加大对私募证券基金内幕交易行为的惩罚力度,先后对深圳金中和及广州穗富投资内幕交易进行处罚,本文以此作为案例分析。2015年7月13日证监会对深圳市金中和投资管理有限公司及曾某作出行政处罚决定,相应的内幕交易过程如下:一是内幕信息形成阶段,2012年5月3日青岛市恒顺电气股份有限公司(以下简称恒顺电气)董事长贾某某决定收购印度尼西亚的煤矿,10月29日恒顺电气与印度尼西亚东加煤矿代表方谈判确定了煤矿价格,11月9日双方签署了合同;11月10日恒顺电气召开董事会会议,通过了收购东加煤矿项目的决议;11月12日恒顺电气公告收购印度尼西亚东加煤矿项目,贾某某等人为恒顺电气收购印度尼西亚相关煤矿的知情人。二是内幕信息的获取阶段,深圳金中和投资的CEO及投资总监曾军向贾某某提供投资建议且在2012年7月4日出席了恒顺电气讨论投资煤矿进度问题的会议,获取相应内幕消息。三是利用内幕信息交易获利阶段,曾军作为中和西鼎信托计划和富锦6号信托计划的投资经理在内幕信息未公告前累计买入恒顺电气近46万股,部分股份在内幕消息公告后卖出获利。

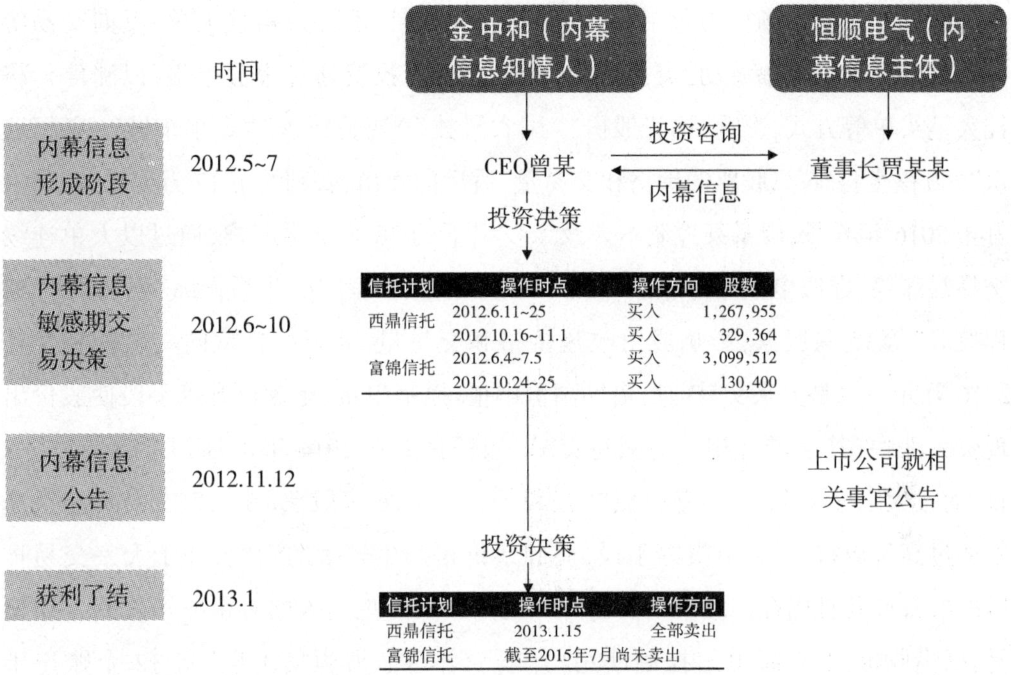

图 11　金中和内幕交易案例分析

资料来源：证监会，申万宏源研究。

2017 年 11 月 10 日证监会对广州穗富投资内幕交易作出行政处罚。广州穗富投资是深圳中国农大科技股份有限公司（国农科技）拟非公开发行方案的提案方，作为内幕信息的知情者，广州穗富投资董事长兼投资总监易向某、股东周某某在内幕信息敏感期做出投资决策，由穗富投资担任投资顾问的“金鹰基金—光大银行—金鹰穗富 6 号资产管理计划”等 4 个资产管理计划账户买入国农科技，共获利约 333.4 万元。证监会决定没收违法所得 333.4 万元，并处以 333.4 万元的罚款，对直接负责人易向某、周某某给予警告并分别处以 10 万元罚款。

（二）私募证券基金操纵市场的交易行为

近年来，随着私募证券基金机构的快速发展，相应机构操纵市场等违规交易行为也层出不穷。私募证券基金操纵市场的交易行为主要源于其信息获取能力较强，此种信息更多表现为交易信息，较强的交易信息优势，外加对高频交易、程序化交易、连续交易及反向交易等行为的监管相对较弱，引发部分私募证券基金操纵市场行为，这在很大程度上影响了中小投资者合法权益。

2015 年以来证监会对近 10 起私募证券基金操纵市场行为作出处罚，私募证券基金常见的操纵市场行为包括:一是借助连续交易、涨停价格挂大单、反向交易等方式来引发股价大幅波动,交易套利,如广州穗富投资通过虚假申报、以涨停价格挂大笔买单等方式,影响"国光股份""国农科技""鸿特精密""金宇车城""科恒股份""万福生科"6只股票的价格和交易量,后反向卖出,获利约1017万元;2014年1月至2016年6月,廖某某控制本人及亲友名下的28个证券账户,通过以大单连续交易封涨停、虚假申报并封涨停、盘中拉抬并封涨停等手法,先后操纵"桐君阁""通程控股"等15只股票,影响股票收盘价格和交易量,并于次日反向卖出获利共计2716万元。二是大宗交易前后借助高价申报、撤销申报、尾盘拉升等手段使股价出现较大涨幅,其后进行相应的减持交易,如任良成在2014年4月21日至12月8日,通过大宗交易买入"隆基机械""三维通信"等16只股票,在大宗交易日前后盘中通过高价申报、撤销申报等手段,使股票价格产生较大的涨幅,并于大宗交易日后的次日或几日内在二级市场卖出。三是同一实际控制人的多个账户之间合谋交易,操纵股价,如东海恒信控制使用"千石资本—东海恒信1期"等12个账户于2015年6月18日至7月30日,在实际控制的账户之间进行180ETF交易,影响180ETF交易量,变相进行180ETF与相应成分股日内回转交易套利,非法获利1.84亿元。四是借助"快进快出"手法操纵小市值股票,2016年第二季度以来,"福达股份"等小市值概念股出现连续多日放量上涨后断崖式下跌的异常走势。根据交易所监控线索,查明马某某、曹某等人控制使用38个江浙闽地区的个人及资管计划账户,动用2.9亿元资金,底部吸筹、边建仓边拉升,于2016年7月5日至18日操纵"福达股份"股票,引诱不明真相的投资者跟风买入,在拉出3~5个涨停后大规模出货,获利2289万元。其操纵行为造成个股暴涨暴跌,严重影响市场秩序,2017年5月证监会对马某某、曹某等人作出行政处罚。

表2 2015~2017年证监会对部分私募证券基金操纵市场行为的处罚

时间	操纵市场案例	相应处罚
2015.9.18	东海恒信控制使用"千石资本—东海恒信1期"等12个账户于2015年6月18日至7月30日,在自己实际控制的账户之间进行180ETF交易,影响180ETF交易量,变相进行180ETF与相应成分股日内回转交易套利,非法获利184,291,170.59元	没收东海恒信违法所得184,291,170.59元,并处以552,873,511.77元罚款,对东海恒信法定代表人、总经理史某给予警告,并处以60万元罚款,对东海恒信副总经理陈某某给予警告,并处以30万元罚款

续表

时间	操纵市场案例	相应处罚
2015.12.11	2013年10月至2014年3月，涂某某、王某某、薛某某、周某、郭某某五人，以深圳市元成资产管理有限公司名义招揽理财客户，以涂某某为主导，使用“蒋某军”等18个证券账户，采取盘中利用资金优势连续买卖、在自己实际控制的账户间交易、虚假申报撤单、尾市拉抬等方式，大量交易“九鼎新材”“新海股份”两只股票，获利19,731,643.71元	没收蒋某军等15个账户违法所得13,947,638.67元，并对涂某某、薛某某、王某某、周某、郭某某处以13,947,638.67元的罚款
2015.12.18	北京艾亿新融资本管理有限公司以影响债券收市价格进而维持、提升信托产品单位净值为目的，利用交易所债券收盘价形成机制以及债券交易非连续性交易的特点，在其操控的涉案三个信托计划证券账户之间进行债券交易，或在即将收市时大幅抬拉债券价格，影响债券交易价格	对艾亿新融处以100万元罚款；对直接负责的主管人员张某甲、张某乙给予警告，并分别处以20万元、10万元罚款
2016.4.29	2015年7月10日至8月28日，深圳市中鑫富盈基金管理有限公司控制使用“四川信托—宏赢七十三号”等10个信托计划证券账户下挂的11个交易子账户，投资者吴某某控制使用“厦门信托—凤凰花香二号”等10个信托计划证券账户下挂的18个交易子账户和4个个人账户，通过集中资金及持股优势连续买卖、在所控制账户之间交易等方式，合谋操纵“特力A”“得利斯”股票价格，反向卖出获利。其中中鑫富盈、吴某某操纵“特力A”股票价格分别获利约1.5亿元、1.7亿元，操纵“得利斯”分别亏损约0.3亿元、1.8亿元	没收中鑫富盈违法所得约1.5亿元，并处以约4.4亿元罚款；对中鑫富盈实际控制人李某某给予警告，并处以顶格罚款60万元；没收吴某某违法所得约1.7亿元，并处以约3.5亿元罚款
2016.6.17	广州穗富投资管理有限公司通过虚假申报、以涨停价格挂大笔买单等方式，影响“国光股份”“国农科技”“鸿特精密”“金宇车城”“科恒股份”“万福生科”6只股票的价格和交易量，后反向卖出，获利约1017万元	没收穗富投资违法所得约1017万元，并处以约3051万元罚款；对穗富投资时任董事长易某某给予警告，并处以30万元罚款；对穗富投资部负责人周某某给予警告，并处以30万元罚款

续表

时间	操纵市场案例	相应处罚
2016.11.18	任某某在2014年7月4日至8月14日,控制、使用其本人及其设立的上海任行投资管理有限公司员工和融资方提供的53个证券账户,采取连续交易、反向交易等方式交易"龙洲股份";在2014年4月21日至12月8日,通过大宗交易买入"隆基机械""三维通信"等16只股票,在大宗交易日前后盘中通过高价申报、撤销申报等手段,使股票价格产生较大的涨幅,并于大宗交易日后的次日或几日内在二级市场卖出	没收任某某违法所得约9999.4万元,并处以约19,998.9万元罚款
2016.11.18	创势翔在2015年7月17日至8月26日,利用其实际控制的"粤财信托—创势翔盛世"等37个账户通过连续交易、开盘虚假申报、尾市拉抬等方式,影响"辉丰股份""汉缆股份"等6只股票的股价和交易量	没收创势翔违法所得约2073.8万元,并处以约6221.5万元罚款;对直接负责的主管人员创势翔董事长兼投资总监黄某给予警告,并处以60万元罚款;对其他直接责任人员创势翔交易主管张某给予警告,并处以10万元罚款
2017.3.17	骄龙资产管理有限公司为维持其所管理的资产管理产品净值以及避免穿仓风险,控制使用"银河资本—浙商银行—银河资本骄龙1号资产管理计划"等6个证券账户,在尾市交易期间利用资金优势,连续买入拉抬广汽集团股票价格	对骄龙资产处以300万元罚款;对相关人员给予警告,并处以30万元罚款
2017.3.28	广州穗富投资管理有限公司存在以下违法行为:控制使用的23个资管账户在2014~2015年减持"宁波富邦"时未按规定履行减持报告和公告义务;使用账户组通过对倒拉抬、下午收盘前拉抬操纵"宁波富邦"股价	警告,对穗富投资处以210万元罚款,对相关责任人员处以5万元至20万元罚款

资料来源:证监会,申万宏源研究。

除此之外,近年来程序化交易下的乌龙指事件也逐渐增多。当前我国对相关行为的处罚案例并不多,影响比较大的是光大证券乌龙指事件以及部分股指期货交易上的乌龙指事件。但从全球范围来看,近年来乌龙指事件对市场的影响日渐加强,已经成为造成市场波动、扰乱市场秩序的重要因素之一。2010 年以来影响比较显著的事件有:2010 年 5 月 6 日美国股市的“闪电崩盘”,道琼斯指数在 20 多分钟内暴跌约 1000 点,市值蒸发近 1 万亿美元,其中最剧烈的 600 点下跌发生在 5 分钟内,事件的罪魁祸首在于英国某计算机交易程序对美股股指期货下巨额卖单,但能瞬间实现撤单,这些卖单造成剧烈的市场波动;2012 年 8 月美国骑士资本事件,2012 年 8 月 1 日美国最大的做市商之一——骑士资本,因为股票交易指令出错,在 45 分钟内向交易所报出几百万个小交易单,其中超过 400 万交易被成交,涉及 154 只股票,近 1 万亿美元股票市场,总成交股数超过 3.97 亿股,停止交易后,骑士资本持有 80 只股票共 35 亿美元的净多头以及 74 只股票共 31.5 亿美元的净空头,当天损失 4.5 亿美元,极大扰乱市场秩序,2013 年美国证监会对其处以 1200 万美元罚金;2013 年 8 月光大乌龙指事件,2013 年 8 月 16 日 11 点 5 分上证指数出现大幅拉升大盘一分钟内涨超 5%。最高涨幅 5.62%,指数最高报 2198.85 点,盘中逼近 2200 点,引致异常波动的原因在于光大证券策略投资部使用的套利策略系统出现了问题,订单生成系统存在的缺陷会导致特定情况下生成预期外的订单,巨额订单引发上证综指异常波动。

(三)私募证券基金违规信息披露及违规展业行为

违规信息披露以及违规展业,是私募证券基金常见的侵害中小投资者权益的另一类行为。违规信息披露最常见的是对超比例持股未及时披露或者对相应交易行为没有及时披露,如 2015 年 2 月 5 日广州穗富实际控制有关证券账户增持“同大股份”股票达到 2,818,984 股,占总股本 6.35%。按照中国证监会〔2015〕18 号公告规定,从 2015 年 7 月 8 日起 6 个月内,上市公司控股股东和持股 5% 以上股东不得通过二级市场减持本公司股票;2015 年 7 月 10 日,广州穗富以持股 5% 以上股东身份书面承诺 6 个月内不减持“同大股份”股票,同日同大股份在公告中对有关承诺进行了披露。2015 年 9 月 7 日起广州穗富实际控制并决策通过相关证券账户在二级市场多次卖出“同大股份”股票,截至 9 月 25 日累计卖出 741,777 股,金额 3617.6 万元,占同大股份总股本的 1.67%,广州穗富违背了相应信息披露内容,证监会对广州穗富相应负责人处以 1 万 ~3 万元的罚款。

私募证券基金的违规展业主要表现为投资者适当性管理的相应不足,向不特定公众宣传、变相降低投资门槛、向投资者承诺最低年化收益以及基金第三方托管手续不齐全等。2016 年以来,证监会相继对违规展业的私募证券机构开出罚单,督促私募证券机构规范信息宣传、资金募集、资金托管等展业行为,将投资者适当性管理落到实处。随着 2017 年《证券期货投资者适当性管理办法》的实施,私募证券基金此类违规经营已经有所改善,基金业协会作为行业自律组织,近年颁布了多项规章指引,私募证券机构基本形成"一法、两规、七办法"的监管体系。

表 3　2016 年证监会对部分私募证券基金违规经营行为的处罚

时间	私募证券基金违规经营	相应处罚
2016.11.11	广东青原信息科技投资管理有限公司存在以下违法行为:(1)通过本公司网站向不特定社会公众宣传和推介青原一号证券投资基金和深圳前海浩源泰兴资产管理中心(有限合伙)基金(简称浩源泰兴基金);(2)向 6 名非合格投资者销售募集浩源泰兴基金;以借款名义挪用浩源泰兴基金 5 万元用于公司资金周转	对青原投资给予警告,并处以 3 万元罚款;对直接主管人员时任青原投资法定代表人兼总经理郝某某给予警告,并处以 2 万元罚款
2016.11.11	广州云系股权投资有限公司存在以下违法行为:(1)通过本公司网站向不特定社会公众宣传和推介广州泓蚨投资管理中心基金(简称泓蚨基金)和广州云联惠投资管理中心基金(简称云联惠基金);(2)在自行销售泓蚨基金和云联惠基金过程中,未对所有投资者以调查问卷等形式开展有效风险评估;(3)对已开展风险评估的投资者,采取的风险评估调查问卷形式简单且无后续跟踪;(4)云联惠基金募集说明书和入伙协议均明确约定募集资金必须委托经中国银监会认可的商业银行进行托管或监管,但云联惠基金自成立以来,云系投资一直未办理托管手续	对云系投资给予警告,并处以 3 万元罚款;对直接负责的主管人员时某某系投资法定代表人兼执行董事黄某某、总经理刘某某和副总经理刘某 3 人给予警告,并分别处以 2 万元罚款

续表

时间	私募证券基金违规经营	相应处罚
2016.5.27	中融金城投资担保有限公司存在以下违法行为:(1)通过制作和散发宣传材料、张贴海报等方式,向不特定社会公众宣传和推介智能时代一期契约型私募投资基金(简称智能时代基金);(2)在智能时代基金产品的宣传材料、海报中,向投资者承诺基金年化收益12.6%;(3)宣传册中宣称该基金募集规模为5000万元,每份基金的份额面值为50万元,最低认购额为1份,即50万元;(4)中融金城在对相关投资者发售基金份额时,未对投资者风险识别能力和风险承担能力进行评估,未取得个人投资者符合合格投资者条件的书面承诺以及签字确认的风险揭示书	对中融金城给予警告,并处以2万元罚款;对相关负责人牛某某给予警告,并处以2万元罚款;对相关负责人田某某给予警告,并处以1万元罚款
2016.4.1	2014年10月,陕西金开宏投资管理有限公司向非合格投资者王某某销售上海喆麟股权投资基金管理有限公司担任普通合伙人的有限合伙型基金份额。王某某实缴出资额30万元,投资于单只私募基金的金额低于100万元	责令喆麟基金改正,给予警告,并处以顶格罚款3万元;对黄某、陈某某给予警告,并分别处以顶格罚款3万元

资料来源:证监会,申万宏源研究。

三、私募证券基金交易行为的监管重点和建议

(一)与公募投资基金相同的监管重点

私募证券基金“老鼠仓”、合谋交易等行为与公募投资经理相似,因此对私募证券投资经理实际控制资金账户的监管、切断券商分析师、私募投资经理与上市公司之间的合谋以及私募投资经理之间抱团交易等都是私募证券基金的监管重点。在实际控制资金账户的监管上,建议借助对私募投资经理通信记录及其家人资金流水的监测来挖掘“老鼠仓”等交易,实际资金账户的监测是最直接、最有效的方式;在切断三角利益关系上,建议进一步加强对私募证券投资机构的监管,对私募证券机构持仓比例较高、股价波动较大的标的进行深度跟踪分析;在私募投资经理抱团

交易上,外部监管和举证的难度较大,重点在于规范私募证券机构的内部管理和内部控制,提升合规性和专业性。

(二)内外兼修,引导私募证券基金规范发展

私募证券投资基金也存在一些与公募投资经理不同的交易行为,如利用连续交易、反向交易、虚假申报以及尾市拉升等手段使股价大幅波动,操纵市场等行为。建议内外兼修来引导私募证券基金规范发展:一是强化对私募证券基金的外部监管,在基金业协会主导的自律监管下,进一步完善自律监管体系。二是加大对私募证券基金违法违规交易行为的处罚力度,目前对私募证券基金内幕交易、操纵市场的处罚力度一般是没一罚一或没一罚二,对相关主要涉事人的处罚为5万~30万元不等,对私募证券基金信息披露不实、适当性管理不足、违规宣传等处罚1万~3万元不等,与公募投资经理违规交易没一罚三的力度相比相对较低,尤其对私募证券机构违规信息披露及不当经营最高3万元的处罚,在实际中的威慑力不够。三是私募证券机构加强内部控制体系建设,一方面,做好内部信息防火墙管理,尤其是同一实际控制人名下的私募股权基金与私募证券基金之间做好有效信息隔离;另一方面,完善内部管理制度,加强投资者适当性管理和第三方托管制度,严格按照私募基金管理条例的相关规定展业经营。

(三)强化对私募证券基金程序化交易的监管

近年来,私募证券基金中从事高频交易、程序化交易或对冲交易的机构日渐增多,对程序化交易或高频交易的监管将成为未来的监管重点。从境外市场的案例来看,程序化交易下乌龙指事件将引发剧烈的市场波动,这在很大程度上扰乱了市场秩序,损害中小投资者的合法权益。当前境外市场都逐步加大对程序化交易的监管力度,美国各交易所建立熔断机制,当市场发生剧烈波动时,借助暂停指数期货等交易在一定程度暂停程序化交易;德国在2013年颁布德国《高频交易法》,标志着程序化、高频交易正式列入了监管范围,要求采用程序化交易技术的金融机构在自主交易金融工具前须获得高频交易的资质;欧洲其他市场纷纷提高对高频交易机构的资金本要求,对相关的股票交易公司、资本投资公司以及自行管理的投资公司确保其交易系统能承受住压力、具备足够的资本规模,不被用作操纵市场的工具。

尽管当前我国程序化交易的规模较小(美国程序化交易占比接近50%),私募

证券基金中开展程序化交易的机构并不多,但程序化交易下乌龙指事件的影响仍不可小觑。建议未来我国加大对程序化交易、高频交易的监管力度,在鼓励交易方式创新的基础上,对参与程序化交易的机构实施更严格的风险资本约束要求,合理利用现代金融工具,确保资本市场的稳健有序发展。

第四章　私募股权基金交易行为分析

一、四维度下私募股权基金交易行为的特征分析

（一）资金来源结构：工商企业、基金计划、自然人是三大来源

私募股权基金的资金来源结构更加多元化，工商企业、投资基金计划及机构、自然人是最重要的前三大资金来源，累计占比接近72%，信托、保险、银行等专业投资者合计出资比例接近15%，员工跟投比例相对较低，仅为0.19%。在一定程度上，私募股权基金呈现机构投资者和工商企业主导的资金来源结构。引致此种资金来源结构的原因在于：一方面，私募股权基金对投资人的专业程度要求较高、投资

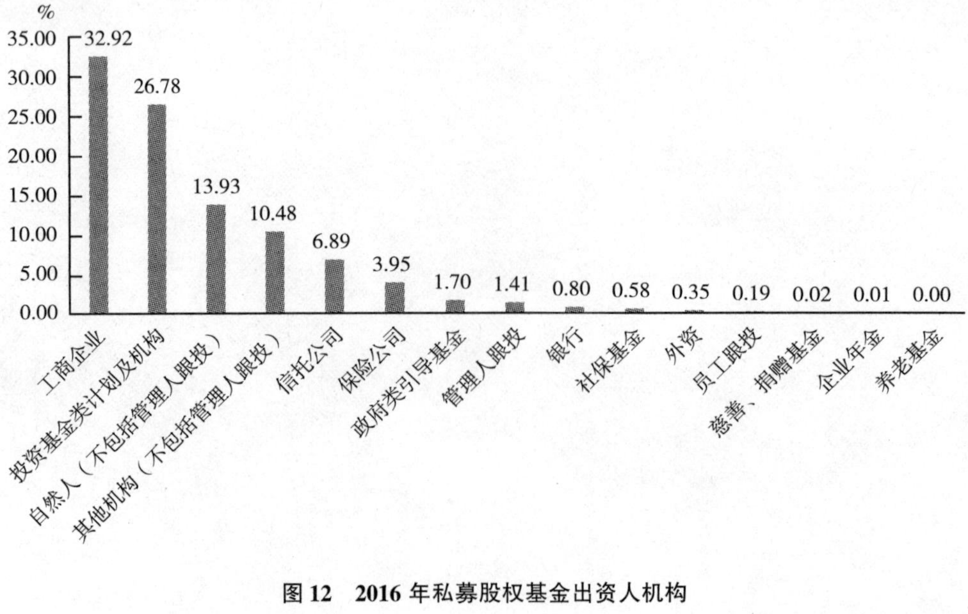

图12　2016年私募股权基金出资人机构

资料来源：基金业协会，申万宏源研究。

风险也相对较大,机构投资者参与更为合适;另一方面,很多工商企业有产业链整合的需求,因此工商企业是私募股权基金最重要的出资人。

(二)信息获取能力:容易获取大量内幕信息和非公开信息

由于私募股权基金在项目投资上容易接触大量的非公开信息或内幕信息,与市场上其他参与者相比,具备明显的信息获取优势。私募股权基金非公开信息的来源主要包括以下两类:一是私募股权基金的投资项目可能是上市公司的相关资产,因此私募股权基金管理人容易获取相应的非公开信息。二是私募股权基金的投资项目容易以并购重组的方式装入上市公司,私募股权基金管理人作为知情人容易获取相应内幕消息。从近年来私募股权基金的退出方式来看,2016 年以整体收购方式退出项目约为 138 个,数量占比约为 2.5%;从私募股权基金的类型来看,截至 2016 年年底并购基金的实缴规模约为 4583 亿元,占私募股权基金实缴规模的比重约为 12.2%,位居前三。

(三)委托—代理关系:借助有限合伙制来降低代理人因素影响

私募股权机构也存在双重委托—代理关系,此种委托—代理关系容易产生两点不良影响:一是私募股权基金管理人的风险偏好可能相对较高,更倾向于投资风险相对较大的股权项目进而获得超额收益提成,这在一定程度上与基金投资者的风险偏好相背离。二是由于进行私募股权基金投资的多为非上市公司,项目资产信息披露不完善、财务报表不健全,私募股权基金容易出现资金断裂、失联或无法兑付投资人权益的风险,进而使基金委托人的利益受损。近年来,为更好地解决委托—代理问题,私募股权机构纷纷引入有限合伙制的运作方式,即私募股权管理机构出资 1% ~10% 不等,做私募股权基金的 GP,承担无限责任,投资人以出资为界,做私募股权基金的 LP,承担有限责任,借助此种机制设计来实现私募股权基金管理人与投资人利益的一致性;另外借助多层有限合伙的嵌套结构可以最大限度地帮助私募股权管理人放大杠杆。

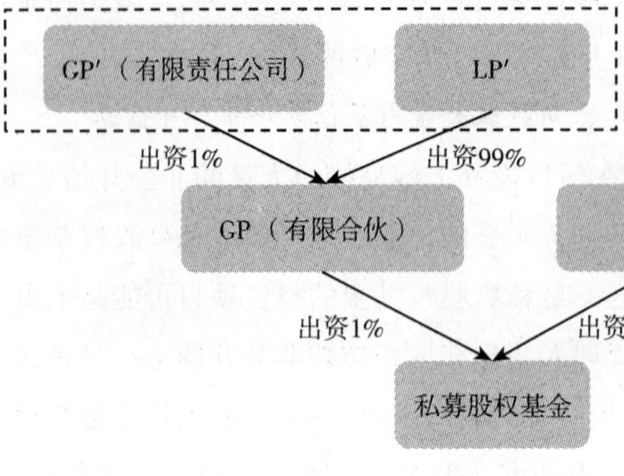

图13　私募股权基金借助有限合伙形式降低代理人因素影响

资料来源:申万宏源研究。

(四)盈利模式:大多为赚取市值管理收益的长期投资者

私募股权基金是市场中投资期限相对较长的投资者,其通过股权投资,依靠公司改制、资本重置、借壳获利、税负优化、经营改善等市值管理方式实现长期收益。从当前我国私募股权基金实缴规模的分布结构来看,成长基金、并购基金、基础设施基金和FOF基金是最主要的基金方式,合计实缴规模占比超过70%,其中成长基金和并购基金都基于长期持有后的资本重置实现盈利;基础设施基金通过基础设施投资、资本运营获得一定投资收益。整体上私募股权基金的持有时间都相对较长,据投中研究院2017年GP调研问卷统计显示:2017年新募集股权基金中存续期0~2年、2~4年、5~6年、7~8年,9年以上的基金规模比例,分别为2.76%、7.84%、35.94%、39.17%和14.3%,其中5~8年退出是最常见的持有周期。

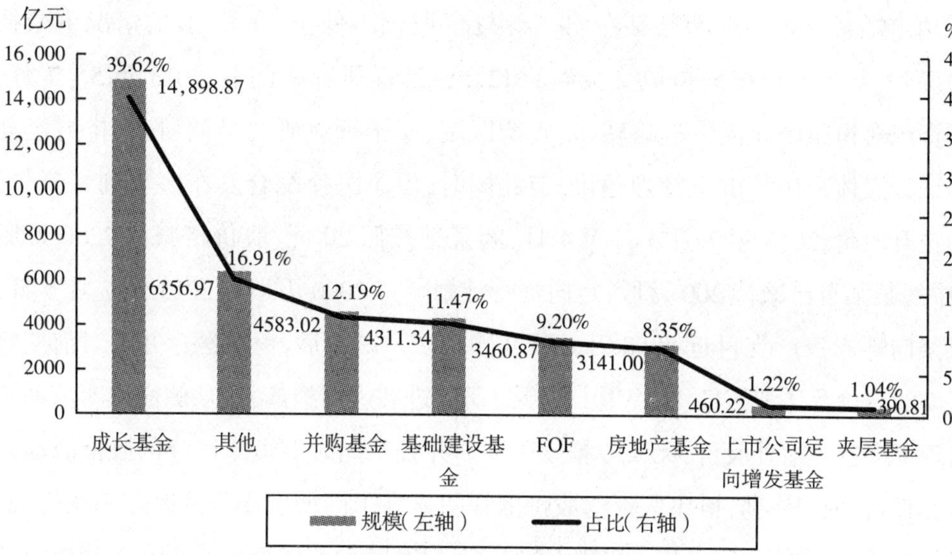

图 14　2016 年年底私募股权基金投资类型实缴规模分布情况

资料来源:基金业协会,申万宏源研究。

二、私募股权基金可能发生的侵害中小投资者权益的交易行为

(一)私募股权基金伪市值管理行为

私募股权基金作为企业股权的主要投资机构,一方面是部分企业或上市公司的研究顾问;另一方面也可能是部分企业或上市公司的股东,因此私募股权机构在提供市值管理服务上具备比较优势。在信息获取上的相对优势以及基于市值管理收益的盈利模式在一定程度上引发了私募股权机构"伪市值管理"的交易行为。

蝶彩资产管理(上海)有限公司(以下简称蝶彩资产)是业内知名的股权管理战略投资机构,先后在江苏宏宝(现更名为长城影视)、* ST 祥龙(现更名为祥龙电业)、秀强股份等多个重组股中交易获利,蝶彩资产产品一度成为市场追捧的对象。本研究以蝶彩资产为恒康医疗提供伪市值管理作为案例分析。2013 年 3 月蝶彩资产实际控制人谢某某与恒康医疗实际控制人阙某某在上海会面,阙某某提出希望高价减持的诉求,谢某某提出可以借市值管理的名义帮对方实现高价减持;2013 年 5 月阙某某将拟减持的 2000 万股托管在定向资管计划(《德邦证券—兴业银行定向资产管理业务资产管理合同》),同期与蝶彩资产、德邦证券签署了《研究顾问协议》,约定蝶彩资产帮助阙某某在"恒康医疗"股价不低于20元/股的情况下减持2000万股,蝶彩资产按减持成交金额的12.5%计提研究顾问费;2013年5~7月,蝶彩资产对恒康医疗提供战略转型、收购医院、安排行业研究员调研、安排财经公关和证券媒体采访等市值管理建议,与此同时,恒康医疗配合发布多项利好公告,共同拉升股价;2013年7月3日至4日,阙某某按照20元/股价格减持2200万股(其中阙某某自己减持200万股,定向资管计划减持2000万股);2013年7月5日,阙某某向蝶彩资产支付近4858万元研究顾问费。减持后,恒康医疗并未对前期收购医院的对价及详细信息、DYW101等项目研发进展进行披露,这从侧面说明前期市值管理更多旨在抬升股价,无实际推动之意。并且从同时期恒康医疗的股价波动来看,伪市值管理操作期,恒康医疗的股价涨幅明显高于同期中小板及医疗板块涨幅;在高位减持后,尽管恒康医疗未出现大幅下行,但其波动与同期中小板和医疗板块的波动呈现反向趋势,借伪市值管理行操纵股价之实的特征突出。事后证监会对蝶彩资产没一罚二,即没收违法所得4858万元,罚款9716万元,对谢某某给予警告,个人罚款60万元;对阙某某没一罚一,即没收阙某某违法所得约304万元,罚款304万元。

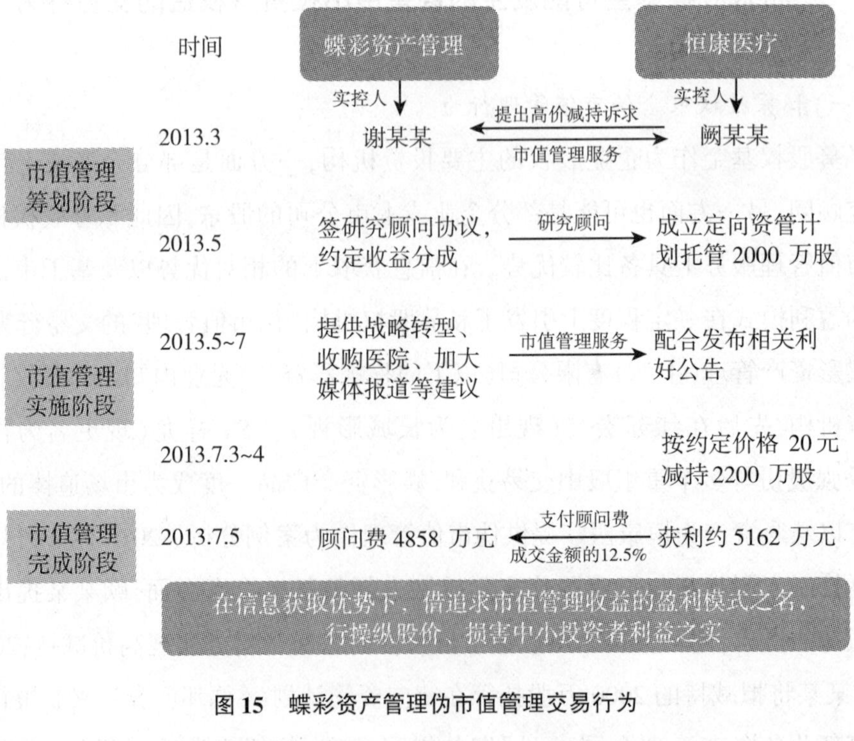

图15　蝶彩资产管理伪市值管理交易行为

资料来源:证监会,申万宏源研究。

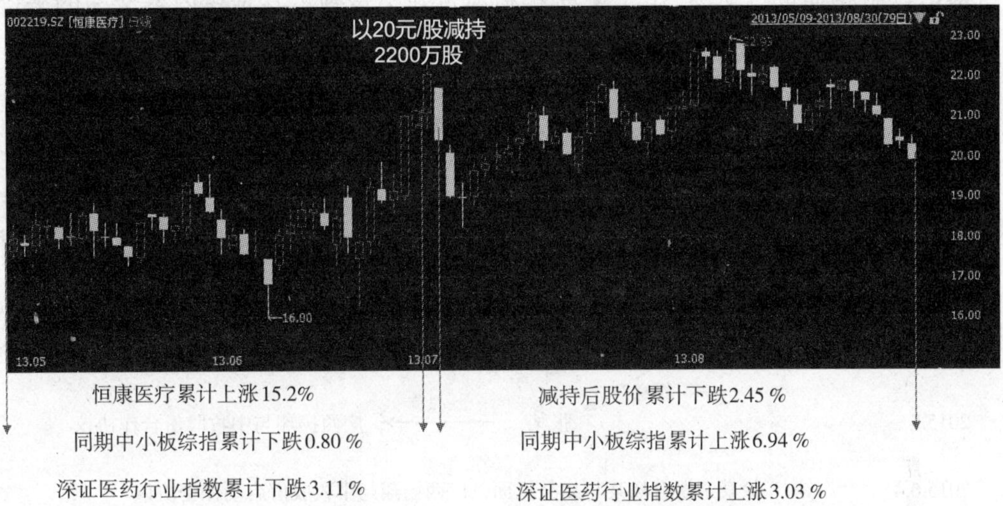

图16　蝶彩资产管理伪市值管理期间股价波动情况

资料来源：Wind，申万宏源研究。

(二)私募股权基金内幕交易行为

由于私募股权机构多投资于非上市股权或上市公司，在日常经营中容易接触大量的内幕信息。利用内幕消息交易是私募股权基金常见的侵害中小投资者权益的交易行为，私募股权机构的内幕交易多发生在以下几种情形：一是私募股权机构作为投资顾问获取了相关内幕信息，并利用内幕信息交易；二是私募股权机构作为并购重组交易中的参与者，获取相关内幕消息进行交易；三是私募股权机构作为投资人参与的项目进行重大资产重组中，获取相关内幕信息并进行交易。私募股权机构在信息获取上的相对优势、委托—代理因素影响下追求个人利益最大化的动机以及机构内部控制不健全是引发内幕交易行为的主要原因。

从内幕交易的操作方式来看，通常有以下几个关键要素：一是私募股权作为投资顾问、参与者等获取内幕信息；二是私募股权机构的内幕消息知情人通过个人实际控制账户进行内幕交易，此类账户可能是知情人自己、家属或其他第三方的账户，也可能是知情人控制的其他资产管理计划账户，目前同一实际控制人下的股权私募与证券私募之间的信息合谋日渐增增加；三是即使私募股权机构内幕信息知情人本身未进行交易，但如其将内幕信息透露给第三方，第三方进行交易的，也须追究内幕信息知情人的连带责任；四是从交易时点来看，内幕信息知情人多数在内幕信息敏感期进行交易,至于交易获利与否并不是判定其是否内幕交易的关键要素。

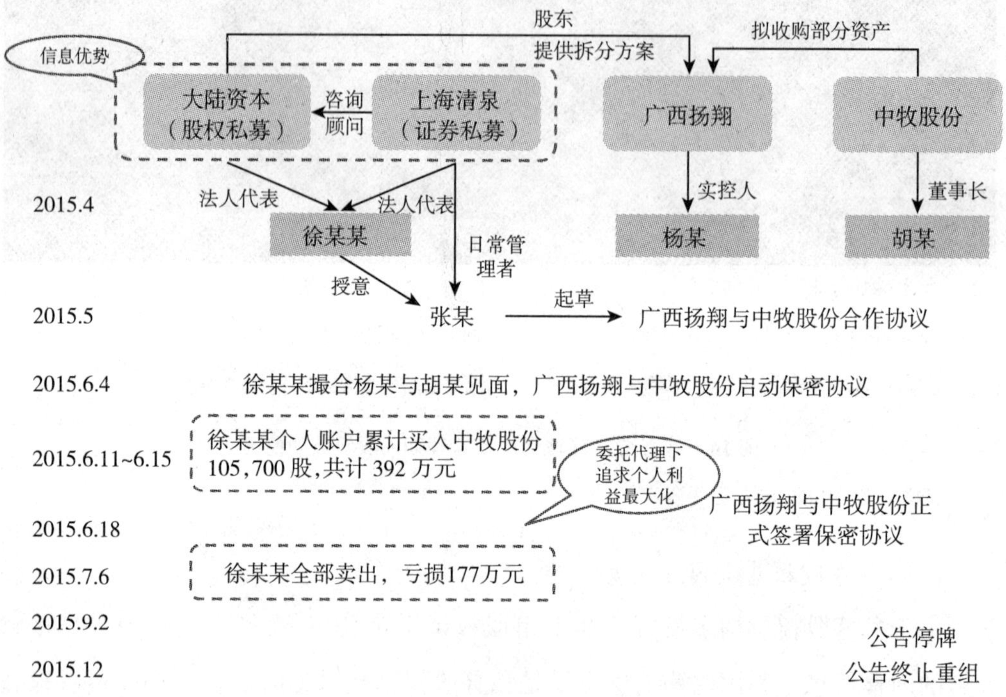

图 17　徐某某利用内幕信息交易案例分析

资料来源:证监会,申万宏源研究。

2018 年 1 月证监会对前大陆资本和上海清泉投资的法人代表徐某某作出行政处罚,本研究以此作为案例分析。徐某某是大陆资本(私募股权机构)和上海清泉(私募证券机构)的法人代表兼执行董事,大陆资本的全资子公司是广西扬翔的股东,该部分股权由上海清泉管理,大陆资本对广西扬翔重组拆分提供方案。2015 年 5 月徐某某找到中牧股份董事长胡某,双方有意向进一步推进;随后在徐某某授意下上海清泉起草了中牧股份与广西扬翔合作的方案,并与中牧股份董事长胡某和广西扬翔实控人杨某沟通了方案;2015 年 6 月 4 日徐某某组织了中牧股份主要负责人与广西扬翔主要负责人的会谈,双方同意即刻启动保密协议;2015 年 6 月 18 日中牧股份与广西扬翔正式签署保密协议;其后经过近 3 个月的方案修改后,中牧股份 2015 年 9 月 1 日停牌,9 月 2 日公告;2015 年 12 月中牧股份发布终止重大资产重组的公告。在此期间,2015 年 6 月 11 日至 15 日徐某某利用个人证券账户买入中牧股份105,700股,共计约392万元,在2015年7月6日全部卖出,亏损近177万元。尽管该项重大资产重组并未成功,徐某某利用内幕信息交易也未实现盈利,但从行为实质来看,徐某某作为内幕信息知情人,在内幕信息敏感期利用个人账户直接交易相应股票标的,构成了内幕交易的事实,证监会对徐某某个人处以60万元的罚款。

(三)私募股权基金违规展业行为

截至2018年1月底,我国已登记私募股权、创业投资基金管理人13,531家,已备案私募股权投资基金22,802只,基金规模6.45万亿元。私募股权基金在为社会创造巨大资本的同时也面临一系列违规展业的行为,这主要表现为:一是涉及非法集资,部分私募股权基金发行产品募资后出现"失联",在很大程度上损害了中小投资者利益。二是投资者适当性管理不足,向不合适的投资者募集产品、变相降低投资门槛以及向投资者承诺保本收益等。三是私募股权机构内部管理相对不足,缺乏有效的独立第三方托管机制,部分私募机构出现挪用客户资金的情况,另外部分私募股权机构没有及时备案等。

表4　最新"失联"私募股权基金管理人(2017年11月30日)

失联私募股权基金管理人	成立时间	注册资本(万元)	机构诚信信息
深圳前海富华投资管理有限公司	2014/3/17	10,000	2017年3月3日相关监管部门对深圳前海富华投资管理有限公司违规开展业务
深圳前海国融金融控股基金管理有限公司	2014/9/15	5000	2017年3月3日相关监管部门对深圳前海富华投资管理有限公司违规开展业务
深圳同盈股权投资基金管理有限公司	2005/7/19	10,000	未按要求进行产品更新或重大事项更新累计2次及以上;自查报告称"公司及其高级管理人员已被公安部门立案侦查,公司已于2016年11月30日全面停止金融业务";2017年9月14日证监会通报该机构被证监会采取行政监管措施
北京中稷通达投资基金管理有限公司	2013/10/23	5000	未按要求进行产品更新或重大事项更新累计2次及以上;未按要求按时提交经审计的年度财务报告

续表

失联私募股权基金管理人	成立时间	注册资本(万元)	机构诚信信息
东玖汇资产管理(上海)有限公司	2014/7/11	10,000	未按要求进行产品更新或重大事项更新累计2次及以上
中投互联(深圳)股权投资基金管理有限公司	2015/5/15	10,000	—
北京益富股权投资基金管理有限公司	2012/2/7	3000	未按要求进行产品更新或重大事项更新累计2次及以上
北京助赢普惠资产管理有限公司	2015/3/24	10,000	未按要求进行产品更新或重大事项更新累计2次及以上
北京炳隆资产管理有限公司	2009/5/15	1000	未按要求进行产品更新或重大事项更新累计2次及以上;未按要求按时提交经审计的年度财务报告;向投资者承诺投资资金不受损失,保证固定收益,违反八条规定

资料来源:基金业协会,申万宏源研究。

三、私募股权基金交易行为的监管重点和建议

私募股权基金的违法违规交易行为集中表现为伪市值管理和内幕交易,从监管重点来看信息隔离与信息披露质量是核心,考虑到信息披露的监管重点在上市公司,针对私募股权基金的监管重点还是要集中在做好信息隔离、内部控制、投资者适当性管理,加大对私募股权违法违规交易行为的处罚程度。

(一)完善私募股权机构内部控制及信息隔离制度

加大私募股权机构的信息隔离及内部控制体系是减少内幕交易的关键所在。建议一方面私募股权机构完善内部管理体系,建立严格的内部信息防火墙制度,尤其是针对同一实际控制人的私募股权基金与私募证券基金应建立完整的信息隔离制度,实际控制人作为内幕信息知情人应不断提升自身职业操守;另一方面强化对私募股权机构的外部监管,在基金业协会主导的自律监管下,以《私募投资基金管理暂行条例》为准来规范私募股权机构发展。

(二)强化投资者适当性管理

做好投资者适当性管理是保护私募股权投资者权益,也是保护市场其他中小投资者权益的基础。尽管当前我国对私募股权基金投资人的准入门槛有所提升,但实际展业中变相降低门槛、向不合适投资者募集资金的案例仍时有发生。建议以证监会颁布的《证券期货投资者适当性管理办法》为主,来强化私募股权机构的投资者适当性管理;在从机构监管向机构监管与行为监管相结合的转变过程中,建议进一步强化对私募股权机构的行为或业务实质监管,强化私募股权基金产品的信息披露,构建产品全生命周期的监管体系,切实保护投资者权益。

(三)加大对违法违规行为的处罚力度

近年来,我国加大对违法违规行为的打击力度,借助大数据等技术手段,私募股权基金违法违规行为被发现的概率大幅提升。在此基础上,建议进一步加大对违法违规交易行为的惩罚力度。当前我国对私募股权机构违规展业、向不合适对象募集资金等行为的处罚力度多为警告,或处以 1 万～3 万元不等的罚款,处罚力度相对较轻;同时对于内幕交易行为,在交易获利的情况下按照没一罚三进行处罚,对于交易未获利的,由于构成了内幕交易也应该加大处罚,目前顶格 60 万元的处罚对于大多数投资经理或私募股权基金的实际控制人来说处罚较轻。2018 年“两会”期间,深圳证券交易所总经理王建军也向“两会”提交了“关于修改《刑法》以加大欺诈发行及违规信息披露等证券犯罪处罚力度”的议案。在全面依法治国的理念下,建议后续在《证券法》《刑法》修法中,能够对相应惩罚条款规定进行修改,加大处罚力度,全面依法治市,增强法律对市场的威慑力。

第五章　产业资本交易行为分析

一、四维度下产业资本交易行为的特征分析

(一)资金来源结构:以企业股权为主

产业资本是A股市场的隐形大咖,随着近年来A股逐步全流通,产业资本持股市值占流通市值的比重一直维持在35%以上的水平,在一定程度上产业资本是A股市场最重要的参与机构之一。与其他专业投资机构相比,产业资本的资金多为其自身持有的股权或收益分红,资金来源以内部资金为主。内部主导的资金来源结构使得产业资本的投资风险偏好相对较低。考虑到多数产业资本都是上市公司的股东或实际控制人,因此如何做大做强企业成为产业资本的主要诉求。

(二)信息获取能力:市场信息的绝对优势方

从信息获取能力来看,产业资本在很大程度上是市场信息的发布者或内幕信息的知情者,具备绝对的信息优势。在市场信息不对称的情况下,产业资本作为信息优势方有利用信息优势进行内幕交易的基础。产业资本在信息获取上的优势主要表现为以下方面:其一,产业资本是上市公司的股东或实际控制人,因此关于上市公司的所有信息其都能直接知悉;其二,产业资本可能是大型国资集团,在宏观政策信息、产业政策信息、市场监管信息等方面的获取能力更强;其三,产业资本可能是专注某个或某些特定行业的投资基金,在特定行业政策及项目资产上具备绝对信息优势。

(三)委托—代理关系:不同企业属性存在较大差异

根据产业资本的性质不同,其委托—代理关系也存在一定的差异。在国有产业资本中,目前我国实行以管资本为核心的国资管理体系,形成"国资委—国有企

业—国有企业经营者(经理人)”的层级结构,国资委作为委托人目的是实现国有资产的保值增值,作为中间代理人的国有企业是以实现国有资产最大化增值为目标,而终端代理人即经营者则是追求个人利益最大化。在信息不对称情况下,部分国有产业资本可能会提升风险偏好,做出不利于国有资本长期发展的决策;在国有企业高管限薪的约束下,国有产业资本的委托人与代理人之间的矛盾将更为突出。2014 年审计署公布的国有企业审计公告显示,大唐集团违规投资 7 个非主业涉及 304 亿元,华润集团的违规招标涉及 586 个项目、金额 117. 15 亿元;2017 年 6 月审计署披露的 20 家央企审计情况中有 18 家采取虚构业务、人为增加交易环节、调节报表等方式虚增利润与收入。在非国有产业资本中,也存在委托—代理问题,产业资本的委托人与实际代理人之间也存在目标不一致,但近年来借助收益提成或中长期考核激励等机制,弱化了代理人因素影响。

(四)盈利模式:整体上是追求产业链整合价值的长期投资者

从投资时间期限来看,产业资本资金来源都为自有股权,无短期业绩考核或市值考核压力,因此投资期限相对更长;从投资偏好来看,产业资本旨在借助产业链的横纵向整合来推动所投资企业做大做强,不断提升企业的盈利能力和价值创造能力,在提升企业核心竞争力的同时提高其在二级市场的估值水平,因此产业资本的盈利模式在整体上表现为借助长期的产业链整合来实现价值增值。

二、产业资本可能发生的侵害中小投资者权益的交易行为

产业资本作为市场中的绝对信息优势方,可能发生的侵害中小投资者权益的交易行为有内幕交易、操纵市场、忽悠式重组、精准减持套利以及违规信息披露等。从交易行为特征来看,由于产业资本在很大程度上是市场信息的发布者,其运用信息优势进行内幕交易或操纵市场的行为,与其他专业投资者较相似,此类行为在本部分会稍微弱化;而忽悠式重组、精准减持等行为与内幕交易、操纵市场往往联系在一起,针对此类违规交易行为本部分将进行重点分析。

(一)产业资本精准减持交易行为

产业资本作为市场信息的发布者或控制者,在很大程度上可以借助影响股价波动来实现“精准减持”的目的。在交易方向上,产业资本的精准减持交易主要表

现为两类:一是前期借助伪市值管理或操纵市场等方式抬升股价,在合适股价位置实现减持获利。减持后由于相应利好公告不能兑现,股价一般会呈现下滑趋势,这其中往往表现为产业资本与私募机构或其他投资机构之间的合谋操作,如前文中提到的蝶彩资产与恒康医疗的精准减持案例。二是在获知可能影响股价大幅波动,尤其是可能震荡下行的内幕信息后,在内幕信息敏感期进行减持,进而最大限度规避损失,此种精准减持行为往往伴随内幕交易或违规信息披露等。在信息获取能力上的绝对优势以及委托—代理关系下对个人短期利益最大化的诉求是引致精准减持等违规交易行为的关键因素。

2017年9月证监会对山东墨龙违规减持、内幕交易及违规信披案作出处罚决定,本研究以此作为案例分析。该案例是典型的上市公司控股股东借助信息优势精准减持规避损失的案例。张恩某、张云某系山东墨龙石油机械股份有限公司(以下简称山东墨龙)董事长和副董事长,两人为父子关系,是一致行动人。2016年10月张云某在得知公司存在重大亏损的情况下,授意公司财务总监及负责人修改相关数据并于10月27日公开披露2016年前三季度盈利834万元,并预计全年盈利600万~1200万元;其后公司经营没有好转,公司面临的银行贷款等债务偿还压力巨大,在筹措资金无果的情况下,公司在2017年1月25日召开总经理办公会,通报公司存在重大亏损的情况,同日董事会、监事会成员均同意披露业绩预报修正公告;2017年2月3日公司发布《2016年业绩预告修正及存在被实施退市风险警示的公告》。此案例中“公司前三季度发生重大亏损”构成内幕信息,在内幕信息敏感期,张恩荣在2017年1月13日通过股票转托管方式,大宗交易分三笔累计减持山东墨龙3000万股,减持比例3.76%,成交金额27,750万元,截至2月3日公告日,避免损失约1626万元;张云某在2016年11月23日通过股票转托管,大宗交易卖出山东墨龙750万股,减持比例0.94%,成交金额8227万元,截至2月3日公告日,避免损失约1434万元。加上2014年9月26日张恩某减持山东墨龙1390万股,减持比例1.74%,作为一致行动人其累计减持比例为6.44%,超过5%,但公司并未进行报告和公告。尽管张恩某、张云某减持山东墨龙所得的资金主要用于无息借款给山东墨龙,但在内幕信息敏感期内与内幕信息知情人联络、接触且进行了与该内幕信息有关的证券交易活动,仍构成内幕交易行为,证监会对其内幕交易行为作出没一罚三的严厉处罚(对张恩某内幕交易行为没收违法所得16,259,280元,并处以 48,777,840 元罚款；对张云某内幕交易行为没收违法所得 14,343,540 元，并处以 43,030,620 元罚款，一致行动人累计罚没款近 1.2 亿元），并对张恩某个人给予警告及 30 万元罚款。

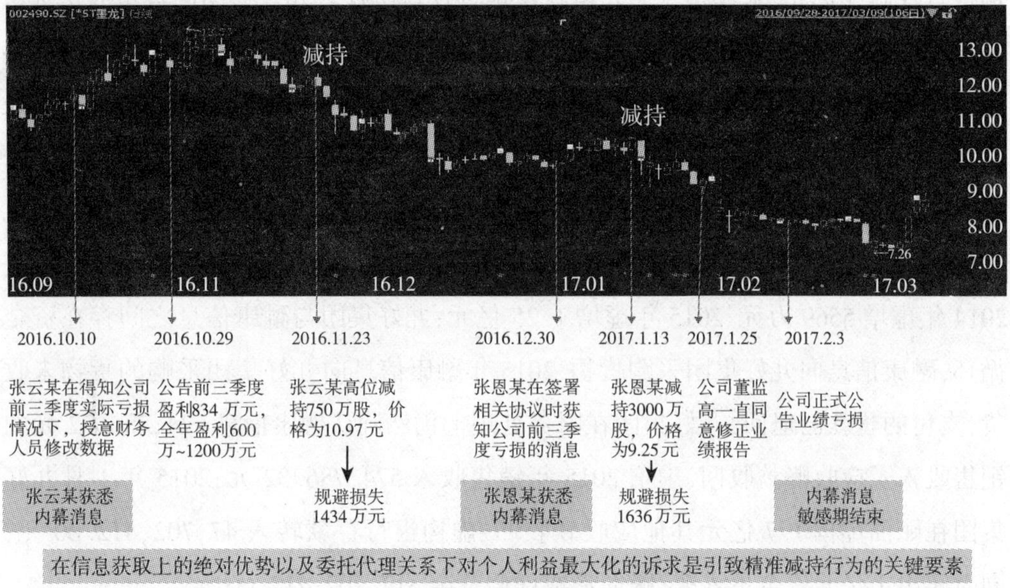

图 18　山东墨龙利用内幕信息精准减持案例分析

资料来源：证监会，申万宏源研究。

（二）产业资本忽悠式重组交易行为

2017 年 4 月 21 日证监会对浙江九好办公服务集团有限公司（以下简称九好集团）、鞍山重型矿山机器股份有限公司（以下简称鞍重股份）以及相关的负责人作出处罚，本研究以此作为案例分析。

重大资产重组详情：2015 年年初九好集团与鞍重股份筹划进行重大资产重组，即鞍重股份以截至评估基准日合法拥有的除 2.29 亿元货币资金之外的全部资产和负债（置出资产），与郭某某、杜某某、张某等合计持有的九好集团 100% 股权（置入资产，2015 年 12 月 31 日作价 37.1 亿元）中等值部分进行置换，并配套发行股份融资，拟募资总额不超过 17 亿元，2015 年年底鞍重股份合并总资产为 8.5 亿元，归属母公司股东权益为 7.6 亿元。2015 年 4 月 7 日鞍重股份开始停牌筹划重大资产重组，2016 年 4 月 22 日鞍重股份董事会通过重组方案，并于次日披露董事会决议及重组方案。2016 年 5 月 11 日鞍重股份向证监会报送《鞍山重型矿山机器股份有限公司发行股份购买资产核准》行政许可申请材料。

信息披露违规:为做大资产规模、提升估值,九好集团在2013~2015年通过各种手段虚增服务收入264,897,668.7元,虚增2015年贸易收入574,786.32元,虚构银行存款3亿元、未披露3亿元借款及银行存款质押。九好集团向鞍重股份提供含有上述虚假信息的财务报表,鞍重股份于2016年4月23日披露了含有虚假内容的《浙江九好办公服务集团有限公司审计报告》(2013年至2015年),同时鞍重股份在《重大资产重组报告书》中披露了九好集团近3年的主要财务数据。具体来看,有125家供应商单位或个人通过不同方式确认与九好集团无真实业务往来,九好集团利用这些供应商虚增服务费收入近1.92亿元,其中2013年虚增1035万元、2014年虚增5569万元、2015年虚增1.25亿元;九好集团与融康信息之间存在资金循环,融康信息向九好集团采购货物,2015年融康信息向九好集团采购的货物未收货,支付的货款已退回,九好集团在财务处理上仍然确认融康信息574,786.32元的销售收入及应收账款收回,虚增2015年销售收入574,786.32元;2015年1月九好集团在账面虚构1.7亿元其他应收款收回,虚构银行存款转入47,702,412.00元,同时转出1亿元资金不入账,账面形成虚假资金317,702,412.00元。

处罚措施:针对九好集团严重的违规信息披露及忽悠式重组行为,证监会进行严厉处罚,责令九好集团改正,给予警告,并处以60万元罚款;对九好集团主要负责人郭某某、宋某某、陈某某分别处以终身、10年和5年证券市场禁入措施,并分别罚款30万元;对杜某某(一致行动人)给予警告及20万元罚款;对张某及九好集团其他股东机构给予警告并分别罚款10万元;对鞍重股份给予警告,并处以60万元罚款,对鞍重股份董事长杨某某给予警告,并处以30万元罚款;对鞍重股份董事会秘书张某某给予警告,并处以20万元罚款;对鞍重股份其他董监高人员给予警告,并分别处以3万元罚款。

(三)产业资本违规信息披露行为

违规信息披露是产业资本最常见的违规行为,也是对产业资本交易行为监管的核心所在。产业资本在信息获取上的绝对优势是引发违规信息披露的前提基础。产业资本常见的违规信息披露主要包含以下几类:

一是粉饰业绩、虚增收入和利润,"漂亮化"财务报表,产业资本在上市前或重大资产重组前,都有较大的动力来粉饰业绩,进而提升估值水平,在忽悠式重组中粉饰业绩是常见的违规信息披露。

二是未及时披露重要交易信息，主要表现为超比例违规减持不披露、一致行动人累计减持比例超过5%时未进行及时信息披露、持股5%以上的股东减持未进行及时披露等。2015～2017年证监会先后共查处了33起违规减持（详见附表1），其中多数为超比例减持和未及时披露减持信息等。2017年5月27日证监会发布了《上市公司股东、董监高减持股份的若干规定》，沪深交易所亦出台了相应的减持细则，随着“减持十条”的实施，2017年违法减持数量明显下降，全年共精伦电子、津膜科技、安利股份、巨轮智能、金新农5家公司控股股东减持5%以上并未及时公告并继续减持。

三是隐瞒负面信息，产业资本对外部担保、银行质押、关联交易等可能影响公司资产估值的信息倾向于选择隐瞒，而在这在很大程度上扭曲了实际的资产负债质量，其中存在某些强制披露信息未披露，也存在利用自愿信息披露来隐瞒负面信息的行为。

四是误导性信息披露，主要表现为借助收购、战略转型、新项目研发等利好公告来引导市场预期，哄抬股价，公告披露情况与公司实际业务开展情况存在较大差异，披露信息的误导性强，对股价产生较大影响，证监会对安硕股份的处罚就是典型案例。

2016年12月证监会对安硕信息误导性陈述行为作出行政处罚。2014年4月30日东方证券郑某建议安硕信息董事长高鸣做好市值管理，2014年5月6日安硕信息董事会秘书曹丰联系郑某到安硕信息交流。2014年5月27日至2015年3月17日，安硕信息在10次接待机构投资者中介绍安硕信息“一横一纵”发展战略，横向战略是现有的银行应用软件业务，募投项目主要是落实安硕信息的横向战略；纵向战略主要是服务，包括数据服务（已有工商数据、房产数据）、征信服务和小微类银行机构的云服务（小贷云服务）。2015年2月9日安硕信息披露拟与凉山州商业银行合作成立互联网金融公司；2015年3月20日至4月30日，安硕信息在接待机构投资者时披露安硕信息成立了西昌安硕易民互联网金融公司（以下简称西昌互联网金融公司），拟成立上海安硕织信网络信息有限公司（以下简称织信公司）。

实际上安硕信息披露存在较大误导性，其主要表现在以下三方面：一是互联网金融业务信息不符合现实状况，公司2014年年报显示互联网金融服务业务收入仅为 137.19 万元，仅占主营业务收入的 0.62%，但安硕信息却持续宣称已经开展征信、数据、小贷云、互联网金融等相关业务，同时安硕信息互联网金融业务商业运营有限，征信公司无任何进展，数据业务仅是配套服务，小贷云业务仅是软件的延伸服务，西昌互联网公司是空壳公司，普惠金融业务仅是一款 APP。二是安硕信息披露的互联网金融相关业务缺乏实现基础，一方面公司“一横一纵”战略在 2014 年年报中未提及，另一方面公司相关业务缺乏有效的资金支持和人员安排，更多像空壳公司。三是安硕信息披露具有片面性，其选择性披露利好消息规避不利信息，为及时披露互联网金融业务开展中遇到的困难，混淆互联网金融业务和互联网金融服务业务概念。

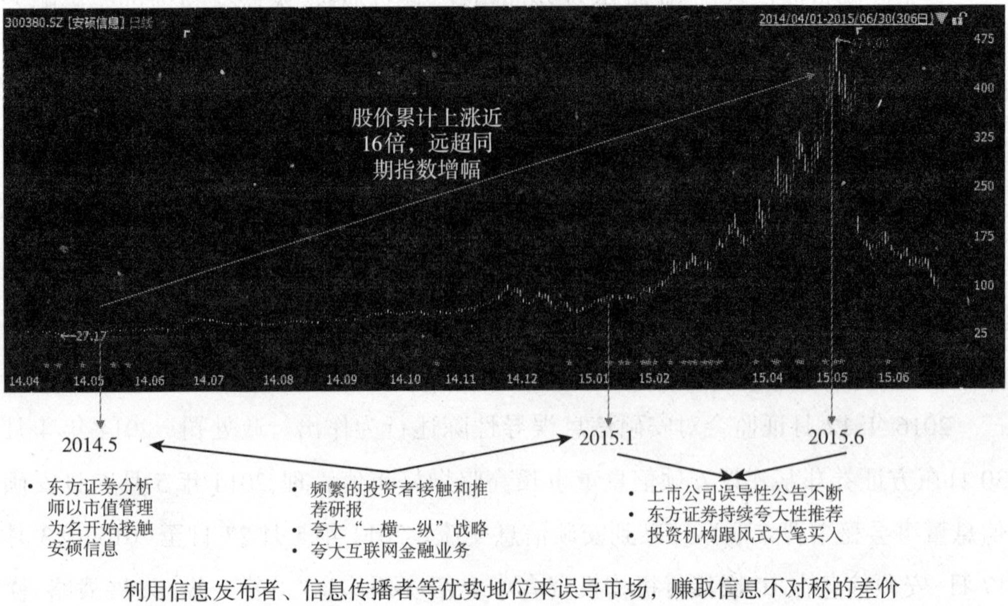

图 19　安硕信息违法信息披露案例分析

资料来源：Wind，申万宏源研究。

东方证券相关分析师给出“市值空间有望超 200 亿、超 1000 亿，tenbagger”等诱导性和夸大性语言并向 128 家投资机构的 1279 人员累计发送 1.1 万余封邮件，其后大量机构买入安硕信息，累计共有 221 只公募基金持有安硕信息最高达 1808.21 万股，占安硕信息流通股的 74.84%。安硕信息股价从 2014 年 4 月 30 日 28.30 元上涨至 2015 年 5 月 13 日 450 元，涨幅为 15.9 倍。针对此类误导性信息披露，证监会对安硕信息给予警告,并处以60万元罚款;对安硕信息董事长高鸣给予警告,并处以30万元罚款;对安硕股份董秘曹丰给予警告,并处以20万元罚款;对东方证券分析师浦俊懿、郑奇威责令改正,并分别处以20万元、15万元罚款。

(四)产业资本内幕交易行为

产业资本作为市场信息的绝对优势方,是内幕信息的知情人,利用内幕信息交易或泄露内幕信息是产业资本最常见的违法交易行为。从统计数据来看,近3年产业资本违法交易行为中内幕交易占据主导比例,2015～2017年累计处罚内幕交易120余起,涉及上市公司数量近100家(详见附表2)。从具体的交易行为来看,产业资本内幕交易行为与其他投资机构内幕交易行为较为相似,内幕信息知情人、在内幕信息敏感期利用内幕信息交易、是否泄露内幕信息进而让第三方进行内幕交易等是判定内幕交易的关键要素,至于是否盈利或者交易资金规模的大小并不是主要认定因素。从处罚力度来看,证监会对内幕交易的惩罚力度日渐加大,针对情节严重的案例都给予了顶格处罚,针对不同案例分别给出没一罚一到没一罚三不等的处罚。

三、产业资本交易行为的监管重点和建议

(一)信息披露是产业资本的监管重点

信息获取及信息披露是产业资本交易行为监管的核心所在。基于信息优势,产业资本才可能实施内幕交易、忽悠式重组以及操纵市场等。建议从以下两方面完善产业资本的信息管理制度:

一是自上而下完善的信息披露体系。与境外成熟市场相比,当前我国信息披露呈现强制性披露多、自愿性披露少,定性披露多、定量披露少,事中事后披露多、事前披露少等基本特征,且从信息披露的时效性来看,我国市场信息披露时滞较长、有效性和及时性都相对不足。以年报为例,境外成熟市场一般在财年结束后2个月内披露年报,而我国一般为4个月且部分公司并不披露年报。建议我国从准确性、及时性和有效性三方面来完善信息披露体系机制,加大为违法信息披露的惩罚力度,当前针对上市公司董事、监事、高级管理人员最高60万元的处罚力度相对较轻。

二是引导上市公司逐步提升信息披露质量,完善内部信息防火墙制度。上市公司借助违规信息披露来影响股价,一方面源于上市公司自身内部管理不足,另一方面与市场热衷概念炒作、主题炒作等非理性交易氛围相关。靠消息炒股、靠内幕炒股一度成为A股市场的主流风气,尤其在中小投资者中盛行。建议未来在强化上市公司信息披露监管、要求上市公司完善内部信息防火墙建设的基础上,逐步引导市场价值投资,提升机构投资者比重,使得正向信息披露在市场上形成正循环反馈。

(二)强化并购重组的实质性审核,严惩忽悠式重组

证监会2017年共查处内幕交易案例60起,其中44起涉及资产并购重组事项,占比高达73.33%,忽悠式并购重组是产业资本违法交易的主要行为之一。2016年9月9日证监会正式颁布《上市公司重大资产重组管理办法》,明确并购重组的五大监管方向:一是强化信息披露,弱化实质审核;二是流程简化、分道审批;三是支持并购重组创新,完善机制安排;四是分类审核,严格借壳上市审查;五是提高并购重组审核透明度。严厉打击炒壳、忽悠式重组等交易行为。建议在此基础上,进一步强化以信息披露为核心的监管理念,加大对信息真实性的审核监管力度。

从美国市场的成功经验来看,强化信息真实性审核和不做价值判断是美国市场持续健康发展的基础。建议未来我国进一步加大对信息真实性监管,推进市场归位发展,监管机构负责审核信息真实性,中介机构旨在借助专业能力引导上市公司做真实信息披露,投资者自身做价值判断,监管部门及中介机构力求最大限度降低信息不对称程度,切实维护中小投资者权益。

(三)斩断上市公司、投资机构与券商分析师的三角利益关系

上市公司、投资机构与券商分析师之间的三角利益关系是很多内幕交易、操纵市场、精准减持、伪市值管理等违法交易行为的基础,斩断三角利益关系是关键所在。本课题组建议:一方面,加大上市公司信息披露的监管,加大对违规信息披露的处罚力度,尤其是针对上述三者合谋的内幕交易和违规信披给予顶格处罚;另一方面,斩断投资机构与券商分析师之间的买卖方利益关系,弱化新财富等评选机制,加大对证券研究机构报告发布、信息披露的合规监管,针对券商分析师夸大性陈述、误导性陈述以及违规信息披露等行为给予重罚。尽管目前证监会对安硕信息案件中东方证券计算机行业分析师和中信证券医药分析师开出过相应罚单,但惩罚力度较其收入水平和潜在获利相比明显偏轻。

第六章　完善中小投资者保护相关建议

一、损害中小投资者权益的共性行为及监管重点

基于上文对各类投资者交易行为的分析，我们发现不同类型投资者可能产生的损害中小投资者权益的行为中有些存在明显的共性特征，如利用非公开信息交易获利行为、操纵市场行为以及投资者适当性管理不足行为等。针对此类行为，其核心在于强化投资者适当性管理，完善信息披露机制等。

（一）共性行为一：利用非公开信息交易获利行为

利用非公开信息交易获利是常见的损害中小投资者权益的行为之一，产生此种行为的根源在于市场上普遍存在信息不对称，占据信息优势的一方在缺乏有效的外部约束机制下极可能借助信息优势进行交易获利。于投资经理而言，此种信息优势可能表现为交易信息、行业重大信息以及监管政策信息；于产业资本而言，此种信息优势可能表现为重大资产变动以及上市公司未公开的财务数据等内幕信息。基于信息优势，投资经理可能产生"老鼠仓"交易、抢帽子交易；产业资本可能产生内幕交易、精准减持等行为。完善上市公司的信息披露机制，优化投资机构内部的信息防火墙制度建设是解决此类交易行为的关键所在。

（二）共性行为二：操纵市场交易行为

操纵市场是另一类常见的损害中小投资者权益的交易行为。操纵市场主要指市场上具备信息优势或资金优势的一方借助相应优势操纵市场，引致股价异常波动的交易行为。于基金投资经理而言，此种行为表现为其利用资金优势，与券商分析师一起合谋交易操纵市场；除此之外，部分投资经理还借助连续交易、涨停价格挂大单、反向交易等方式来引发股价大幅波动，借助"快进快出"手法操纵小市值股

票,借助同一实际控制人的多个账户之间合谋交易、操纵股价;于私募股权投资机构及产业资本而言,此种行为表现为其利用信息优势来引导市场预期,进而实现操纵股价的目的,如上市公司大股东或实际控制人借助虚假信息披露来操纵股价进而实现精准减持交易等。针对此类损害中小投资者权益的行为,监管重点在于斩断相关利益链条,完善交易行为监管,对股价异常波动等交易行为进行重点监测。

(三)共性行为三:投资者适当性管理不足行为

除利用非公开信息交易获利以及操纵市场等行为外,损害中小投资者权益的常见行为还包括投资者适当性管理不足。投资者适当性管理不足主要表现为以下几种情况:一是变相降低投资者门槛,将具备高风险属性的资产销售给风险承受能力较小的投资者;二是虚假陈述,借助保本收益、虚假高收益承诺等形式拉拢投资者;三是资质不全,不具备相应业务资质的机构非法向投资者募集资金等。近年来,我国不断完善投资者适当性管理体系,2016年证监会颁布《证券期货投资者适当性管理办法》,自2017年7月1日起正式实施。相较而言,公募基金的投资者适当性相对较好,私募证券基金及私募股权基金的投资者适当性管理还有待进一步完善。

(四)三维度强化对损害中小投资者权益共性行为的监管

一是完善市场信息披露机制,做好上市公司的信息披露管理及投资机构内部的信息防火墙建设。信息披露体系建设是资本市场监管工作的重中之重,信息披露是解决资本市场信息不对称、规范市场主体行为、帮助投资者决策的基本制度安排。在抓好上市公司信息披露这个"牛鼻子"的基础上,本课题组建议:一方面,做好其他投资机构以及投资咨询机构的信息披露管理,尤其是在新媒体环境下,规范引发证券咨询机构在微信、微博及其他新媒体渠道的信息传播,保证信息发布的一致性、同时性和公正性;另一方面,完善投资产品的信息披露,在当前我国金融监管体制从机构监管向功能监管的转变过程中,建议学习借鉴英国行为监管局(FCA)对产品全生命周期的监管体系,监管介入产品早期开发环节,对金融产品的监管呈现从事中销售环节、事后处理环节的监管逐渐转变到向产品生命周期全过程监管转变。

二是强化投资者适当性管理。强化投资者适当性管理是切实保护中小投资者权益的前提基础。建议在《证券期货投资者适当性管理办法》的基础上,从以下三方面来进一步强化投资者适当性管理:其一,强化私募机构的资质管理。当前我国仍存在相当一批机构无私募基金备案资格却行私募基金管理之实,加强私募机构的资质管理迫在眉睫。建议基金业协会强化对失联机构、未发行产品等机构的管理,及时取消其备案资格,同时加大对未备案机构的审慎监管,完善私募机构资质管理。其二,完善合格投资者的衡量体系。当前我国对合格投资者的认定多以投资年限、净资产规模、金融资产规模或年收入等为衡量指标,此类指标仅反映了投资者的资产情况,但对投资者的风险承受能力缺乏有效衡量,建议在合格投资者的认定上增加可投资金融资产、风险承受能力等指标。其三,完善各类投资机构强化内部投资者适当性管理体系建设,根据客户风险承受能力及客户投资偏好的差异来做好客户分层分类管理体系,切实强化对投资者,尤其是中小投资者的保护。

三是完善投资者保护的体系建设。中小投资者保护是系统性工程,在完善市场信息披露机制、做好投资者适当性管理的基础上,还需要进一步完善投资者保护体系的建设。一方面,建议借鉴境外"双峰"监管理念,将投资者保护作为金融监管的重要目标之一,整合现有证券投资者保护基金、银行存款保险、保险保障基金以及投服中心等资源,在金融稳定发展委员会下成立专门的投资者保护局,强化对中小投资者的保护;另一方面,建议借鉴美国对中小投资者的保护经验,借助成立专题小组等形式来逐个突破中小投资者保护面临的难题,2017 年美国证券交易委员会加大对中小投资者保护力度,明确美国证券交易委员会使命是"自始至终和大众投资者(Main stream investor)的长期利益站在一起",当美国证券交易委员会"聚焦于保护那些最需要被保护的散户投资者时,其对华尔街的监管是最有效的"。基于此,美国证券交易委员会于 2017 年 9 月宣布成立针对保护散户投资者的战略任务小组,不断完善投资者保护体系建设。

二、损害中小投资者权益的差异性行为及监管重点

由于不同类型投资者在信息获取能力、委托—代理关系等方面存在差异化特征,因此其交易行为也会呈现一定的差异性。在损害中小投资者权益的交易行为上也表现出一定的差异性,其中有信息优势的投资者容易出现违规信息披露行为,以及利用信息优势进行伪市值管理和忽悠式重组等交易行为。

(一)差异性行为一:违规信息披露

违规信息披露是产业资本常见的损害中小投资者权益的行为之一。与市场上其他投资者相比,由于产业资本在一定程度上是上市公司的大股东或实际控制人,因此其在很大程度上能够影响上市公司的信息披露。上市公司是资本市场重要的信息发布者,具有绝对的信息优势,利用信息发布者的优势进行违规信息披露,进而误导市场预期,影响股价是产业资本区别于其他投资者最典型的差异化交易行为。其常见的违规信息披露包括:一是粉饰业绩、虚增收入和利润,"漂亮化"财务报表;二是未及时披露重要交易信息,主要表现为超比例违规减持不披露、一致行动人累计减持比例超过5%时未进行及时信息披露、持股5%以上的股东减持未进行及时披露等;三是隐瞒负面信息;四是误导性信息披露,借助虚假陈述等方式来误导市场预期,进行造成股价异常波动。

(二)差异性行为二:伪市值管理

伪市值管理是私募股权类投资者与上市公司或产业资本之间借市值管理之名,行操纵股价之实的交易行为。此类投资者一般在市场交易中具备相对的信息优势,且借助投资咨询服务的形式来实现违法违规交易。伪市值管理行为一般具备以下几个特征:其一,市值管理的目标多为抬升股价进而实现高位减持或赚取差价,并不是旨在推进公司发展;其二,市值管理中提到的某些转型战略、资产重组计划等信息披露并不翔实,经不起仔细推敲;其三,提供市值管理的研究顾问方与委托人之间有清晰的利益分配约定,双方利益存在绑定关系,一般而言伪市值管理的顾问费远高于一般研究顾问费的收费标准。

(三)差异性行为三:忽悠式重组

忽悠式重组是产业资本区别于其他投资者,常见的损害中小投资者权益的差异化行为之一。产业资本作为市场信息的发布者,信息披露的准确性、及时性和有效性在很大程度上决定交易的有效性,对股价波动也能产生显著影响。近年来,部分产业资本借助信息优势,以忽悠式重组为幌子来实现变相上市或哄抬股价,极大地扰乱了市场秩序。一般而言,忽悠式重组中常存在违规信息披露,借助虚增收入、做"漂亮"三张报表来做大资产规模和估值水平;并购重组项目的信息披露经不起推敲,重要的项目细节及资金使用用途等关键信息缺乏有效披露等。在信息获取能力上的绝对优势以及对个人利益最大化的追求是引致此类违规交易行为的核心因素。

(四)基于交易行为差异明确投资者交易行为的监管重点

针对产业资本及私募股权投资者的各类损害中小投资者权益的差异化交易行为,建议从交易行为特征的本源处罚,精准出击、各个击破。

针对违规信息披露、伪市值管理和忽悠式重组等差异化交易行为,建议抓住上市公司信息披露这个“牛鼻子”,把控好信息源。上市公司是资本市场上重要的信息源,其信息公告的及时性、有效性和真实性将直接影响投资者的投资判断;同时上市公司作为市场内幕信息的发起人和知情人,做好内幕信息的管理,是防控内幕交易和操纵市场的关键所在。2016 年证监会进一步修订《上市公司信息披露管理办法》,推进分行业信息披露体系建设,完善上市公司股权质押信息披露规则,完善大宗交易减持信息规则;2017 年沪深交易所修订了《上市公司信息披露工作评价办法》,进一步完善上市公司信息披露工作评价机制,努力使评级结果真正区分出信息披露优劣不同的公司。建议在此基础上,借助相关规则及评价体系的修订,鼓励上市公司做主动信息披露、事前披露,在临时停复牌,重大事项公告,并购重组,董事、监事、高级管理人员增减持等方面进一步完善信息披露。

针对不同类型的投资者,重点监管的交易行为也存在一定差异。对于产业资本,监管重点在于信息披露和内幕交易,尤其是确保信息披露的及时性、有效性和一致性。对于私募股权机构,监管重点在于伪市值管理和违规展业等,重点监管股权私募机构借市值管理之名行操纵股价、内幕交易之实,另外对于不具备业务资质、违规募集资金等展业行为也要重点监管。对于私募证券机构,监管重点在于操纵市场和程序化交易等,对于私募证券机构惯用的连续交易、反向交易、虚假挂单、尾盘拉升等交易行为进行重点监管,规范引导私募机构的高频交易、程序化交易等新型交易方式。对于公募投资基金,监管重点在于“老鼠仓”交易以及投资经理与多方联合进行的合谋操纵市场等。对于保险投资机构,监管重点在于资金来源的穿透式监管和规范二级市场举牌交易。在保险业全面加强监管,推进保险业回归姓“保”的前提下,将穿透监管向上下渗透,向上穿透资金来源,向下穿透底层资产;在资产管理业务统一监管的前提下,进一步规范保险资管产品的交易行为。对于境外投资者,监管重点在于是否利用沪港通及其他境外通道实行操纵市场,尤其要提防境外机构利用海外衍生工具恶意做空市场或扰乱市场波动的交易行为。

三、基于不同维度梳理保障中小投资者权益的监管重点

(一)从投资者主体来看,产业资本是监管的重中之重

从投资者主体来看,建议根据"离信息源距离"的原则来确定监管的相对次序,其中离信息源越近的主体,监管力度应该越大。上市公司是市场信息的发布源,而产业资本中多数为上市公司的控参股大股东,其直接接触信息源,是最重要的监管对象。2015~2017年累计处罚内幕交易120余起,涉及主体包括上市公司董事、监事、高级管理人员,投资经理,投资顾问及其他机构等,其中上市公司是最重要的主体。2017年查处的内幕交易案例便涉及近100家上市公司。因此,对产业资本交易行为的监管是重中之重。

(二)从交易行为来看,内幕交易是常见的损害投资者权益的行为

从交易行为来看,内幕交易行为是最常见的损害投资者权益的行为,也是各类投资者都可能产生的违法交易行为。从2015~2017年证监会处罚案例来看,违规信息披露、内幕交易和操纵市场是最常见的三类违法交易行为。以2017年为例,证监会共查处224起违法违规行为,其中违规信息披露60起、内幕交易60起、操纵市场21起,三者累计占比约为63%,其中内幕交易的涉案金额最大。

(三)从约束机制来看,提高对违法行为的稽查及惩罚力度

对损害中小投资者权益的各类交易行为,除持续强化监管之外,还需要不断完善约束机制,一方面提升对违法违规交易行为的稽查力度,另一方面加大对违法违规行为的处罚力度。

在对违法违规交易行为的稽查上,近年来违法违规交易行为的作案手段更加隐蔽,稽查难度大幅提升。近年来,证券稽查机构以大数据、云计算等互联网技术为手段,以中央监控系统大数据平台为依托,用精确制导的线索引领调查、服务调查,稽查破案效率大幅提升。建议未来在此基础上,持续依靠大数据、AI等先进技术,采用"数据建模+机器学习"等模式来辅助案例分析,多维度对异常交易及违法违规交易行为进行分析,提升证券稽查的智能性、高效化和准确性,其中对内幕交易的稽查重点应放在内幕信息知情人实质控制资金账户及个股异动账户上,对涉及重大资产重组相关股票标的的持仓账户进行分析,将其中账户交易时间在内幕

信息敏感期内的账户进行重点分析，利用大数据来剖析此类异动账户与内幕信息知情人之间的关联，提高对内幕交易的稽查效率。

在处罚力度上，建议进一步加大对违法违规交易行为的处罚力度，2018 年“两会”期间全国人大代表、深圳证券交易所总经理王建军提出“关于修改刑法加重欺诈发行犯罪刑罚力度的议案”，得到了多位人大代表的认同，另外全国人大代表、广东省律师协会会长肖胜方指出：“违法违规成本过低，上市和并购成功之后可以获得的利益巨大，这正是欺诈发行、虚假披露、内幕交易、操纵市场等乱象的根本原因。”违法成本和违法收益之间严重不平衡在一定程度上成为违法违规交易行为频发的原因之一，加大对损害投资者权益的交易行为的惩罚力度势在必行。

参考文献

1. 陈美言:《私募股权基金运行中投资者保护的法律研究》,上海师范大学民商法学系 2017 年硕士学位论文。

2. 李锦成:《类私募证券型基金:投资者结构中被忽视的部分》,载《新金融》2017 年第 4 期。

3. 何海锋:《投资者分类的制度框架——以〈证券期货投资者适当性管理办法〉为对象的考察》,载《银行家》2017 年第 2 期。

4. 贾艳艳:《中国证券市场投资者结构特点及改善措施》,山东大学经济研究院 2016 年硕士学位论文。

5. 肖亦歌:《投资者关注对投资者交易行为的影响》,哈尔滨工业大学金融学系 2016 年硕士学位论文。

6. 庞小凤:《我国证券监管转型背景下的投资者保护研究》,对外经济贸易大学金融学系 2015 年硕士学位论文。

7. 李竹薇:《中国证券投资者结构和行为实证研究》,东北财经大学经济学系 2011 年博士学位论文。

8. 巩云华:《中国私募证券投资基金行为与监管研究》,南开大学经济学院 2011 年博士学位论文。

9. 刘有贵、蒋年云:《委托代理理论述评》,载《学术界》2006 年第 1 期。

10. 莫万贵:《我国股票投资者交易行为的实证研究》,复旦大学经济学院世界经济系 2004 年博士学位论文。

附　录

附表 1　2015～2017 年违法减持处罚案例

时间	违法减持详情	相应处罚措施
2017.11.3	精伦电子已发行股份 5% 以上的股东张某某累计减持达 5% 时未公告并继续减持 679 万股，违法减持金额为 5078 万元	给予警告并对其超比例减持未披露行为处以 40 万元罚款，对其限制期内的减持行为处以 300 万元罚款
2017.9.29	津膜科技已发行股份 5% 以上的股东华益科技国际累计减持达 5% 时未公告并继续减持，违法减持金额为 2.13 亿元	对华益科技超比例减持未披露及限制期内减持行为给予警告，并合计处以 1310 万元罚款；对直接负责的主管人员林某某给予警告，并合计处以 10 万元罚款
2017.7.14	安利股份持股 5% 以上股东香港敏丰贸易累计减持达 5% 时未公告并继续减持，违法减持金额为 7626 万元	对敏丰贸易减持达 5% 未披露行为给予警告，并处以 40 万元罚款；对敏丰贸易限制转让期继续减持股票行为给予警告，并处以 40 万元罚款；对相关责任人员给予警告，并分别处以 10 万元罚款
2017.4.28	巨轮智能持股 5% 以上股东郑某某累计减持达 5% 时未公告并继续减持，违规减持 336 万股，违规减持金额为 5275 万元	责令郑某某改正，对郑某某未依法披露减持行为及限制转让期的违规减持行为予以警告；对郑某某未依法披露减持行为处以 30 万元罚款，限制转让期内的违规减持行为处以 260 万元罚款，合计罚款 290 万元

续表

时间	违法减持详情	相应处罚措施
2017.3.24	金新农控股股东新疆成农累计减持达5%时未公告并继续减持,违规减持208万股	对新疆成农超比例减持未披露及限制转让期限内减持行为给予警告,对直接责任人员王某某给予警告;对新疆成农合计处以210万元罚款;对王某某合计处以20万元罚款
2016.5.13	庄某某控制"庄某虹"账户作为持有*ST博元股份达5%以上的股东,于2015年5月6日通过上海证券交易所交易系统减持"*ST博元"约593万股,占*ST博元总股本的3.12%。2015年5月8日,庄某某控制"庄某虹"账户减持"*ST博元"约904万股,累计减持达*ST博元总股本的7.87%。其中,庄某某减持"*ST博元"达到5%时未及时披露,并继续减持,违法减持金额约为2944万元	责令庄某某改正,并就超比例减持行为公开致歉;对庄某某超比例减持未披露及限制转让期的减持行为予以警告,并合计处以罚款220万元
2016.4.22	截至2015年6月4日,中航投资、金城集团作为一致行动人持有中航黑豹已发行股份的15.97%。作为中航黑豹股东,金城集团、中航投资分别于2015年6月5日至6月24日、2015年6月16日至6月29日通过二级市场减持"中航黑豹",累计减持股份占已发行股份的比例达到5.869%。其中,中航投资减持"中航黑豹"达到5%后未及时披露,并继续通过二级市场减持,违法减持金额约7000万元	责令中航投资改正,在收到《行政处罚决定书》之日起3日内对超比例减持情况进行报告和公告,并就超比例减持行为公开致歉;对中航投资超比例减持未披露及限制期内减持行为,给予相关负责人杨某某警告处分,并处罚款10万元;给予中航投资警告处分,并处以220万元罚款

续表

时间	违法减持详情	相应处罚措施
2016.1.22	科泰控股作为上海科泰电源股份有限公司第一大股东,于2014年7月1日至2015年5月25日通过大宗交易减持“科泰电源”1400万股,累计减持股份占已发行股份的比例达到5.9375%;其中,在2015年5月22日减持后,减持“科泰电源”比例已超过科泰电源已发行股份的5%,科泰控股未按照规定及时向中国证监会和深圳证券交易所提交书面报告,也未通知上市公司并予以公告。科泰控股违法减持的股份数为300万股,违法减持金额为5391万元	对科泰控股超比例减持未披露及限制期内转让行为予以警告,对违法行为直接负责的主管人员严某某予以警告;对科泰控股超比例减持未披露行为处以40万元罚款,限制期内转让行为处以270万元罚款,罚款合计310万元;对科泰控股超比例减持未披露行为,对严某某处以20万元罚款,对科泰控股限制期内减持行为,对严某某处以20万元罚款,罚款合计40万元
2015.12.25	侯某某违法减持“雏鹰农牧”17,909,894股,违法减持金额426,434,576.1元	警告、责令改正,对侯某某处以1580万元罚款
2015.12.25	问某某违法减持“摩恩电气”704万股,违法减持金额172,787,200元	警告、责令改正,对问某某处以870万元罚款
2015.12.25	浙江凯喜雅国际股份有限公司(简称凯喜雅)违法减持“嘉欣丝绸”6,977,454股,违法减持金额98,749,305.1元	警告、责令改正,对凯喜雅处以510万元罚款
2015.12.25	香港东亚真空电镀厂有限公司(简称东亚真空)违法减持“长信科技”44,814,897股,违法减持金额956,590,452.05元	警告、责令改正,对东亚真空处以3040万元罚款
2015.12.25	深圳市投资控股有限公司(简称深控投)违法减持“深天地A”3,556,854股,违法减持金额87,825,806.24元	警告、责令改正,对深控投处以570万元罚款

续表

时间	违法减持详情	相应处罚措施
2015.11.6	重庆渝富资产经营管理集团有限公司累计违法减持“西南证券”5,852,534股,违法减持金额为147,515,963.12元	对重庆渝富超比例减持未披露行为处以40万元罚款,对重庆渝富在限制转让期限内的减持行为处以370万元罚款,合计罚款410万元。对重庆渝富超比例减持未披露行为直接负责的主管人员易某某处以20万元罚款,对重庆渝富在限制转让期限内的减持行为直接负责的主管人员易某某处以10万元罚款,合计罚款30万元
2015.11.6	深圳市联泰房地产开发有限公司、南昌联泰投资有限公司合计违法减持“中州控股”11,590,011股,违法减持金额为279,319,265元	对深圳联泰超比例减持未披露行为处以20万元罚款,对深圳联泰在限制转让期限内的减持行为处以230万元罚款,对深圳联泰合计罚款250万元。对南昌联泰超比例减持未披露行为处以20万元罚款,对南昌联泰在限制转让期限内的减持行为处以610万元罚款,对南昌联泰合计罚款630万元。对深圳联泰、南昌联泰超比例减持未披露行为直接负责的主管人员黄某某处以20万元罚款,对深圳联泰、南昌联泰在限制转让期限内的减持行为直接负责的主管人员黄某某处以10万元罚款,对黄某某合计罚款30万元。对深圳联泰、南昌联泰超比例减持未披露行为的其他责任人员颜某某处以3万元罚款,对深圳联泰、南昌联泰在限制转让期限内的减持行为的其他责任人员颜某某处以3万元罚款,对严某某合计罚款6万元

续表

时间	违法减持详情	相应处罚措施
2015.10.30	沈阳蓝英工业自动化装备股份有限公司法定代表人和实际控制人郭某某减持“蓝英装备”累计达到5%后，未及时向中国证监会和深圳证券交易所提交书面报告，也未通知上市公司并予以公告。在没有报告、公告的情况下，郭某某通过中巨国际于2015年5月19日继续减持“蓝英装备”，导致蓝英自动、中巨国际累计减持股份占蓝英装备已发行股份的6.11%，减持“蓝英装备”5%以后，违法减持的股份数为3,000,000股，违法减持金额为88,170,000元	对郭某某超比例减持未披露行为处以40万元罚款，对郭某某超比例减持行为处以420万元罚款，对郭某某合计罚款460万元
2015.10.30	津劝业第二大股东中商联减持“津劝业”累计达到5%后，未及时向中国证监会和上海证券交易所提交书面报告，也未通知上市公司并予以公告。在没有报告、公告的情况下，中商联2015年7月6日继续通过大宗交易减持“津劝业”，累计减持股份占津劝业已发行股份的7.65%，中商联减持“津劝业”5%以后，违法减持的股份数为11,019,889股，违法减持金额为82,998,624元	对中商联超比例减持未披露行为处以40万元罚款，对中商联在限制期内转让行为处以500万元罚款，对中商联合计罚款540万元。对中商联超比例减持未披露行为，对其直接负责的主管人员应某某处以20万元罚款，其他直接责任人员高某某处以3万元罚款；对中商联限制期内减持行为，对其直接负责的主管人员应某某处以20万元罚款，其他直接责任人员高某某处以3万元罚款。对应某某合计罚款40万元，对高某某合计罚款6万元
2015.10.30	2014年7月25日当一致行动人累计减持“美盈森”达到总股本的5%时，王治某、王海某没有在履行报告和披露义务前停止卖出“美盈森”，而是继续违反法律规定在限制转让期减持“美盈森”	对王海某超比例减持未披露行为处以25万元罚款，对王海某在限制转让期内的减持行为处以1775万元罚款，对王海某合计罚款1800万元。对王治某超比例减持未披露行为处以15万元罚款，对王治某在限制转让期内的减持行为处以1225万元罚款，对王治某合计罚款1240万元

续表

时间	违法减持详情	相应处罚措施
2015.10.30	张某、黄某华于2014年9月2日至5日,通过大宗交易减持金信诺股份累计8,000,000股,累计占金信诺已发行股份的4.89%,2015年5月6日,张某继续减持金信诺股份1,000,000股,累计减持金信诺已发行股份的5.51%。2015年5月11日、6月1日,张某继续减持金信诺股份7,500,000股,导致张某、黄某华累计减持金信诺16,500,000股,占金信诺已发行股份的8.08%。在一致行动人减持股份累计达到5%时,张某没有在履行报告和披露义务前停止卖出金信诺股份,违反法律规定减持的股份数为8,329,352股,违反法律规定减持金额为508,386,927.2元	对张某超比例减持未披露行为处以40万元罚款,对张某在限制转让期限内的减持行为处以2100万元罚款,对张某合计罚款2140万元
2015.10.30	王明某、王某、新余市某投资有限公司于2014年5月23日至8月28日,通过大宗交易和二级市场竞价方式累计减持欣旺达股份19,082,190股,占欣旺达已发行股份的7.6337%。2015年6月26日,欣旺达披露了相关的权益变动报告书。在一致行动人减持股份累计达到5%时,王明某没有在履行报告和披露义务前停止卖出欣旺达股份,违反法律规定减持的股份数为6,628,671股,违反法律规定减持金额194,822,477.3元	对王明某超比例减持未披露行为处以40万元罚款,对王明某在限制转让期限内的减持行为处以1170万元罚款,对王明某合计罚款1210万元

续表

时间	违法减持详情	相应处罚措施
2015.10.30	华仁集团作为持股华仁药业5%以上股份的股东,于2014年12月4日至2015年1月13日,通过大宗交易减持华仁药业股份3300万股,占华仁药业已发行股份的4.9069%。2015年1月30日,华仁集团继续减持华仁药业股份2750万股。截至2015年1月30日下午收市,华仁集团累计减持华仁药业6050万股,占华仁药业已发行股份的8.996%。华仁集团减持股份累计达到5%时,没有在履行报告和披露义务前停止卖出华仁药业股份,违反法律规定减持的股份数为26,873,639股,违反法律规定减持金额为180,053,381.3元。对上述行为直接负责的主管人员为董某某	对华仁集团超比例减持未披露行为处以40万元罚款,对华仁集团在限制转让期限内的减持行为处以1260万元罚款,对华仁集团合计罚款1300万元。对华仁集团超比例减持未披露行为直接负责的主管人员董某某处以20万元罚款,对华仁集团在限制转让期限内的减持行为直接负责的主管人员董某某以20万元罚款,对董某某合计罚款40万元
2015.10.30	东兆长泰作为持有涪陵榨菜5%以上股份的股东,于2015年4月14日至28日,通过二级市场减持涪陵榨菜股份9,090,400股,占涪陵榨菜已发行股份的4.51%。2015年5月28日,东兆长泰继续减持涪陵榨菜股份5,164,400股。截至2015年5月28日下午收市,东兆长泰累计减持涪陵榨菜股份14,254,800股,占涪陵榨菜已发行股份的7.07%。东兆长泰减持股份累计达到5%时,没有在履行报告和披露义务前停止卖出涪陵榨菜股份,违反法律规定减持的股份数为4,179,800股,违反法律规定减持金额为151,852,134元。对上述行为直接负责的主管人员为郭某某,其他责任人员为周某某	对东兆长泰超比例减持未披露行为处以40万元罚款,在限制转让期限内的减持行为处以910万元罚款,合计罚款950万元。对东兆长泰超比例减持未披露行为直接负责的主管人员郭某某处以20万元罚款,在限制转让期限内的减持行为直接负责的主管人员郭某某处以20万元罚款,合计罚款40万元。对东兆长泰超比例减持未披露行为的其他责任人员周某某处以3万元罚款,在限制转让期限内的减持行为的其他责任人员周某某处以3万元罚款,合计罚款6万元

续表

时间	违法减持详情	相应处罚措施
2015.10.30	丹邦投资作为持股丹邦科技5%以上股份的股东，于2015年3月9日、2015年3月16日，通过大宗交易方式在二级市场减持丹邦科技股份1200万股，占丹邦科技已发行股份的6.57%。丹邦投资减持股份累计达到5%时，没有在履行报告和披露义务前停止卖出丹邦科技股份，违反法律规定减持的股份数为2,868,000股，违反法律规定减持金额为93,525,480元。对上述行为直接负责的主管人员为刘某	对丹邦投资超比例减持未披露行为处以40万元罚款，对丹邦投资在限制转让期限内的减持行为处以560万元罚款，对丹邦投资合计罚款600万元。对丹邦投资超比例减持未披露行为直接负责的主管人员刘某处以30万元罚款，对丹邦投资在限制转让期限内的减持行为直接负责的主管人员刘某处以30万元罚款，对刘某合计罚款60万元
2015.10.30	作为阳谷华泰董事长、实际控制人、控股股东，王某某于2014年6月27日、2014年12月24日和2015年3月27日通过大宗交易分别卖出“阳谷华泰”350万股、151万股和1400万股，成交价格分别为8.71元、7.29元和10.66元，占公司总股本比例分别为1.25%、0.54%和4.99%，累计减持公司总股本6.78%。王某某减持“阳谷华泰”累计达到5%后，未及时向中国证监会和深圳证券交易所提交书面报告，也未通知上市公司并予以公告。在没有报告、公告的情况下，王某某未停止买卖股票。王某某减持阳谷华泰已发行股票5%以后，违法减持的股份数为4,998,240股，违法减持金额为53,281,238.40元	对王某某超比例减持未披露行为处以40万元罚款，对王某某限制期内减持行为处以260万元罚款，对王某某合计罚款300万元

续表

时间	违法减持详情	相应处罚措施
2015.10.30	宁波工投集团与其一致行动人减持“维科精华”已发行股份累计达到5%时，宁波工投集团没有在履行报告和披露义务前停止卖出“维科精华”，违反法律规定减持累计达1,261,121股，成交金额为19,485,998.7元，超比例减持部分占维科精华总股本的0.43%	对宁波工投集团超比例减持未披露行为处以40万元罚款，对宁波工投集团在限制转让期限内的减持行为处以100万元罚款，对宁波工投集团合计罚款140万元。对宁波工投集团超比例减持未披露行为其他直接责任人员王某某处以3万元罚款，对宁波工投集团限制转让期限内的减持行为其他直接责任人员王某某处以3万元罚款，对王某某合计罚款6万元
2015.9.29	2014年8月18日至2015年6月3日，烟台金业累计减持“东诚药业”8,953,440股，占东诚药业总股本的5.18%。烟台金业减持“东诚药业”累计达到5%时，未及时向中国证监会和深圳证券交易所提交书面报告。在没有报告、公告的情况下，烟台金业未停止买卖股票。烟台金业减持“东诚药业”已发行股份5%以后，违法减持股份数为313,440股，占东诚药业总股本的0.18%，违法减持金额为20,613,060.80元	对烟台金业超比例减持未披露行为处以40万元罚款，对烟台金业在限制转让期内的减持行为处以100万元罚款，合计罚款140万元。对烟台金业超比例减持未披露行为直接负责的主管人员温某处以20万元罚款，对烟台金业限制转让期内的减持行为直接负责的主管人员温某处以20万元罚款，合计罚款40万元
2015.9.29	明坤科工贸于2011年5月16日至2015年6月11日累计减持“美锦能源”14,291,260股，占美锦能源总股本的5.12%。明坤科工贸减持“美锦能源”累计达到5%时，未及时向中国证监会和深圳证券交易所提交书面报告。在没有报告、公告的情况下，明坤科工贸未停止买卖股票。明坤科工贸减持“美锦能源”已发行股份5%以后，违法减持股份数为335,038股，占美锦能源总股本的0.12%，违法减持金额为7,485,056.82元。明坤科工贸作为持有美锦能源股份达5%以上的股东，于2015年1月8日增持“美锦能源”1,200股，又于2015年6月11日减持“美锦能源”13,000,000股，时间间隔小于6个月，存在短线交易行为	对明坤科工贸超比例减持未披露行为处以40万元罚款，对明坤科工贸限制期内的减持行为处以30万元罚款，对明坤科工贸短线交易行为处以10万元罚款，合计罚款80万元。对明坤科工贸超比例减持未披露行为直接负责的主管人员梁某某处以20万元罚款，对明坤科工贸限制期内的减持行为直接负责的主管人员梁某某处以20万元罚款，合计罚款40万元。对明坤科工贸超比例减持未披露行为的其他直接责任人员孔某某处以3万元罚款，对明坤科工贸限制期内减持行为的其他直接责任人员孔某某处以3万元罚款，合计罚款6万元

续表

时间	违法减持详情	相应处罚措施
2015.9.29	2015年5月7日至15日,金力泰董事长、控股股东、实际控制人吴某某合计减持1800万股,减持比例达金力泰已发行股份的6.889%。吴某某减持“金力泰”累计达到5%后,未及时向中国证监会和深圳证券交易所提交书面报告,也未通知上市公司并予以公告。在没有报告、公告的情况下,吴某某未停止买卖股票。吴某某减持“金力泰”已发行股份5%以后,违法减持的股份数为493.5万股,违法减持金额为7,256.49万元	对吴某某超比例减持未披露行为处以40万元罚款,限制期内减持行为处以440万元罚款,合计罚款480万元
2015.9.29	融达投资系国兴融达地产股份有限公司持股5%以上的第二大股东。2014年10月27日至2015年6月1日,融达投资通过深圳证券交易所竞价系统减持国兴地产股份累计达到10,277,647股,占国兴地产总股本的5.68%。融达投资减持国兴地产已发行股份累计达到5%时,没有在履行报告和披露义务前停止卖出“国兴地产”,违反法律规定减持“国兴地产”累计达1,227,661股,成交金额为33,838,443.6元	对融达投资超比例减持未披露行为处以40万元罚款,对融达投资在限制转让期限内的减持行为处以170万元罚款,合计罚款210万元。对融达投资超比例减持未披露行为直接负责的主管人员郑某、周某某各处以10万元罚款,对融达投资限制转让期限内的减持行为直接负责的主管人员郑某、周某某各处以10万元罚款,对直接负责的主管人员郑某、周某某合计罚款各20万元。对融达投资超比例减持未披露行为的其他直接责任人员熊某处以3万元罚款,对融达投资限制转让期限内的减持行为其他直接责任人员熊某处以3万元罚款,合计罚款6万元
2015.9.29	2014年12月3日至2015年3月31日,新筑投资以大宗交易方式累计减持“新筑股份”35,000,000股,合计交易金额39,950万元,占新筑股份总股本的5.42%。新筑投资减持“新筑股份”已发行股份累计达到5%时,没有在履行报告和披露义务前停止卖出“新筑股份”,违反法律规定减持累计达2,709,700股,成交金额为33,735,800元	对新筑投资超比例减持未及时披露行为处以40万元罚款,对新筑投资在限制转让期限内的减持行为处以170万元罚款,合计罚款210万元。对新筑投资超比例减持未披露行为直接负责的主管人员黄某某处以20万元罚款,对新筑投资在限制转让期限内的减持行为直接负责的主管人员黄某某处以20万元罚款,合计罚款40万元

续表

时间	违法减持详情	相应处罚措施
2015.9.29	2015年2月13日依米康环境科技股份有限公司董事长孙某某与依米康法定代表人、总经理张某超比例减持依米康股份合计为401,218股,成交均价为13.28元,成交金额为5,328,175.04元,累计减持超出5%的比例为0.228%。其中,孙某某超比例减持201,218股,超比例减持的证券交易额为2,672,175.04元;张某超比例减持200,000股,超比例减持的证券交易额为2,656,000元。综上,孙某某和张某在其所持"依米康"已发行的股份比例减少至5%时,未及时进行公告,且仍在报告期限内继续卖出依米康的股票	对孙某某、张某超比例减持未及时披露行为处以40万元罚款,对孙某某、张某在限制转让期限内的减持行为处以50万元罚款,合计罚款90万元
2015.9.29	2013年10月至2014年12月31日,湖北化纤作为湖北金环股份有限公司的第二大股东减持湖北金环已发行股份累计达到5%时,没有在履行报告和披露义务前停止卖出"湖北金环",违反法律规定减持累计达680,459股,成交金额为13,640,849.45元	对湖北化纤超比例减持未披露行为处以40万元罚款,对湖北化纤在限制转让期限内的减持行为处以70万元罚款,合计罚款110万元。对湖北化纤超比例减持未披露行为直接负责的主管人员刘某某处以20万元罚款,对湖北化纤限制转让期限内的减持行为直接负责的主管人员刘某某处以20万元罚款,合计罚款40万元
2015.9.29	梁某在2015年3月17日的减持交易过程中,与其一致行动人合并减持"金运激光"达到金运激光总股本的5%时,没有在履行报告和披露义务前停止卖出"金运激光"。梁某完成3月17日减持交易后,与其一致行动人合并减持"金运激光"股份占金运激光已发行股份的8.83%	对梁某超比例减持未披露行为处以40万元罚款,对梁某在限制转让期限内的减持行为处以1280万元罚款,合计罚款1320万元

资料来源:证监会,申万宏源研究。

附表2 2015~2017年内幕交易处罚案例

时间	内幕交易案例详情	相应处罚决定
2017.12.22	新华龙拟进行资产重组内幕信息知情人杨某某、王某、杨某利用内幕信息买入"新华龙",获利160万元	没收杨某某违法所得约50.3万元,并罚款150.9万元;没收王某违法所得104.2万元,并罚款312.7万元;没收杨某违法所得约5.7万元,并罚款17.2万元
2017.12.22	江海股份年度利润分配及资本公积转增股本内幕信息知情人朱某某利用内幕信息买入"江海股份",获利16.6万元	没收朱某某违法所得约16.6万元,并处以约33.2万元罚款
2017.12.22	信达投资有限公司转让同达创业股份内幕信息知情人曹某某利用内幕信息买入"同达创业",获利3.3万元	没收曹某某违法所得约3.3万元,并处以约6.6万元罚款
2017.12.15	龙泉股份拟发行股份购买无锡市新峰管业股份有限公司100%股权交易对方之一的施某某,且时任新峰管业副总经理买入"龙泉股份"	责令施某某依法处理非法持有的证券,并处以3万元罚款
2017.12.15	安徽合力2016年利润分配方案内幕信息的知情人莫某某买入"安徽合力"	责令莫某某依法处理非法持有的证券,并处以3万元罚款
2017.11.24	新赛股份收购新疆浦罂科技发展有限公司重大资产重组事项这一内幕信息的知情人戴某某使用其本人证券账户及"孙某祥"证券账户买入"新赛股份",获利约4.4万元。此外,戴某某于2014年12月至2017年6月担任伊力特董事、总经理职务期间,利用"孙某祥"证券账户于2016年2月5日买入"伊力特"4500股,2016年5月27日卖出200股,2016年6月2日卖出4300股,买入、卖出"伊力特"时间间隔不足6个月,构成短线交易	对戴某某内幕交易违法行为没收违法所得约4.4万元,并处以约13.2万元罚款;对戴某某短线交易违法行为给予警告,并处以5万元罚款

续表

时间	内幕交易案例详情	相应处罚决定
2017.12.8	普邦园林拟购买北京博睿赛思信息系统集成有限公司100%股权这一内幕信息的知情人黄某某控制使用其本人证券账户买入“普邦园林”121,500股,账面获利约为12.6万元。王某某为深圳博益投资发展有限公司(普邦园林前十大股东之一)法定代表人、董事长。在内幕信息敏感期内,王某某控制使用其本人证券账户买入“普邦园林”1,869,988股,实际获利约为112.3万元	没收黄某某违法所得约12.6万元,并处以约37.8万元罚款;没收王某某违法所得约112.3万元,并处以约336.9万元罚款
2017.12.8	昆百大A拟购买我爱我家房地产经纪有限公司部分股权这一内幕信息的知情人林某控制使用“周某”证券账户买入“昆百大A”280,000股,没收违法所得	对林某处以40万元罚款
2017.11.3	浔兴股份控股权转让事项这一内幕信息的知情人蔡某某使用其本人证券账户买入“浔兴股份”7万股,获利约7.5万元	对蔡某某没收违法所得约7.5万元,并处以约22.5万元罚款
2017.10.20	恒康医疗收购医院一事的内幕信息知情人刘某某利用“李某”等7个证券账户累计买入“恒康医疗”762万股,获利约3394.7万元。王某某控制“唐某国”证券账户累计买入“恒康医疗”106.47万股,获利约141.3万元。薛某某利用其本人证券账户累计买入“恒康医疗”9.53万股,获利约5.1万元	没收刘某某违法所得约3394.7万元,并处以约1.02亿元罚款;没收王某某违法所得约141.3万元,并处以约424.1万元罚款;没收薛某某违法所得约5.1万元,并处以约15.4万元罚款
2017.10.13	九有股份重大资产重组事项这一内幕信息的知情人高某及其配偶罗某某控制使用“刘某兰”“张某林”账户合计买入“九有股份”73.79万股,没有违法所得	责令高某、罗某某依法处理非法持有的九有股份股票,并处以60万元罚款
2017.10.13	国旅联合重大资产重组事项这一内幕信息的知情人李某某控制使用“徐某娥”账户买入“国旅联合”6000股,没有违法所得	对李某某处以3万元罚款

续表

时间	内幕交易案例详情	相应处罚决定
2017.10.13	山东墨龙截至2016年第三季度末发生重大亏损并持续至2016年全年重大亏损这一内幕信息的知情人张恩某卖出“山东墨龙”3000万股,避损金额约1625万元;张云某卖出“山东墨龙”750万股,避损金额约1434万元	对张恩某内幕交易行为没收违法所得约1625万元,并处以约4877万元罚款;对张云某内幕交易行为没收违法所得约1434万元,并处以约4303万元罚款
2017.9.29	大连港2015年度利润分配及资本公积转增股本相关事项这一内幕信息的知情人王某控制使用其本人证券账户及他人证券账户交易“大连港”,获利约53.2万元	对王某没收违法所得约53.2万元,并处以约53.2万元罚款
2017.9.15	海亮股份筹划发行股份及支付现金购买资产这一内幕信息的知情人徐某使用其本人证券账户买入“海亮股份”,没有违法所得;内幕信息知情人罡某某使用其本人证券账户及“冀某帆”账户买入“海亮股份”,没收违法所得	对徐某处以20万元罚款;责令罡某某依法处理非法持有的证券,并处以3万元罚款
2017.9.8	中色股份2015年度利润分配方案这一内幕信息的知情人控制使用本人证券账户交易“中色股份”,获利约8.3万元	没收李某违法所得约8.3万元,并处以约8.3万元罚款
2017.9.1	ST宜纸第一大股东、第二大股东股权转让协议被解除这一内幕信息的知情人胡某某使用“唐某凤”账户卖出“ST宜纸”,避损金额约29.3万元	没收胡某某违法所得约29.3万元,并处以约29.3万元罚款
2017.8.11	东方电缆2014年度利润分配方案这一内幕信息的知情人金某某使用其本人及配偶的证券账户买入“东方电缆”235,900股,获利约184.5万元;徐某某使用其本人证券账户买入“东方电缆”73,849股,获利约75.7万元;李某某使用其本人证券账户买入“东方电缆”14,000股,获利约9.2万元	没收金某某违法所得约184.5万元,并处以约553.7万元罚款;没收李某某违法所得约9.2万元,并处以约27.7万元罚款;没收徐某某违法所得约75.7万元,并处以约227.1万元罚款

续表

时间	内幕交易案例详情	相应处罚决定
2017.8.4	楚天高速与双翼科技拟开展并购重组事项这一内幕信息的知情人双翼科技总经理赖某某控制使用他人证券账户买入“楚天高速”237,680股,获利约27.4万元	没收赖某某违法所得约27.4万元,并处以约82.3万元罚款
2017.8.4	龙溪股份拟发行股份购买资产这一内幕信息的知情人汪某利用本人及他人证券账户集中买入“龙溪股份”157,700股,没有违法所得	对汪某处以5万元罚款
2017.7.28	唐山港2015年年度利润分配及资本公积金转增股本内幕信息知情人刘某买入“唐山港”,获利约为16.16万元	没收刘某违法所得约16.16万元,并处以约48.5万元罚款
2017.7.28	华闻传媒拟收购陕西华商传媒集团有限责任公司等多家公司这一内幕信息的知情人华闻传媒财务部经理助理万玉某控制使用“万某弟”证券账户交易“华闻传媒”,获利约6.6万元;华闻传媒前董事万玉某堂兄万某控制使用某公司证券账户及“万某”等亲友的证券账户交易“华闻传媒”,获利约1358.8万元	没收万某某违法所得约6.6万元,并处以约19.9万元罚款,没收万某违法所得约1358.8万元,并处以约4076.5万元罚款
2017.7.28	亚邦股份重大资产重组事项这一内幕信息的知情人杨某某控制使用“曹某”“杨某菁”证券账户交易“亚邦股份”,获利约为135.8万元	没收杨某某违法所得约135.8万元,并处以约271.6万元罚款
2017.7.21	ST宜纸股份转让协议被解除事项这一内幕信息的知情人丁某控制使用其本人证券账户卖出“ST宜纸”38,500股,避损金额约13.6万元	没收丁某违法所得约13.6万元,并处以约13.6万元罚款

续表

时间	内幕交易案例详情	相应处罚决定
2017.7.14	*ST新材向控股股东中国蓝星(集团)股份有限公司发行股份购买其持有的蓝星安迪苏营养集团有关公司股权事项的内幕信息知情人张某控制"张某奎""卢某芝""唐某"账户买入"*ST新材",获利约22.8万元。闫某、郑某控制"付某业"账户买入"*ST新材",获利约177.6万元	对张某处以30万元罚款;没收张某违法所得约22.8万元,并处以约68.5万元罚款;没收闫某、郑某违法所得约177.6万元,并分别处以约266.5万元罚款
2017.7.14	苏州高新拟通过发行股份及支付现金方式购买苏州创业投资集团有限公司100%股权这一内幕信息的知情人刘甲与其妹刘乙合谋通过"刘乙"证券账户买入"苏州高新",获利约29万元;刘甲与张某某两人合谋通过"金某芳""杨某"证券账户买入"苏州高新",获利约78.4万元;内幕信息知情人朱某某并通过其本人证券账户买入"苏州高新",没有违法所得	(1)没收刘甲、刘乙违法所得约29万元,并处以约87万元罚款;(2)没收刘甲、张某某违法所得约78.4万元,并处以约235.4万元罚款;(3)对朱某某处以30万元罚款
2017.7.14	金山股份拟购买辽宁华电铁岭发电有限责任公司股权这一内幕信息的知情人于某的配偶邱某在内幕信息敏感期内使用"于某"账户买入"金山股份",获利约11.9万元	没收邱某违法所得约11.9万元,并处以约11.9万元罚款
2017.6.16	中科英华拟收购山东天业房地产开发集团有限公司所持有的山东天业黄金矿业有限公司90%股权这一内幕信息的知情人冯某某、王某某、苏某某等人控制使用"苏某某"等7个证券账户交易"中科英华"	没收王某某违法所得约419万元,并处以约419万元罚款;对冯某某处以10万元罚款;没收苏某某违法所得约877万元,并处以约877万元罚款
2017.6.16	北部湾旅收购长岛渤海长通旅运有限公司65%股权的内幕信息知情人刘某某利用本人证券账户买入"北部湾旅"50,100股,卖出50,000股,没有违法所得	对刘某某处以15万元罚款

续表

时间	内幕交易案例详情	相应处罚决定
2017.5.19	彩虹精化拟定向增发募集资金这一内幕信息的知情人余某某指示其妹妹控制使用"余某某"账户买入41.2万股"彩虹精化",共计获利约251.8万元	没收余某某违法所得约251.8万元,并处以约755.6万元罚款
2017.4.28	凯美特气拟开展收购深圳习习网络科技有限公司、深圳市松特高新实业有限公司相关重大资产重组事项这一内幕信息的知情人张某某使用其本人账户于2015年3月26日、27日、30日、31日连续四个交易日购买"凯美特气",合计购买4.21万股,成交金额78.9万元,亏损10.18万元	责令张某某依法处理非法持有的凯美特气股票,并处以4万元罚款
2017.4.14	亚星化学股权转让及重大资产重组事项这一内幕信息的知情人李某某控制使用其本人证券账户交易"亚星化学",没有违法所得	对李某某处以3万元罚款
2017.3	2016年2月北京弘高创意建筑设计股份有限公司公告"高送转"内幕信息前,公司实际控制人甄某某授意员工使用保洁员等4人名义新开立账户,突击转入资金买入本公司股票,并在上述信息公开、股价连涨4个交易日后随即卖出,获利670余万元	—
2017.3.31	世纪鼎利并购重组事项这一内幕信息的知情人沈某使用本人账户交易"世纪鼎利",获利约17.7万元	对沈某没收违法所得约17.7万元,并处以约53.1万元罚款
2017.3.24	亿阳信通拟非公开发行股票这一内幕信息的知情人叶某某使用"江某"账户买入"亿阳信通"12,900股;全部卖出后获利约9.6万元	没收叶某某违法所得约9.6万元,并处以约29万元罚款

续表

时间	内幕交易案例详情	相应处罚决定
2017.3.17	江苏索普拟进行重大资产重组这一内幕信息的知情人王某某与赵某某多次联系并向赵某某泄露江苏索普重组的相关情况,赵某某买入"江苏索普"	对赵某某、王某某分别处以4万元罚款
2017.3.3	益盛药业筹划发行股份购买资产这一内幕信息的知情人张某某、李铁某、李冬某买入"益盛药业"	没收李铁某违法所得约444.5万元,并处以约1333.6万元罚款;没收张某某违法所得约31.8万元,并处以约95.5万元罚款;没收李冬某违法所得约29.5万元,并处以约88.7万元罚款
2017.2.17	宝莫股份拟收购胜利油田康贝油气工程有限公司股权等事项这一内幕信息的知情人高某使用本人账户买入"宝莫股份"22,000股,获利约4.4万元	没收高某违法所得约4.4万元,并处以约4.4万元罚款
2017.2.17	山东路桥拟重大资产重组这一内幕信息的知情人蔡某某控制使用多个账户交易"山东路桥",获利约1084万元	没收蔡某某违法所得约1084万元,并处以约1084万元罚款
2017.2.17	海润光伏2014年度业绩预亏这一内幕信息的知情人海润光伏高级管理人员杨某某、周某某、张某某、任某某以及海润光伏第二大股东九润管业减持"海润光伏"	对杨某某、周某某、张某某、任某某分别处以60万元罚款;没收九润管业违法所得6194.07万元,并处以6194.07万元罚款;对九润管业违法行为直接负责的主管人员任某某给予警告,并处以30万元罚款。同时,对任某某、杨某某、周某某、张某某分别采取3年至10年证券市场禁入措施
2017.1	2014年4月中旬,华为原副总裁、时任北京牛电科技有限责任公司董事长李某某从武汉华中数控股份有限公司(简称华中数控)总裁李某涛处获知华中数控重大资产重组的内幕信息,随即借用他人账户大量买入"华中数控"股票,并暗示其妹妹同期买入部分"华中数控"股票,两人合计获利700余万元,构成内幕交易	判处李某某有期徒刑二年六个月,没收违法所得并处罚金700余万元

续表

时间	内幕交易案例详情	相应处罚决定
2017.1.20	远望谷筹划重大资产重组事项这一内幕信息的知情人徐某某控制"廖某松"账户买入"远望谷",获利约542万元	对徐某某内幕交易行为没收违法所得约542万元,并处以约1627万元罚款;对徐某某两次短线交易行为给予警告,并处以合计20万元罚款;同时对徐某某采取5年证券市场禁入措施
2017.1.6	银鸽投资拟非公开发行股票事项这一内幕信息的知情人赵某某与其配偶王某某控制使用"王某某"账户买入"银鸽投资"434,500股,共计获利约44万元	没收赵某某、王某某违法所得约44万元,并处以约44万元罚款
2017.1.6	围海股份拟并购杭州中艺生态环境工程有限公司这一内幕信息的知情人成某某控制使用他人账户买入"围海股份"673,600股,没有违法所得	对成某某处以60万元罚款
2017.1.6	利德曼拟收购资产事项这一内幕信息的知情人马某某控制使用他人证券账户买入"利德曼"756,937股,共计获利约428万元	没收违法所得约428万元,并处以约1284万元罚款
2016.12.9	东方国信拟进行重大资产重组事项这一内幕信息的知情人秦某某控制使用"秦某某""虞某悦"2个账户买入"东方国信"202,200股,获利约199.9万元	没收秦某某违法所得约199.9万元,并处以约199.9万元罚款
2016.12.9	东方国信拟进行重大资产重组事项这一内幕信息的知情人姜某某控制使用"姜某某"账户买入"东方国信"54,595股,获利约59.3万元	没收姜某某违法所得约59.3万元,并处以约59.3万元罚款

续表

时间	内幕交易案例详情	相应处罚决定
2016.12.9	西藏珠峰拟向湖南智昊投资管理有限公司出售所持青海珠峰锌业有限公司和青海西部铟业有限责任公司股权这一内幕信息的知情人韦某某使用其本人证券账户买入“西藏珠峰”4000股,没有违法所得	对韦某某处以3万元罚款
2016.12.2	亨通光电拟发行股份及支付现金购买电信国脉41%股权及北京挖金客信息科技有限公司100%股权这一内幕信息的知情人姚某某控制其配偶“张某”证券账户买入“亨通光电”32,000股,获利约2.9万元。亨通光电拟发行股份及支付现金购买电信国脉41%股权这一内幕信息的知情人时任电信国脉副总经理刘某某使用本人证券账户买入“亨通光电”24,000股,获利约5.4万元	没收姚某某违法所得约2.9万元,并处以约5.8万元罚款;没收刘某某违法所得约5.4万元,并处以约10.9万元罚款
2016.11.18	东华能源拟发行股份募集资金这一内幕信息知情人时任东华能源董事会秘书陈某某与王某使用“王某”账户共同交易“东华能源”,共计盈利约57万元	没收陈某某、王某违法所得约57万元;对陈某某处以约38万元罚款、对王某处以约19万元罚款
2016.11.18	东华能源拟发行股份募集资金这一内幕信息知情人的时任东华能源董事兼副总经理蔡某,在内幕信息敏感期内,与蔡建某(与蔡某为兄弟关系)多次联系,内容涉及东华能源增发融资事项,蔡建某使用其名下账户交易“东华能源”,共计盈利约4.8万元	对蔡某处以3万元罚款;没收蔡建某违法所得约4.8万元,并处以约4.8万元罚款
2016.10.28	南山铝业启动购买山东怡力电业有限公司资产事项这一内幕信息的知情人曹某某、栾某(曹某某配偶)控制使用“栾某”“傅某某”账户买入“南山铝业”共804,435股,获利约3.4万元	对曹某某处以10万元罚款,没收曹某某、栾某内幕交易违法所得约3.4万元,并处以约10.2万元的罚款

续表

时间	内幕交易案例详情	相应处罚决定
2016.10.21	凯撒文化拟收购杭州某科技有限公司100%股权事项这一内幕信息的知情人周某使用多个账户持续交易“凯撒文化”股票,共获利约34.5万元	没收周某违法所得约34.5万元,并处以约34.5万元罚款
2016.10.21	旗滨集团《公司2015年半年度利润分配预案》这一内幕信息的知情人旗滨集团独立董事周某某于2015年8月21日控制使用“谢某某”账户买入“旗滨集团”31,700股,获利48,674.10元。在2015年8月18日至2016年1月12日不到6个月的期间内,周某某利用其控制的“谢某某”账户交易“旗滨集团”,累计买入66,700股,卖出63,700股,余3000股未卖出,获利为49,251.43元	没收周某某内幕交易违法所得48,674.10元,并处罚款48,674.10元;对周某某短线交易的行为处以警告,并处罚款3万元
2016.10.14	恒丰纸业董事长徐某是恒丰纸业与天津渤海商品交易所拟进行重组这一内幕信息的知情人。张某某与徐某因工作关系认识多年,在内幕信息敏感期内,两人存在联络,张某某使用其本人账户买入“恒丰纸业”共211,800股,获利6183.71元	没收张某某违法所得6183.71元,并处以3万元罚款
2016.10.14	维多利集团实际控制人邹某某是成商集团拟购买维多利集团百货资产这一内幕信息的知情人。邹招某作为邹某某亲兄弟,关注知晓维多利集团谋划出售资产事项,其判断出维多利集团将向成商集团出售百货资产后,在内幕信息敏感期内使用其实际控制的账户买入“成商集团”股票66,300股,没有违法所得	对邹招某给予警告,并处罚款3万元

续表

时间	内幕交易案例详情	相应处罚决定
2016.9.2	华南生物董事长辛某某、总经理梁某某是瑞普生物拟收购华南生物部分股权这一内幕信息的知情人。在内幕敏感期内,李某与梁某某联络,并使用其本人账户买入"瑞普生物"共177,600股,获利约15.7万元;辛某某委托谢某操作"辛其兴"账户买入"瑞普生物"共27,375股,没有违法所得	没收李某违法所得约15.7万元,并处以约15.7万元罚款;对辛某某处以5万元罚款
2016.8.26	江泉实业拟进行重大资产重组这一内幕信息的知情人周某和控制使用本人账户及他人账户交易"江泉实业",获利约1264万元	对周某和没收违法所得约1264万元,并处以约1264万元罚款
2016.8.26	三聚环保拟非公开发行股票这一内幕信息的知情人大地总公司董事长于某电话指示大地总公司证券部经理周某某使用由大地总公司实际控制和使用的"周某某"账户买入"三聚环保"240,000股。此外,大地总公司利用"周某某"账户于2013年8月7日至2015年5月18日还交易了"广发证券""易食股份"等股票,共获利约1582万元	对大地总公司内幕交易行为处以30万元罚款,对于某给予警告,并处以10万元罚款;对大地总公司非法利用他人账户交易股票行为责令改正,没收违法所得约1582万元,并处以约1582万元罚款,对于某给予警告,并处以3万元罚款
2016.8.19	博云新材拟通过非公开发行股票收购长沙伟徽高科技新材料有限公司100%股权这一内幕信息的内幕信息知情人谢某委托李某某及其下属员工管理操作"金某雪"账户交易"博云新材",获利约71.6万元;李某某使用"陈某祥""顾某某"两个证券账户交易"博云新材",获利约217.1万元	没收谢某违法所得约71.6万元,并处以罚款约143.2万元;对李某某没收违法所得约217.1万元,并处以罚款约651.4万元,同时对李某某采取7年证券市场禁入措施
2016.8.19	鼎龙股份与杭州旗捷拟并购重组这一内幕信息的知情人杭州旗捷副总经理吴某使用本人证券账户买入"鼎龙股份"12万股,成交金额约277万元,没有违法所得	对吴某处以30万元罚款

续表

时间	内幕交易案例详情	相应处罚决定
2016.8.12	辽宁成大拟并购中民投新能源项目这一内幕信息的知情人高某某利用其实际控制的“林芝华商通”账户买入“辽宁成大”250万股,成交金额46,578,502元,获利102,949.74元	没收高某某违法所得10余万元,并处以30余万元罚款
2016.8.5	宝莫股份对外投资收购资产这一内幕信息的内幕信息知情人胜利油田康贝石油工程装备有限公司董事长满某某委托孙某某交易“宝莫股份”,获利约33万元,同时向孙某某泄露内幕信息并建议其买卖“宝莫股份”;孙某某利用本人及“杨某霞”账户买入“宝莫股份”,同时利用“杨某霞”账户接受满某某、宋某某、刘某某、李某等知悉或非法获取内幕信息人员的委托为其交易“宝莫股份”,获利约112.8万元;宋某某、刘某某、李某三人委托孙某某交易“宝莫股份”的获利分别约为4.9万元、5.7万元、7.6万元。马某某利用其宝莫股份控股股东监事身份及与部分内幕信息知情人熟悉的优势,通过电话联络等方式打听、刺探内幕信息,在内幕信息敏感期内,其控制使用4个证券账户交易“宝莫股份”,获利约1588万元	没收满善平内幕交易违法所得约33万元,并处以约99万元罚款,同时对其泄露内幕信息并建议他人买卖相关证券的行为处以10万元罚款;没收孙某某违法所得约112.8万元,并处以约338.4万元罚款;没收宋某某违法所得约4.9万元,并处以约14.8万元罚款;没收刘某某违法所得约5.7万元,并处以约17.1万元罚款;没收李某违法所得约7.6万元,并处以约22.8万元罚款;责令马某某依法处理非法持有的“宝莫股份”股票,没收马某某违法所得约1588万元,并处以约4764万元罚款,同时对马某某采取终身证券市场禁入措施
2016.7.15	上海大智慧股份有限公司购买华升股份持有的湘财证券股份这一内幕信息的内幕信息知情人刘某使用本人账户交易“华升股份”,获利约13.6万元	没收刘某违法所得约13.6万元,并处以约13.6万元罚款

续表

时间	内幕交易案例详情	相应处罚决定
2016.7.15	凭借从业人员的职务便利,东方铁塔重大投资、黄河旋风增资计划、重大投资等内幕信息知情人时任新时代证券有限责任公司总经理助理罗向某、罗杨某(两人为兄弟关系)利用实际控制的多个证券账户分别于2013年、2014年、2015年内幕交易"东方铁塔""黄河旋风"	对罗向某、罗杨某三次内幕交易行为合计没收违法所得约44.7万元,并处以约254万元罚款,并对二人采取终身证券市场禁入措施
2016.7.8	利欧股份董事长王某某为利欧股份资产重组事项这一内幕信息的内幕信息知情人。内幕信息敏感期内,颜某某与王某某联系频繁,颜某某使用"颜某娥"等7个账户交易"利欧股份"获利约455万元	没收颜某某违法所得约455万元,并处以约1365万元罚款
2016.6.24	楚天高速收购武汉利德这一内幕信息的知情人武汉利德财务总监吴某某指示其助理操作他人账户交易"楚天高速",投资者蒋某、杨某某与吴某某联系频繁,控制3个账户交易"楚天高速"	没收吴某某违法所得约6.2万元,并处以约6.2万元罚款;没收蒋某、杨某某违法所得约12.8万元,并处以约12.8万元罚款
2016.6.24	广东锐捷董事长冯某是陕西坚瑞消防股份有限公司(简称坚瑞消防)资产重组内幕信息的知情人。内幕信息敏感期内,冯某与广东锐捷董事朱某通信联络频繁,朱某父亲朱彬某利用"汤某某"账户买入"坚瑞消防"并于内幕信息公告后委托周某某全部卖出,获利约46.8万元	没收朱彬某违法所得约46.8万元,并处以约46.8万元罚款

续表

时间	内幕交易案例详情	相应处罚决定
2016.6.17	绵世股份董事长郑某是绵世股份拟收购青岛康平铁路玻璃钢有限公司60%股权这一内幕信息的知情人,内幕信息敏感期内投资者申某某与郑某频繁接触、联系,申某某控制使用本人及其配偶证券账户大量交易“绵世股份”股票	没收申某某违法所得约370万元,并处以罚款约1120万元
2016.6.3	沈某某作为内幕信息知情人,泄露了宁波理工监测科技股份有限公司重组的内幕信息给史某,史某当天即利用该内幕信息买入“理工监测”股票,非法获利约18万元;刘某某控制4个他人账户,利用对倒拉抬和盘中高价申报买入的方式操纵“理工监测”的股价,非法获利约74万元	对沈某某处以10万元罚款;没收史某的违法所得约18万元,并处以约36万元罚款;没收刘某某违法所得约74万元,并处以约74万元罚款
2016.6.3	智光电气与岭南电缆两家公司的董事长李某某是智光电气拟购买岭南电缆100%股权并募集配套资金这一内幕信息的内幕信息知情人。郭某某与李某某为朋友关系,在内幕信息敏感期内郭某某与李某某有电话联络、见面接触,郭某某使用本人证券账户买入“智光电气”,非法获利约207万元	没收郭某某违法所得约207万元,并处以约207万元罚款

续表

时间	内幕交易案例详情	相应处罚决定
2016.5.20	卫某、李文某、高某某、陈某某、包某某、王某某是胜利精密收购转型这一内幕信息的知情人。内幕信息敏感期内,卫某使用本人账户买入“胜利精密”股票约8万股,成交金额约80万元,获利约13万元;李文某使用其配偶李某英账户买入“胜利精密”股票8万股,成交金额93.5万元;陈某某配偶陆某某使用王某勇账户买入“胜利精密”股票约118万股,成交金额约1103万元,卖出1万股,成交金额约8.8万元,获利约133万元;欧阳某某与高某根、包某某、陈某某存在频繁通话,其使用本人及王某勤、蔡某某、顾某某账户买入“胜利精密”股票约439万股,成交金额约3886万元,获利约717万元;袁某某与王某仓有通信联系,张某与袁某某关系密切,其使用本人账户买入“胜利精密”股票约9.6万股,成交金额约110万元	没收卫某违法所得约13万元,并处以约13万元罚款;对李文某处以10万元罚款;没收陆某某违法所得约133万元,并处以约133万元罚款;没收欧阳某某违法所得约717万元,并处以约717万元罚款;对张某处以10万元的罚款
2016.5.6	李某某与殷某某是威华股份重大资产重组事项这一内幕信息的知情人。内幕信息敏感期内,投资者叶某、张某某、黄某某分别与内幕信息知情人李某某联络接触并交易“威华股份”,分别获利约138万元、76万元、21万元;投资者苏某某与内幕信息知情人殷某某联络接触并交易“威华股份”,获利约6538万元	没收叶某违法所得约138万元,并处以约138万元罚款;没收张某某违法所得约76万元,并处以约76万元罚款。没收黄某某违法所得约21万元,并处以约21万元罚款;没收苏某某违法所得约6538万元,并处以约6538万元罚款

续表

时间	内幕交易案例详情	相应处罚决定
2016.5.6	平潭发展董事长助理夏某是相关投资意向协议、平潭发展非公开发行股份两项内幕信息的知情人，在内幕敏感期内，其利用本人证券账户交易"平潭发展"，获利约207万元。平潭发展董事长特别助理石某某是相关投资意向协议、中福康辉旅游综合开发项目两项内幕信息知情人，在内幕敏感期内，其利用本人证券账户和"黄某怡"账户交易"平潭发展"，获利约204万元。刘某、陈某参与了中福康辉旅游综合开发项目等相关工作，在内幕敏感期内，2人分别利用本人证券账户交易"平潭发展"，分别获利约80万元、6.8万元	责令夏某依法处理非法持有的证券，没收违法所得约207万元，并处以约620万元罚款；没收石某某违法所得约204万元，并处以约613万元罚款；没收刘某违法所得约80万元，并处以约240万元罚款；没收陈某违法所得约6.8万元，并处以约20.5万元罚款
2016.4.29	2013年8月8日申华控股高层汤某、翟某与华晨集团高层雷某某初步讨论申华控股重组事项时，确定朱某（华晨集团资本运营部部长）负责配合相关工作，其为申华控股重组这一内幕信息的知情人。在内幕信息敏感期内，朱某控制使用"朱某明"账户交易"申华控股"。徐某系华晨集团办公室主任，其在内幕信息敏感期内与内幕信息知情人雷某某、汤某、翟某均有联系接触，在内幕信息敏感期内控制使用"包某某"账户交易"申华控股"。投资者孟某某与内幕信息知情人祁某某（华晨集团董事长）、汤某在内幕信息敏感期存在接触，在内幕信息敏感期内控制使用"宁某某""孟某某"账户交易"申华控股"。投资者李某与因履行职务知悉内幕信息的杨某某在内幕信息敏感期内存在联络接触，在内幕信息敏感期内交易"申华控股"	没收朱某违法所得约2万元，并处以10万元罚款；对徐某处以5万元罚款；没收孟某某违法所得约241万元，并处以约241万元罚款；对李某处以5万元罚款

续表

时间	内幕交易案例详情	相应处罚决定
2016.4.29	炬华科技董事长丁某某是炬华科技2013年度利润分配预案及相关事项这一内幕信息知情人。在内幕信息敏感期内潘某某与丁某某联络频繁,潘某某控制使用"潘某荣"证券账户,在内幕信息敏感期内交易"炬华科技",盈利约14.2万元。潘某某在浙江监管局工作期间,实际控制"潘某荣"证券账户,持有买卖股票共获利约13.7万元	对潘某某内幕交易从重处罚,没收违法所得约14.2万元,并处以约42.7万元罚款;对潘某某违法买卖、持有股票违法行为处以约41.1万元罚款
2016.4.29	李某某为许某某收购珠海市博元投资股份有限公司这一内幕信息的知情人。朱某某在内幕信息敏感期内与李某某联络频繁,控制使用15个证券账户在内幕信息敏感期内合计买入"博元投资"股票约3706万股,成交金额约3.2亿元。朱某某实际控制"齐某某"等4个账户于2014年12月19日累计持有"博元投资"约1120万股,达到"博元投资"已发行股份5%以上,朱某某作为信息披露义务人未按照规定及时披露信息	对朱某某超比例持股未披露的违法行为给予警告,并处以30万元罚款;对朱某某内幕交易行为处以顶格罚款60万元;合计罚款90万元
2016.4.22	通机院院长陈某某,是通机院筹划收购安徽国通高新管业股份有限公司(简称ST国通)这一内幕信息的知情人。投资者杨某某(时为安徽省某厅工作人员)在内幕信息敏感期内与陈某某联络密切,使用4个账户于2012年3月6日开始买入"ST国通",在内幕信息敏感期内合计买入约42万股,交易金额约400万元,并于内幕信息公开后全部卖出	对杨某某处以30万元罚款

续表

时间	内幕交易案例详情	相应处罚决定
2016.4.15	李某某作为粤宏远重组的中间介绍人直接参与了重组谈判事宜,知悉内幕信息,在内幕信息敏感期内,李某某使用4个账户交易“粤宏远A”。王强某与知悉粤宏远重组信息的王某东关系密切,在内幕信息敏感期内陆续买入“粤宏远A”约100万股	对李某某处以顶格罚款60万元;对王强某处以40万元罚款
2016.4.8	中钢吉炭因业绩亏损进行重大资产重组。刘某某、邵某某与内幕信息知情人关系密切,且在内幕信息敏感期内存在联络接触。在内幕信息敏感期内,刘某某控制使用5个账户交易“中钢吉炭”255万股,盈利约146万元;邵某某控制使用3个账户交易“中钢吉炭”股票,盈利约40万元	责令刘某某、邵某某依法处理非法持有的证券,没收上述违法所得,并分别处以违法所得2倍罚款。该案罚没款总计约557万元
2016.4.8	2014年,在宏达新材投资城市之光过程中,朱某某在确信城市之光业绩有重大变化的情况后将相关信息告知上海金力方执行事务合伙人李某某,建议上海金力方卖出“宏达新材”,李某某在多次向朱德洪求证信息的真实性后,2014年9月23日,上海金力方将所持的600万股“宏达新材”通过大宗交易出售	对朱某某处以60万元罚款;鉴于上海金力方没有盈利,对上海金力方处以10万元罚款;对李某某给予警告,并处5万元罚款
2016.4.1	华大智宝可能与中电广通进行资产重组的内幕信息知情人李某某于2014年1月9日用“李某某”账户买入“中电广通”10,500股,非法获利19,430.25元。在中电广通筹划重大事项期间,谢某某控制使用“谢某某”“常某某”“马某某”3个账户交易“中电广通”,交易时间与其同内幕信息知情人联络的时间高度吻合,交易行为异常。上述3个账户共计买入“中电广通”358,527股,非法获利64,140.28元	对李某某处以5万元罚款;没收谢某某违法所得64,140.28元,并处以违法所得1倍的罚款

续表

时间	内幕交易案例详情	相应处罚决定
2016.3.18	李某某在办公场所非法获取了烟台新潮实业股份有限公司筹划收购资产的内幕信息,利用该内幕信息于2014年10月30日买入"新潮实业",截至2016年1月5日,其已将"新潮实业"全部卖出,盈利2,182,764.16元,构成内幕交易	没收李某某违法所得2,182,764.16元,并处以违法所得2倍的罚款
2016.3.18	蓝色光标董事长赵某某、原证券事务代表徐某,是蓝色光标境外参股公司重大亏损这一内幕信息的知情人。赵文某为赵某某的近亲属并关系密切,且在内幕信息敏感期内与徐某存在联络。在内幕信息敏感期内,赵某某于2015年4月3日使用其本人证券账户卖出所持9万股"蓝色光标",避损金额391,130.2元,构成内幕交易	没收赵某某违法所得391,130.2元,并处以违法所得1倍的罚款
2016.3.11	在广州普邦园林股份有限公司关于非公开发行股票申请获得中国证监会审核通过的公告发布前,钟某与内幕信息知情人通信联系,买入公司股票,交易行为明显异常,在相关内幕信息公告后分批卖出,盈利3,920,450.26元	没收钟某违法所得3,920,450.26元,并处以违法所得1倍的罚款
2016.3.4	泉州安盛船务有限公司、泉州安通物流有限公司的董事长郭某某与华泰联合证券有限责任公司总裁助理付某某是黑化股份重大资产出售及发行股份购买资产这一内幕信息的知情人,深圳国弘董事长王某(与王甲为堂姐弟关系)在黑化股份重大资产出售及发行股份购买资产的预案中被列为"交易对方"之一。王甲在内幕信息敏感期内使用"何某某"名下证券账户买入"黑化股份",成交金额约1530万元,实际盈利约150万元;王甲使用其本人名下证券账户买入"黑化股份",成交金额约222万元,实际盈利约16万元。在王甲开始交易"黑化股份"前一日,王甲与深圳国弘王某、郭某某、付某某联络接触,且交易"黑化股份"行为明显异常	没收王甲违法所得1,662,256.82元,并处以违法所得1倍的罚款

续表

时间	内幕交易案例详情	相应处罚决定
2016.2.19	亚太实业定向增发及收购事项这一内幕信息的知情人贾某某与周某某、张智某联系频繁。周某某将内幕信息告知姚某、张兆某，姚某、张兆某交易“亚太实业”行为异常。张智某和岳某某系夫妻关系，岳某某交易“亚太实业”明显异常。上述人员的行为分别构成了泄露内幕信息和内幕交易的行为	对贾某某、周某某、张智某分别处以10万元、10万元、5万元罚款；对姚某、张兆某、岳某某分别没收违法所得约145万元、10万元、23万元，并处以违法所得1倍罚款
2016.2.19	方某系惠而浦与合肥三洋商谈公司股权变化及非公开发行这一内幕信息的知情人。王某利用“王某”账户在内幕信息敏感期内交易“合肥三洋”，成交金额约565万元，盈利约123万元。在王某开始交易“合肥三洋”当日，王某与方某存在通信联系，且交易明显异常。王某的上述交易行为构成内幕交易	没收王某违法所得约123万元，并处以违法所得1倍罚款
2016.2.19	佐力药业董事长俞某强是佐力药业非公开发行股票的内幕信息知情人，其子俞某与王某某是朋友和同学关系，且长期有大额资金往来。王某某在内幕信息敏感期间和俞某通话频繁，并且在通话后大额买入“佐力药业”，非法获利约159万元，构成内幕交易	没收王某某违法所得约159万元，并处以违法所得3倍罚款
2016.1.22	任子行董事长景某某是任子行并购重组事项的知情人，景某某朋友张某某与景某某在内幕信息敏感期内通话频繁，并通过他人账户交易“任子行”，非法获利2,508,478.36元，构成内幕交易	责令张某某处理非法持有的股票，没收张某某违法所得2,508,478.36元，并处以7,525,435.08元罚款

续表

时间	内幕交易案例详情	相应处罚决定
2016.1.22	世荣兆业副总裁、财务总监兼董事会秘书郑某是世荣兆业收购梁某持有的珠海市斗门区世荣实业有限公司23.75%股权事项的知情人。涉案内幕信息敏感期内,黄某某与郑某存在多次电话、短信联系,通过本人及他人账户交易"世荣兆业",非法获利4,155,227.22元,构成内幕交易	没收黄某某违法所得4,155,227.22元,并处以12,465,681.66元罚款
2016.1.22	陈某某利用其配偶臧某某所掌握的安徽华信国际控股股份有限公司(原名安徽华星化工股份有限公司,简称华星化工)非公开发行股票的内幕信息,在内幕信息敏感期内,通过本人账户交易"华星化工",非法获利73,091.3元,构成内幕交易	没收陈某某违法所得73,091.3元,并处以73,091.3元罚款
2016.1.8	虞某某的大学同学俞某为辽机集团转让合金投资控制权这一内幕信息的知情人,在辽机集团谈判转让合金投资控制权期间,虞某某与俞某频繁通话。虞某某在通话后交易"合金投资",交易行为异常。在与俞某通话后、内幕信息公开前,虞某某买入"合金投资"2,013,169股,亏损1,910,401.16元,构成内幕交易	对虞某某处以60万元罚款
2016.4.8	2014年5月至2014年12月,宏达新材董事长、总经理、实际控制人的朱某某与上海永邦合谋,利用信息优势连续买卖、在自己实际控制的账户之间进行交易,影响"宏达新材"股票交易价格	在操纵市场方面,对朱某某处以顶格罚款300万元;对上海永邦处以顶格罚款300万元

续表

时间	内幕交易案例详情	相应处罚决定
2015.12.18	在哈尔滨誉衡药业股份有限公司与拟收购对象协商启动非公开发行股票并收购股权事项后至该信息公开前,张某某与内幕信息知情人通信联系,买入公司股票,交易行为明显异常,在相关内幕信息公告后卖出,盈利844,056.21元	没收张某某违法所得844,056.21元,并处以844,056.21元罚款
2015.12.4	重庆三峡油漆股份有限公司非公开发行股票申请提交证监会发行审核委员会审核未获通过后至该信息公开前,吴某某在与内幕信息知情人通信联系后卖出公司股票,并与刘某某联系,刘某某与吴某某通信联络后卖出全部公司股票,吴某某规避损失510,043.44元,刘某某规避损失92,960.97元	没收吴某某违法所得510,043.44元,并处以510,043.44元罚款,没收刘某某违法所得92,960.97元,并处以92,960.97元罚款
2015.10.30	在李某霞涉嫌内幕交易"新潮实业"案中,当事人在工作场所非法获取上市公司筹划重大投资的内幕信息,控制使用配资账户交易"新潮实业",获利8,754,982.87元,涉嫌内幕交易	责令其依法处理非法持有的股票,没收违法所得并处以2倍罚款
2015.10.30	在颜某某涉嫌内幕交易"利欧股份"案中,在上市公司筹划重大投资事项期间,颜某某与上市公司知悉内幕信息的高级管理人员联系频繁,其交易行为与内幕信息高度吻合,获利4,550,512.81元,涉嫌内幕交易	拟没收其违法所得并处以3倍罚款
2015.10.30	在李某某涉嫌内幕交易"博云新材"案中,在上市公司筹划重大投资事项期间,作为某证券营业部总经理的李某某与知悉内幕信息的上市公司股东单位高级管理人员频繁接触、联系,利用他人账户交易"博云新材",交易行为与内幕信息高度吻合,获利2,887,526.29元,涉嫌内幕交易	拟没收其违法所得并处以3倍罚款,同时对其采取终身证券市场禁入措施

续表

时间	内幕交易案例详情	相应处罚决定
2015.10.30	在罗某阳、罗某颖兄弟涉嫌内幕交易“东方铁塔”“黄河旋风”案中,兄弟2人同为证券从业人员,罗某阳利用其负责、承揽上市公司购买资产项目或非公开发行项目的信息便利,与其弟控制利用他人账户买入相关股票,在2013年至2015年涉嫌3次内幕交易,其中2013年交易“东方铁塔”亏损126,043.03元,2014年交易“黄河旋风”亏损486.7元;2015年交易“黄河旋风”获利446,920.26元	拟没收其违法所得446,920.26元,并对3次内幕交易行为共处以2,540,760.78元罚款,同时对2人采取终身证券市场禁入措施
2015.10.26	ST甘化重组事项内幕信息知情人张某某、李某某控制“林某某”账户于2011年1月12日和13日买入“ST甘化”54,800股,盈利149,624.19元	没收张某某、李某某违法所得149,624.19元,并处以149,624.19元罚款
2015.10.16	满某某作为宝莫股份对外投资收购资产项目合作方董事长,知悉内幕信息并委托孙某明交易“宝莫股份”,获利330,869.96元,同时向孙某某泄露内幕信息并建议其买卖“宝莫股份”,涉嫌内幕交易、泄露内幕信息、建议他人买卖证券行为;孙某某与满某某关系密切且在内幕信息事项筹划期间存在异常联系,交易“宝莫股份”行为明显异常,获利1,128,328.41元,涉嫌内幕交易;宋某某为内幕信息知情人,刘某某因工作关系与满某某存在接触,后又因职务便利知悉内幕信息,李某与满某某、刘某某存在亲属关系或工作关系,上述3人均委托孙某某交易“宝莫股份”,分别获利49,597.83元、57,228.27元、76,304.35元,涉嫌内幕交易;马某某利用宝莫股份控股股东监事身份及熟人关系打听、刺探内幕信息,交易“宝莫股份”行为明显异常,获利15,879,426.86元,涉嫌内幕交易	拟没收满某某违法所得并处以3倍罚款,对其泄露内幕信息并建议他人买卖的行为处以10万元罚款;拟没收孙某某违法所得并处以3倍罚款;拟没收宋某某、刘某某、李某违法所得并分别处以3倍罚款;责令马某某依法处理非法持有的股票,没收其违法所得并处以3倍罚款,同时对其采取终身证券市场禁入措施

续表

时间	内幕交易案例详情	相应处罚决定
2015.10.16	广某毅作为深圳市英唐智能控制股份有限公司持续督导阶段的保荐代表人，知悉上市公司与合作方解约的利空内幕信息，在内幕信息公告之前减持“英唐智控”，规避损失795,558.70元，涉嫌内幕交易	拟没收广某毅违法所得并处以3倍罚款，同时对其采取终身证券市场禁入措施
2015.10.16	在世荣兆业筹划重大投资事项期间，黄某某与内幕信息知情人世荣兆业原副总裁，财务总监兼董事会秘书多次通信联系，突击转入资金交易“世荣兆业”，交易行为与内幕信息及联络时点高度吻合，获利4,155,227.22元，涉嫌内幕交易	拟没收黄某某违法所得并处以3倍罚款
2015.10.16	张某某与任子行董事长关系密切，在任子行筹划重大资产重组事项期间联系频繁，其交易“任子行”行为与内幕信息及联络时点吻合，交易异常，获利2,508,478.36元，涉嫌内幕交易	拟责令张某某依法处理非法持有的股票，没收张某某违法所得并处以3倍罚款
2015.10.10	三元股份于2014年2月8日公告的非公开发行股票重大事项内幕信息知情人郝甲使用其姐姐郝某的证券账户买入“三元股份”346,823股，交易金额2,606,117.70元，内幕信息公开后陆续卖出，获利223,336.63元	没收郝甲违法所得223,336.63元，并处以223,336.63元罚款
2015.9.29	吴某某在重庆三峡油漆股份有限公司筹划定向增发股票事项中，与上市公司顾问联络后，随后与刘某某联络，两人的证券交易活动在上述联络发生后明显异常，与内幕信息的形成过程高度吻合，不能作出合理解释。吴某某规避损失510,043.44元，刘某某规避损失92,960.97元	拟对相关人员作出没收违法所得，并处以1倍罚款的行政处罚

续表

时间	内幕交易案例详情	相应处罚决定
2015.9.29	赵某松在湖南大康牧业股份有限公司筹划定向增发事项的过程中,与因业务关系存在从多种渠道刺探到内幕信息的人员频繁联系,随后与妻子黄某分别利用相关账户买入该公司股票,不能作出合理解释,分别获利6,181,671.99元和779,810.17元	拟对相关人员作出没收违法所得,并处以1倍罚款的行政处罚
2015.9.29	吴某、倪某某是一个控制并操作他人证券账户获取收益的团队,吴某与南方风机股份有限公司董事长、实际控制人关系密切,并在上市公司筹划重大资产重组的过程中有电话联系,相关证券交易活动与内幕信息的形成过程高度吻合,不能作出合理解释	责令依法处理非法持有的证券,没收吴某、倪某某违法所得392,669.25元,并处以785,338.5元罚款。其中,对吴某处以549,737.5元罚款;对倪某某处以235,601元罚款
2015.9.25	魏某某在山东齐星铁塔科技股份有限公司定向增发过程中,利用和上市公司董秘的关系,买入该公司股票,全部卖出后获利238,746元	对相关人员均作出没收违法所得并处以1倍罚款的行政处罚
2015.9.25	李某和薛某在苏州禾盛新型材料股份有限公司重组过程中与上市公司董事长频繁联络后买入该公司股票,全部卖出后分别获利156,644.67元和262,739.18元	对相关人员均作出没收违法所得并处以1倍罚款的行政处罚
2015.9.25	吕某某在杭州炬华科技股份有限公司形成利润分配方案期间,与上市公司董事长通话后,买入该公司股票,全部卖出后获利1,090,802.81元	对相关人员均作出没收违法所得并处以1倍罚款的行政处罚

续表

时间	内幕交易案例详情	相应处罚决定
2015.8.10	禾盛新材发行股份及支付现金购买金英马资产一事内幕信息知情人李某委托好友方某操作自己账户交易“禾盛新材”，截至2013年12月18日禾盛新材停牌前，买入“禾盛新材”73,500股，成交金额799,227.45元，成交均价10.87元。在内幕信息公开前全部卖出，获利156,644.67元	没收李某违法所得156,644.67元，并处以156,644.67元罚款
2015.8.10	禾盛新材发行股份及支付现金购买金英马资产一事内幕信息知情人薛某操作使用“王某”账户在内幕信息公开前，买入“禾盛新材”91,568股，2014年4月22日全部卖出，成交金额1,269,384元，成交均价13.98元。获利总计262,739.18元	没收薛某违法所得262,739.18元，并处以262,739.18元罚款
2015.7.13	恒顺电气重大资产重组项目内幕信息知情人方某某于2012年6月28日至7月23日共买入“恒顺电气”32,980股，2012年7月9日、11月12日全部卖出，未盈利。恒顺电气重大资产重组项目内幕信息知情人杨某利用其本人账户，共买入恒顺电气股票147,983股，2012年11月28日至12月13日，卖出24,983股，未盈利	对方某某处以3万元罚款；对杨某处以10万元罚款
2015.7.13	恒顺电气利润分配预案、中标印度尼西亚电厂事项和投资印度尼西亚相关煤矿事项内幕信息的知情人时任恒顺电气财务总监兼董事会秘书王某某在信息公开前将信息泄露给时任东兴证券研究所电力行业研究员李某，李某又泄露给多个机构和个人，李某利用其所控制的“张某某”账户买入“恒顺电气”股票	责令李某依法处理非法持有的股票，并处以45万元罚款；对王某某处以30万元罚款

续表

时间	内幕交易案例详情	相应处罚决定
2015.6.15	中源协和拟以发行股份及支付现金的方式收购执诚生物进行重大资产重组内幕信息知情人章某某、王某某在内幕信息公开前交易“中源协和”	对章某某处以3万元罚款;对王某某处以3万元罚款
2015.4.13	时代新材收购采埃孚一事内幕信息知情人湖南湘银投资有限公司法定代表人齐某某控制相关账户并交易“时代新材”	对齐某某处以40万元罚款
2015.3.17	台湾成霖与富贵鸟矿业、宝鹰股份商洽重大资产重组事项内幕信息知情人白某自2013年4月15日至23日集中买入“ST成霖”210,600股,成交金额61.12万元,2013年6月25日至26日全部卖出,获利261,669.23元	没收白某违法所得261,669.23元,并处以261,669.23元的罚款
2015.2.12	潜能恒信海外全资子公司智慧石油与中海油签订《中国渤海05/31合同区石油合同》内幕信息知情人时任中国海洋石油总公司法律部综合处处长赵某于2013年9月3日以8.18~8.31元的价格分批次买入“潜能恒信”共计136,681股,成交金额1,128,405.91元,股票复牌后,9月18日卖出48,200股,9月27日又买入20,000股,9月30日将所持108,481股全部卖出	没收赵某违法所得651,365.55元,并处以651,365.55元的罚款
2015.1.27	和佳股份2012年年度分配股利及增资计划时任珠海和佳医疗设备股份有限公司董事会秘书苏某某在该内幕信息未公开的情况下,建议梁某买入“和佳股份”,而梁某在明知苏彩龙和佳股份董秘身份的情况下,在内幕信息公开前、与苏某某联络之后交易了“和佳股份”	对苏某某处以10万元罚款;没收梁某违法所得141,246元,并处以282,492元罚款

资料来源:证监会,申万宏源研究。

图书在版编目(CIP)数据

投服研究．第3辑．2018年／郭文英，徐明主编．-- 北京：法律出版社，2018
ISBN 978-7-5197-2641-6

Ⅰ．①投… Ⅱ．①郭… ②徐… Ⅲ．①证券市场－投资者－法律保护－研究－中国 Ⅳ．①D922.280.4

中国版本图书馆CIP数据核字(2018)第204587号

投服研究(第3辑·2018年)
TOUFU YANJIU(DI 3 JI·2018 NIAN)

郭文英　徐　明 主编

策划编辑 陈　妮
责任编辑 陈　妮
装帧设计 李　瞻

出版 法律出版社
总发行 中国法律图书有限公司
经销 新华书店
印刷 固安华明印业有限公司
责任校对 李景美
责任印制 吕亚莉

编辑统筹 财经法治出版分社
开本 787毫米×1092毫米　1/16
印张 13.25
字数 220千
版本 2018年9月第1版
印次 2018年9月第1次印刷

法律出版社／北京市丰台区莲花池西里7号(100073)
网址／www.lawpress.com.cn
投稿邮箱／info@lawpress.com.cn
举报维权邮箱／jbwq@lawpress.com.cn
销售热线／010-63939792
咨询电话／010-63939796

中国法律图书有限公司／北京市丰台区莲花池西里7号(100073)
全国各地中法图分、子公司销售电话：
统一销售客服／400-660-6393
第一法律书店／010-63939781/9782　西安分公司／029-85330678　重庆分公司／023-67453036
上海分公司／021-62071639/1636　深圳分公司／0755-83072995

书号:ISBN 978-7-5197-2641-6　**定价**:68.00元